アジア経済研究所叢書 1

中東・中央アジア諸国における権力構造

——したたかな国家・翻弄される社会——

アジア経済研究所叢書
1

中東・中央アジア諸国における権力構造

したたかな国家・翻弄される社会

酒井啓子・青山弘之 編

岩波書店

アジア経済研究所叢書発刊に際して

戦後日本は，東京オリンピックを期に高度成長を達成し，他のアジア経済の成長を雁行形態と呼ばれる形でリードした．続いてアジアの4つの龍であるシンガポール，韓国，台湾，香港が成長の輪を形作り，これにASEANと中国が加わって，世界銀行は，これを「東アジアの奇跡」と呼んだ．中国は「世界の工場」と呼ばれるまでに成長を続け，アジアが世界の成長センターとなった．こうして，アジアの地域統合が唱えられ，「アジア共同体」の形成が現実的に議論されるようになった．

ヨーロッパでは，1952年のヨーロッパ石炭鉄鋼共同体(ECSC)に端を発する，EEC，ECの長い歴史を経て，EUが成立して統一通貨ユーロが誕生し，経済統合が実現した．また，北米ではカナダ，アメリカ，メキシコの「北米自由貿易協定」が締結され，さらにラテンアメリカとの南北統合による自由貿易協定も検討されている．これに対して，アフリカ地域は貧困からの脱出を課題として残したままであり，中東にもグローバル化に乗り遅れた国が多い．グローバル化と地域統合がもたらす所得格差の問題は，一国内問題ではなく，「地域間格差」の問題となっている．

この間1991年にはソ連が崩壊し，冷戦の終焉と共に計画経済から市場経済に移行する国が相次いだ．また，イラクのクウェイト侵攻による湾岸戦争，タイの通貨下落に始まるアジア通貨危機，21世紀に入ってのイラク戦争などが発生した．石油価格の高騰は非産油国に大きく影響し，また投機資金が通貨価値の変動を左右した．これらは一地域の出来事でありながら，経済的な影響は世界に及んだ．21世紀は「情報の世紀」であるといわれているが，急激に情報通信革命の進むなかで，様々な問題を抱えたまま「グローバル化」が進んでいる．

地域間格差が拡大するなかでのグローバル化のもとで，日本はアジア諸国とどのように共存するのか，また中国とどう共生していくのか．さらに，途上国の開発はどうすれば進められるのか．

アジア経済研究所叢書発刊に際して

ジェトロ・アジア経済研究所は，国別の地域研究者の育成を1つの目的として設立されたが，上に示した途上国を巡り近年激しく変化する国際政治・経済の現状は一国だけではなく，地域的，地球的な規模の課題に取り組むことを求め，研究所は国際化と同時に，地域統合など，グローバルな課題の研究を積極的に推進すべき段階に達した．ジェトロ・アジア経済研究所は，このような時代の要請に対応し，創造性をもった内容と国際的な水準を満たす研究を行っていきたい．

本叢書は，岩波書店のご協力を得て，研究所の研究成果をより広く世に問おうとするものである．私たちの無理とも思えるお願いを聞き入れて出版の仕事を快諾していただいた岩波書店に対して，研究所一同を代表し，この機会に深く謝意を表したい．

2005年1月

日本貿易振興機構アジア経済研究所所長

藤田昌久

目　次

アジア経済研究所叢書 1

序　論　中東・中央アジアにおける「したたかな国家」

酒井啓子・青山弘之

第1節　9.11事件以降の中東・中央アジア

2001年9月11日に発生した米国での同時多発「テロ」事件(以下9.11事件)は，中東諸国の政権に大きな動揺を与えた．それは9.11事件が，各国政権に直接変化をもたらしたからではなく，米国の対中東政策，さらに中東(あるいはイスラーム世界)に対する同国の世論がドラスティックに変化したことで，多くの政権が何らかの変革を行う必要に迫られたからである．

米国の外交政策(対中東政策)と世論の変化は，中東の「反米」勢力に対する危機感の増大を原点とするものであった．その「反米」には，米政権の認識においては2種類あった．1つは中東諸国の政府の監督下から離脱して超国家・超領域的なネットワークを構築した「国際テロ組織」(international terrorist organizations)による「反米」であり，もう1つは米国を敵視する国策を掲げる「ならず者国家」(rogue states)の「反米」である．前者に含まれるのが，ウサーマ・ビン・ラーディン(Usāma Bin Lādin)とアル＝カーイダ(al-Qā‘ida)に代表される，いわゆる「イスラーム原理主義」勢力であり，ジョージ・W. ブッシュ(George W. Bush)米政権はこれを9.11事件の首謀者として，軍事力による殲滅を図った．アフガニスタンに対する軍事侵攻(2001年10月)はこの観点から行われたものである．後者の例は，イラクのサッダーム・フサイン(Ṣaddām Ḥusayn，以下フセイン)政権であり，国家規模で「反米」を行動に移す危険性が，具体的には同政権の大量破壊兵器開発・保有や「国際テロ組織」との関連性というかたちで危惧され，イラク戦争(2003年3月勃発)を正当化する根拠となった．

以上2つの側面において，過剰なまでに予防防衛意識を高めた米政権を前にして，その追及を免れ得ると安心していられた政権などなかったに違いない．なぜなら第1の「国際テロ組織」への攻撃は，それを生み出した出身国の政治体制に対する批判にも発展したし，第2の「反米独裁政権」への攻撃は，反米的気運をわずかでも抱える中東の国(ないしはアラブ・イスラーム諸国)の政権に一切の軍備拡張——あるいは強大な軍事力の保有——を認めないという圧力にも発展したからである.

第1のケースで批判の矢面に立ったのが，サウジアラビアをはじめとする湾岸の王政・首長制諸国であった．ビン・ラーディンと9.11事件の首謀者の多くがサウジアラビア出身であるという事実から，そうした人物を生み出す同国の政治体制そのものへの疑念が，事件後頻繁に向けられるようになった．それは，サウジアラビアの「非民主的」な王政に対する批判，アフガニスタンのターリバーン(Ṭālibān)政権と大して変わらない「原理主義」的な政体への危惧，そして「反米」勢力が出現しても国内では処理できないという「自己管理能力の欠如」への非難，といったかたちで現れた．アラブ諸国の「非民主性」が「国際テロ組織」を生むのだ，という議論は，サウジアラビアにとどまらず，多くのアラブ・イスラーム諸国にもあてはめられ，「民主化」や体制変革を求める圧力となって作用した.

第2のケースで米政権の攻撃対象になったのは，言うまでもなくイラクであった．イラクのフセイン政権は湾岸戦争(1991年1〜2月)以降，その「反米」姿勢を明確にしており，潜在的には対米攻撃を行い得る意思を持っていた．だが実際の攻撃能力に関して見ると，湾岸戦争後の大量破壊兵器の開発・保有は確認されなかった．また，イラク戦争に至る過程で疑惑を裏づける確固たる証拠が得られなかった，と国連や米英の関係者がフセイン政権崩壊後に暴露したことで，イラクを緊急の軍事的脅威とみなした米英の姿勢が誇張に過ぎなかったことが明らかになった.

中東各国の政権は，これら2つのケースのいずれにおいても，米政権の懐疑と攻撃のベクトルを回避するために，「改革」姿勢を打ち出さざるを得ない状況となっている．まず第1のケースである「非民主性」に対する責めについては，湾岸諸国で形式的にせよ，「民主的」制度の導入に向けた試みが相次いでいる．サウジアラビアで改革を求める「建白書」の類が数度にわたって作成・公表されたことは，同国王政に対する危機感の表れであるし，バハレーンやカタルでも国会や地方議会が開設された．第2のケース，すなわち大量破壊兵器開発・保有の「自粛」については，リビアのムアンマル・カッザーフィー(Mu'ammar Qadhdhāfī，カダフィ)大佐による生物・化学・核兵器開発計画の放棄宣言(2003年12月)が典型的な例であろう．また中東に限らず，パキスタンのアブドゥル・カーディル・カーン(Abdul Qadir Khan)博士が，イラン，リビア，北朝鮮などへの核技術の流出に関与したことを認めた事例も，こうした潮流の一環である．

だが，こうした「改革」努力によって，米政権の追及が完全に回避されたとは必ずしも言い難い．あるいは，各国の社会的要請に基づいた本来の意味での「改革」に，米政権の「圧力」が有効に作用したと断じることもできない．

そもそも「民主化」要求や独裁体制に対する批判など，政治・社会改革への希求は，過去20年間にわたり，中東諸国の政権――そのほとんどが権威主義・独裁を本質とする――が多かれ少なかれ直面してきた問題であった．既存の支配体制に対するこうした挑戦は，1980年代後半の一時期には，「市民社会」の確立に向けた動き，NGOの活性化，「民主化」運動といったかたちで展開された[1]．しかし実際のところ，これらはいずれも現状を打開するには至らず，権威主義体制を国内から揺るがす契機とはならなかった．とりわけアラブ諸国の大半は，王政か，独裁体制を敷く共和制かのどちらかでしかないという，権力一極集中型の長期政権が，四半世紀もの間維持されてきたのである．

従来，中東諸国や旧ソ連・東欧諸国など，権威主義体制を敷く国に関する研究・分析は，国家に対する社会の対抗，すなわち抗国家運動のありように注目したものが多かった[2]．しかしそうした抗国家運動の多くが挫折・失敗してきたことの背景として，権威主義体制の強靭さ，しぶとさがあることは無視できない．その意味で，本書は，中東および旧ソ連地域においてなぜ権威主義体制が生き延びていくことができたのか，国家権力を掌握する政権が，変革を求める(ないしは政治への参画をめざす)政治的・社

1)　こうした動きに焦点を当てた先行研究としては，たとえばNorton[1995], Schwedler[1995], al-Sayyid[1995]を参照.

2)　たとえば，Batatu[1978], Cole and Keddie[1986], バラカート[1991]を参照.

会的諸集団，さらにはそれらを輩出する社会そのものに対していかなる優位を維持し，支配を強化してきたのかを改めて検討することにしたい．

第2節　権威主義体制のしぶとさ

1.「ソフト」な権威主義支配

中東，とくにアラブ世界において，1950年代から1960年代にかけて成立した共和制・革命政権の多くが，また旧ソ連諸国のなかでは中央アジア諸国の多くが，長期にわたって，権威主義体制，あるいは独裁体制を維持している．ここには，フセイン政権時代のイラクに顕著に見られるように，国家が独占する物理的暴力装置の圧倒的な肥大化と，それに対する社会の抵抗力の剝奪といった，国家・社会間の「力」の差の拡大，国家の優位化という問題があることは確かである．だが，権威主義・独裁体制の存続が，こうした国家の「力」による「ハード」な支配のみによって達成されたと考えるのは，あまりに短絡的と言えよう．価値判断は別にして，その体制保全は，国家が物理的暴力以外のさまざまな手段を駆使することで，ある種の「ソフト」な支配を行い，被支配者との相互依存関係を実現してきたがゆえに可能だった，そう指摘できるのではないか．

中東における権威主義・独裁体制の最たる例とみなされてきたシリアとイラクの体制について，その巧妙な支配のメカニズムを分析したものに，青山[2001]，[2002]と酒井[2003a]がある．青山[2001]，[2002]は，シリアのバッシャール・アサド(Bashshār al-Asad)が大統領に就任する過程を分析し，「ジュムルーキーヤ」(jumlūkīya)，すなわち世襲共和制と称される支配体制の実態を解明した．ここにおいて，青山は，父子二代にわたるアサド政権が「表」と「裏」からなる権力の二層構造を確立し，「表」においては，内閣，人民議会(国会)など，制度化された権力装置の「法的」な活動を通じて権力を「民主的」に行使しつつも，実際には，「裏」の権力母体である軍，諜報機関，さらにはアラブ社会主義バアス党(Ḥizb al-Ba‘th al-‘Arabī al-Ishtirākī，以下バアス党)に実権を掌握させることで，権威主義・独裁体制を維持してきた，と論じている．

酒井[2003a]もまた，イラクのバアス党政権において，「表」と「裏」の権力構造がいかなるバランスを保っていたかを分析した．そしてイラクの場合は，フセイン大統領を中心とする個人的なネットワークによってつなぎ合わされた少数集団が実質的な権力を独占していくなかで，「表」の権力構造を担うバアス党，内閣，国民議会(国会)などが形骸化していったが，しかし形式的とはいえ，こうした「表」の統治組織のポストがある種の社会的亀裂に沿ったかたちで分配されることで，特定の社会的集団を権力分配に与れない状態に放置することが回避された，と述べている．

これらの議論を敷衍すれば，共和制を敷く中東諸国の権威主義体制においては，権力構造が「公的」な部分と「非公的」な部分に二分され，社会に服従を強いる物理的暴力装置を後者が掌握しつつ，社会を構成するさまざまな集団を可能な限り前者に参画させ，そうすることで社会全体を国家に依存させようとしてきた，そう考えることができる．本書で注目したいのは，権威主義的な支配体制における「公的」な部分，すなわち各政権のもとで制度化された統治組織に社会的集団がいかに組み込まれていったのか，そして組み込まれる集団の選定はいかに行われたのか，という点である．

2. 社会を翻弄する政権

権威主義体制において，「公的」な権力を担う制度化された統治組織は，社会の成員を動員するための「窓口」として機能する以外にも，次のような2つの目的の実現に寄与している．第1の目的は，「非公的」な権力を独占する政権中枢の独断的な支配を隠蔽することであり，第2の目的は，抗国家運動の社会全体への波及・拡大を未然に防ぐことである．これらの目的を達成するため，国家は一方で，社会的諸集団を懐柔し，制度化された統治組織に網羅的に登用することで「民主性」あるいは「政治的多元性」を誇示し，他方で，国家に対する社会の抵抗力を先手を打って削ごうとする．その際，政権によって操作・介入されるのが，社会に内在する亀裂や多様性である．

社会的亀裂や多様性のなかには，すでに社会の成員によって意識化され，政治的集団に求心力を提供しているものもあれば，潜在意識のなかに閉じこめられたままのものもあるが，中東諸国の政治においては，主に以下2つの要素に着目する必要があろう．

① イデオロギーないしは政治理念　代表的なイデオロギーとしては，民族主義，国民主義(ないしは地域ナショナリズム)，社会主義，共産主義(マルクス主義)，リベラリズム，反米，反シオニズム，さらには政治的イスラーム(ないしはイスラーム主義)などがある．また，近年声高に主唱されている政治理念である「民主主義」には，改革，多元主義，人権，市民社会などの価値概念，規範認識が含まれる．こうしたイデオロギーや政治理念を共有する社会の成員は，自発的に集団を形成し，政治に関与することもあれば，政権側からの働きかけによって集団化を促される，ないしは集団とみなされることもある．

②「伝統的」な帰属(意識)　親族，部族，宗教・宗派への帰属という客観的な事実や，そうした帰属の主観的な意識がそれである．Barakat[1993: 48]が言うところのこれら「古い社会的亀裂」(old cleavages)をもとに形成される血縁・地縁集団，宗教・宗派集団は，基礎集団(fundamental group)として社会に存在することもあるし，政治的・社会的な要求を担うことで，政党や圧力団体に代表される機能集団(functional group，あるいは利害関係集団〔special-interested group〕)の形態をとることもある．また，こうした集団化が政権の操作に起因することもある．

権威主義体制は，社会に存在するこれらの亀裂や多様性を見極め，それに沿ったかたちでさまざまなレベルの集団を「公的」な権力構造に組み込むことで，「社会全体を代表している」というイメージを作り上げようとする．その時，権力分配のありようは，国会や地方議会の議席の付与，閣僚や地方知事職への抜擢など，実に多様である(本書第2章，第3章を参照)．しかしそこで共通しているのは，イデオロギー・政治理念に基づく新興の政治勢力であれ，「伝統的」な帰属(意識)に基づく社会的な集団であれ，その指導者・活動家や有力者を，国家の支配を支える「エリート連合」に組み込んでいく，という作業である．こうしたプロセスを通じて，政権は社会を細分化し，国家権力の相対的な強化——ないしは社会の抵抗力の相対的な低下——をめざすのである．

たとえば，1970年代半ばのイラクにおいて，バアス党政権は当時の政敵であるイラク共産党(al-Ḥizb al-Shuyūʻī al-ʻIrāqī)を懐柔し，政権内に取り込む必要に迫られていた．だが，実際に行われたのは，アラブ・スンナ派でアナ地域出身の共産党員の閣僚への登用であり(酒井[2003a : 47])，「共産党」という政治イデオロギーに基づく対抗的エリートを「アラブ・スンナ派」の一地域閥という宗派的・地域的帰属意識の枠組みにすり替えて中枢に取り込む，という手法であった．

さらに，このような政治手法のもとで，「公的」な統治機構への参与を認められた特定集団の成員は，権力から排除された同質集団の要求を権力中枢に伝える「仲介者」，ないしは「代弁者」としての役割をも担わされており，それによって既存の支配体制に対する不満の鬱積を防ぐ「安全弁」が提供されるのである．

3. 権威主義体制への挑戦

一方，権威主義体制がいかに巧みに「公的」な側面と「非公的」な側面を使い分け，自らの支配を維持・強化，ないしは正統化しようと，社会が疎外され続けていることには変わりがなく，独断的な統治のありように対する挑戦が社会の側から噴出することは避けられない．なぜなら，「公的」な統治組織を駆使した懐柔のプロセスは，制度として確立するやいなや硬直化し，権力の外部に取り残された多くの集団・個人の反政府的機運を再生産し続けるからである．しかし，分断された社会において台頭するこうした被支配者による挑戦が，「古い社会的亀裂」の枠組みのなかに矮小化されることなく，包括的な抗国家運動として展開することはきわめて稀である．

むろん，こうした反政府運動の担い手たちが，先に挙げたさまざまな社会的亀裂を逆手にとって利用し，その活動や要求を社会の総意として位置づけようとすることは事実である．たとえば，シリアにおける改革運動は，「民主主義」，「多元主義」，「市民社会」といった政治理念を掲げることで社会全体を代弁しようとしているし(本書第1章を参照)，湾岸戦争以降のイラク反体制派の数々の大同団結の試みは，そうした「抗国家」を軸とした社会統合への模索であった(酒井[2003b])．

しかし，権威主義体制に対する抵抗運動のほとんどは，イデオロギー・政治理念，「伝統的」帰属(意識)に依拠してネットワークを構築しようとする過程で，国家がこうした運動を社会の亀裂や多様性の枠内に押し込めようとするという障害に直面し，抗国家運動への発展・拡大を妨げられる．運動の担い手たちが，活動を拡大する際に特定の社会的集団に過度に依存した結果，社会内部の対立が助長されるといったケースは，イラクのクルド民族主義勢力(クルディスターン民主党〔al-Ḥizb al-Dīmuqrāṭī al-Kurdistānī, 英語名 Kurdistan Democratic Party，略称 KDP〕とクルディスターン愛国連盟〔al-Ittiḥād al-Waṭanī al-Kurdistānī，英語名 Patriotic Union of Kurdistan，略称 PUK〕という二大政党)に対するバアス党政権の差別的分断政策に代表されるように(ペレティエ[1991])，地域各所で頻繁に発生している．

さらに深刻なのは，権威主義体制の政権中枢の多くが，社会から台頭し抗国家運動の核となり得る勢力を「支配連合」エリートの共闘相手・協力者として取り込みの対象(その取り込み方法は，上に挙げたような地縁関係や部族的紐帯などの「伝統的」帰属意識に基づいて行われる場合が多い)とし，それをしばしば組み替え，交換していくことで，社会における対抗的エリートの育成を阻止していくということである[3]．そうした措置によって，「活動家」たちが社会全体を包摂するようなネットワークの構築を軽視し，社会そのものから乖離することで，ある種の「政治エリート」と化すこともある．「市民社会」の確立を主唱するシリアの改革運動の指導者や，イスラーム共和国体制の構造改革を模索するイランの改革派が，一般の国民との接点を持たないままに活動を展開したケースは，まさにその典型である(本書第1章，第4章を参照)．

社会を恣意的に利用する国家への抵抗運動が，社会全体との有機的な結びつきを犠牲にするという悪循環は，中東の多くの国に共通する傾向であ

3)　権威主義体制のもとでのエリートの回流(circulation)については，Zartman[1980 : 86-87]を参照．

り，権威主義体制延命の一端を担っていることは言うまでもない．それゆえ，本書では，国家によるしたたかな支配のありように着目するのと並行して，その支配に挑戦する政治的アクターがいかに自らの言動を社会と結びつけようとしているのか――ないしは結びつけ得ないでいるのか――といった点にも考察を加える．

4. 改革の可能性

ところで，権威主義体制は「ソフト」な支配を通じて社会を懐柔・分断することで，安定性を維持してきたが，政権はこうしたプロセスを経て獲得されるような「民主性」，「政治的多元性」のみによって自らを正統化しているわけではない．むしろ中東諸国の多く，なかでもクーデタ，ないしは「革命」を経て成立した政権は，自身が「革命の担い手」，「国家と社会の指導者」(あるいは「前衛」)であるという点に正統性の最大の根拠を求めてきた．

ただその場合においても，権威主義体制が長期化する過程で，正統性の核をなす「革命の記憶」といった要素が色褪せることは避けられないため，政権は新たな支配制度を形式的に導入するなどして，風化する正統性を補っていかねばならない．社会に内在する亀裂や帰属(意識)を操作することで社会の抗国家志向をかわす，といった前述の手法では対応しきれず，支配層の枠組みや構成そのものをある程度変質させる(少なくとも変質したように社会に見せる)必要が生じることがあるのである．「上からの改革」――ないしは「(体制)内からの改革」――は，まさにこのような文脈のなかで進められることが多い．

イラクでは，フセインが1979年に大統領に就任し，バアス党政権を継承した際，彼の「革命」参加経験の不十分さと，軍(「革命」の主役)出身ではないという経歴上の「欠陥」を補填するため，国民議会を再開し，バアス党以外の非与党の議員を増加させようとする「民主化」政策に打って出た(酒井[2003a])．同様の施策は，2000年7月にシリアでアサド政権が成立した時にも見られた．「世代交代」の名のもとにシリアの「バアス革命」(1963年3月8日)と「矯正運動」(al-ḥaraka al-taṣḥīḥīya，2000年11月13日にハーフィズ・アサド〔Ḥāfiẓ al-Asad〕前大統領が実行したクーデタ）の担い手であった「古参」を政権中枢から排除し，「若手」やテクノクラートを登用するとともに，政権を支えるエリート連合の入れ替え・組換えを行うための新規参入窓口として，連立政権の拡大や，在野からの人材登用などといった「民主的」制度がとられたのである（青山［2001］，［2002］）．

だが「上からの改革」はあくまでも新たな権力基盤を確立するまでの過渡的な措置であるため，実質的な政治参加は限定的なものとなり，また一定期間を過ぎた後には政権そのものが再び閉鎖的になる場合が多い．

一方，「ソフト」な権威主義体制が硬直化し，「公的」な統治組織を通じて懐柔しきれない集団が発生・台頭した際，それが「下からの改革」——ないしは「（体制）外からの改革」，「（社会）内からの改革」——を主導することもある．こうした動きは，イランやシリアのように，権力から排除されてきた集団——あるいは権力の周辺に追いやられてきた集団——が政治運動体を形成し，政権に変革を迫る，ないしは政権への参画を図るというかたちをとることもあれば（本書第1章，第4章を参照），湾岸戦争後のイラクで発生した全国的民衆暴動（インティファーダ〔intifāḍa〕，1991年）や，エジプト（1977年），ヨルダン（1989年）で見られた物価暴動などのように，それまで政権に懐柔されてきたと思われていた民衆が蜂起し，暴動を起こすというかたちで表出することもある．

さらには権威主義体制に対する外国勢力の批判が高まり，「（国）外からの改革」圧力が生じることで，国内の「改革」志向——「上からの改革」と「下からの改革」の双方において——が強まるケースもしばしば存在する．イラク戦争開始とともに本格化したブッシュ米政権のシリア批判に後押しされるかたちで，シリア民主同盟（al-Taḥāluf al-Dīmuqrāṭī al-Sūrī）が発足（2003年11月）し，アサド政権の打倒と民主的政体の樹立を掲げた例（青山［2004］）や，同じく2003年に，米国の「民主化」圧力と並行してサウジアラビア国内で有識者が頻繁に嘆願書を提出した結果，同国政府が地方評議会への部分的選挙制度の導入の約束や「国民対話」の実施などといった民主化措置をとるに至った例（保坂［2003/2004］）は，基本的にはこうした外国起源の圧力に応じたものである．

この「上からの改革」のパターンをとるか，「下からの改革」のパターンをとるかは，国家がどの程度効果的に社会を従属させてきたかに左右される．国家がある集団を一定の社会的属性をもって取り込むことができなかった際に，その集団が政治主体として再編され，反政府運動を展開する例はしばしば見られるし，また前項で触れたように，本来政治的スタンスに基づく対立から国家に挑戦してきたイデオロギー政党が，社会的亀裂などを通じて換骨奪胎され，効果的に国家に取り込まれることも多い．

しかし「上からの改革」，「下からの改革」という区別は，厳密な意味ではあまり対立的ではない．国家が「上からの改革」の必要性を認識するに至ったのは何らかの政治変動が生じているからであり，その変動の過程において社会内で政治参加要求が高まり，「下からの改革」が促進されることも少なくはないからである．また，「上からの改革」の結果，「エリート連合」が拡大し，政権への新規参入の可能性が一定のメッセージとして示されることで，こうした門戸開放政策が——たとえ限定的なものであったとしても——継続的・漸進的な政治参加を社会に確約することもあり得るのである．

9.11事件以降のブッシュ米政権による対中東政策は，こうした「改革」の現れ方に関する認識の過度な厳密性，換言すれば硬直性を特徴としていると言うことができよう．すなわち「上からの改革」一切を体制内での限定的な変化でしかあり得ないとして，その役割を否定的に解釈し，「下からの改革」については，宗教・宗派，部族など，「非西欧的」とみなされる「伝統」に基づく動員を正当なものとみなさないのが，現在の米政権の対中東政策である．いずれの「改革」の場合も，それまで固定的であった支配・被支配のありようが多少なりとも変化していることを示す予兆ではある．しかし冒頭に指摘したように，「国際テロ組織」と「ならず者国家」を脅威とみなし，「民主化」と変革を強いようとする9.11事件後の米政権の認識は，中東・中央アジアにおける内在的な変化を過小評価するものでしかない．外国勢力の政治的干渉や「策謀」が恒常的に存在するとの認識が社会に浸透している中東諸国において，「民主化」や改革を内発的に推し進めようという志向が「外国の圧力の結果」，「外国の圧力への屈服」と位置づけられ，変化を求める機運そのものを後退させてしまう，という傾向があることにも着目すべきであろう．

第3節　本書の構成

本書は，中東地域諸国の政権の支配のありよう，ないしは既存の体制の変革・打開をめざすさまざまな動きに焦点を当てた7つの論文(章)から構成されているが，それらは以下2つの視座のいずれかに基づき，強靭な国家(政権)と，それに対峙する社会的集団との関係を論じようとしている．

① 国家(政権)は社会を構成する諸々の政治的・社会的集団をいかに取り込み，支配を維持・強化しようとしているのか．政権はいかなる手法を駆使して，政治的・社会的集団の挑戦を退け，安定性を確保しようとしているのか．

② 権力の外に位置する政治アクター(野党，エリートなど)はいかなる手段をもって，国家(政権)に挑戦，あるいは参画し，支配体制を変革しようとしているのか．権力の外から発せられる政治的・社会的要求，さらには社会的亀裂は，どのように国家の支配に反映されるのか．あるいは，強靭な国家(権力)が失われた結果，社会を構成する集団は，いかにして自らの存在を国家のなかで位置づけようとしているのか．

本書では，前者の視座に立つ3つの論文を第I部として，後者の視座に立つ4つの論文を第II部としてまとめた．

ところで，本書で分析の対象とした国家群は必ずしも中東諸国に限られない．中東，とくに共和制を敷くアラブ諸国の多くに見られる権威主義体制は，旧ソ連諸国においてもしばしば見られる．とりわけ中央アジア諸国は，社会主義・一党独裁体制を経験したという歴史以外にも，宗教(イスラーム)，部族・氏族・親族などに起因する「古い社会的亀裂」を内包するなど，中東諸国との類似点が多い．比較研究として，ここではカザフスタンの事例(第3章)をとり上げた．また，軍事クーデタを成立の出発点に置く共和制下の権威主義・独裁体制を代表するシリア，エジプト，そしてフセイン政権崩壊前のイラクなどのアラブ諸国のほか，これらと比較する視座から，権威主義体制ではないが体制基盤に一定の限定性を持つイスラーム共和国体制下のイラン(第4章)，中東においてもっとも制度化された議会制を持つと考えられるトルコ(第5章)，そして「占領地」でのパレスチナ人への「力」による支配という困難な課題を抱えつつ「国内」での民主主義を貫徹しようとするイスラエル(第6章)も分析対象とする．

1. 第I部「動員――権力基盤確立のために」

権威主義体制がいかに自らの支配を維持・強化してきたのかに焦点を当てた第I部では，シリア，エジプト，そしてカザフスタンの事例を取り上げる．

第1章「権威主義・独裁維持のための「多元主義」――バッシャール・アサド政権下のシリア」(青山弘之)は，Ḥ. アサド前大統領の死とアサド現大統領への権限移譲によって確立したシリアの「ジュムルーキーヤ」体制が，当初の予想に反してなぜ存続しているのかという視点に基づき，改革志向を正統性の最大の根拠とするアサド政権が，権威主義・独裁を阻害すると思われがちな「多元主義」を重視している点に着目，同政権が親政府勢力と反政府勢力の双方にどう対処してきたのかが分析されている．とりわけ，シリアの政治体制において「多元主義」を象徴する組織として位置づけられている翼賛的な政治同盟，進歩国民戦線(al-Jabha al-Waṭanīya al-Taqaddumīya)の活性化と拡大に向けた試みと，「市民社会」の確立をめざす国内の反政府勢力に対する硬軟織り交ぜた封じ込め策を精査し，これらの動きがいかに「多元主義」の拡充に寄与し，権威主義・独裁の維持と結びつけられてきたかが明らかにされている．青山の分析によると，アサド大統領による「多元主義」拡充の試みは，政権にとって無害な親政府系政党・政治組織の活動を既成事実化し，「名目的」権力装置に組み込むことで，独断的な支配体制を隠蔽することと，散発的な強権の発動を通じて，体制外の改革運動が踏まえねばならない前提条件を示し，その担い手たちを非力な反政府勢力として延命させることを真の目的としていた．その意味で，アサド政権の改革志向は，基本的には政権交替期に特有の，政権基盤の不安定化を補強するための措置の枠を超えず，またシリアのすべての政治アクターが国家と社会の発展において無視し得ない大多数の民衆との実質的なつながりを欠いたまま活動しているところに，政治の「多元化」が実現しない原因があるのである．

第2章「エジプトにおける議会家族の系譜」(鈴木恵美)では，エジプトにおいて国会議員を輩出し続けている地方の名望家に着目し，同国の政治空間のなかで彼らがいかなる政治的役割を果たしてきたのかが論じられている．エジプトの国会議員は，軍人や官僚などの他の政治エリートとは異なり，地域の権力関係を直接反映する選挙によって選ばれるため，地域の名士，地方と中央を結ぶ仲介者，地方行政の監督者としての役割を担っている．このように指摘したうえで，鈴木は，国会議員を長年にわたって輩出し続けている「議会家族」(usra/'ā'ila barlamānīya)を抽出，彼らが支配体制に組み込まれていくさまを描き出している．すなわち，ガマール・アブドゥンナースィル(Jamāl 'Abd al-Nāṣir，以下ナセル)期に弾圧を受け，国会議員に占める割合を低下させた議会家族は，アンワル・サーダート(Anwar al-Sādāt)期になると，ナセル路線の継続をめざすアリー・サブリー('Alī Ṣabrī)派の粛清に荷担することで，政治的な復権を果たした．しかし，ムハンマド・フスニー・ムバーラク(Muḥammad Ḥusnī Mubārak)期に入ると，彼らはその当選率を再び低下させており，このことは彼らが地盤地域の票を与党，国民民主党(al-Ḥizb al-Waṭanī al-Dīmuqrāṭī)へ集めるという役割さえも十分に果たせなくなっていることを示している．こうした議会家族の盛衰の分析を通じて鈴木が強調するのは，サーダート期における議会家族の台頭が政権中枢の権力闘争によって規定されていたという点であり，またムバーラク期における彼らの政治的な影響力の低下によって，社会的集団の懐柔メカニズムが再編成を迫られているという点である．近年のエジプトでは，ムバーラク大統領の後継者問題がさかんにとりざたされているが，同国の「ソフト」な権威主義体制存続の可否は，こうした変化への要請に政権がいかに対処し得るかにかかっている．

エジプトの事例は，地方の政治エリートを中央の「公的」な統治組織に組み込むことで，支配の安定化をめざすケースであるとみなし得るが，そこでは一定の地方出身者を登用することでその地方の利害を代弁させるという，代表性にかかわる認識が前提としてある．

これに対して，第3章「カザフスタンにおける地方政治エリート(1992～2001年)」(岡奈津子)では，政治エリートの登用パターンに着目することで，権威主義体制下での地方統治のありようが解明されている．具体的には，独立(1991年12月)後の10年間に地方知事職に就いた政治エリート約60人について，その属性と職歴——出生年，就任時の年齢および在任期間，出生地，民族，学歴，前職(職歴パターン)など——を分析し，ソ連時代の登用パターンとの違いを明示したうえで，ヌルスルタン・ナザルバエフ(Nursultan Nazarbaev)政権がいかなる地方行政人事を展開し，権威主義体制の維持・強化に努めているのかが論じられている．ここにおいて岡はまず，地方エリートの世代交代が，時代の要請への適応といった実務面だけでなく，政権中枢による統制を容易にするという点を配慮したものだと指摘するとともに，知事の頻繁な異動が，州行政における地方エリートの独自性の発揮と人脈形成を困難にし，地方における大統領の指導力低下を防ぐねらいがある，と述べている．また，地方エリートの中央への登用と，中央エリートの地方への赴任という「ピストン」型人事については，地方エリートの中央に対する忠誠をチェックするだけでなく，中央エリート対地方エリートという対立構図を生じにくくさせる効果があると論じ，カザフ人知事の増加傾向については，ロシア系住民を多く抱える北東部および北部における分離主義の高揚を未然に抑えるための予防策だとみなす．これら一連の分析結果を通じて，カザフスタンにおける地方エリートが，彼らを輩出する地方社会を代弁するのではなく，地方を中央に統合・従属させるために統治組織に組み込まれていることが明示されているのである．

2. 第II部「政治参加——開かない門，壊れた扉」

強靭な国家に対する政治的・社会的集団の挑戦，既存の支配体制がはらむ不安定要因，さらには権威主義体制の崩壊による「国家の不在」が社会にもたらすインパクトなどに焦点を当てた第II部では，イラン，トルコ，イスラエル(パレスチナ)，そしてイラクの事例を取り上げる．

第4章「体制内改革の「失敗」とイラン・イスラーム共和国体制基盤」

(松永泰行)では，モハンマド・ハータミー(Mohammad Khātamī)政権期の改革運動の挫折が，イランのイスラーム共和国体制基盤にいかなるインパクトを持つかが論じられている．イランの政治体制は，いわゆる権威主義の範疇にあてはまるものではない．だが，そこでの政治参加は，「イスラーム共和国体制の枠内において」という意味で限界を持つ．こうした点を捉えて，欧米諸国はイランに対して「非民主的」との批判を投げかけてきた．とりわけ9.11事件以降，「悪の枢軸」(axis of evil)の一角をなすとされる同国への敵対的姿勢が米政権内で顕著になる一方，米国の言論・政策サークルやアカデミアにおいて「体制崩壊必至論」がさかんに展開されるようになった．松永はまずこれらの議論を批判的に検証したうえで，ハータミー政権下の改革運動を主導した政治主体間の関係と，政治的争点の変化のダイナミクスを分析している．ここにおいて注目されているのは，イラク戦争後の6カ月間の政治プロセスを通じて「体制構造改革」が不可避だとの認識が強まったことで，ハータミー大統領による「体制内改革」の限界が露呈しただけでなく，「体制構造改革」派の側も，構造を変革するための有効な手段を欠いているために，現体制下で「大権」を与えられている最高指導者に「英断」あるいは「苦渋の選択」を迫らざるを得なかったという点である．だが松永は，「体制構造改革」派の台頭を「イスラーム法学者の統治」(velāyat-e faqīh)との決別を求めるイラン国内の動きとしてのみ捉えてはいない．同派の要求や活動が，現時点では活動家のレベルに制限され，一般の国民や外国勢力・在外勢力とリンケージしてはいないものの，その一方で，そうなる可能性を完全に除外することはできない，という点にもまた注目しているのである．換言すれば，「体制構造改革」派が提起した構造的問題と，「体制崩壊必至論」において指摘される「閉塞状態」との重なりがそこに厳然と存在する．

第5章「トルコにおける社会的亀裂と政党制の定着」(間寧)では，トルコの政治体制(議会制民主主義)の基盤を把握するため，その根幹をなす政党制がいかに定着，ないし制度化したのかが明らかにされている．その際，間は国会選挙における投票流動性の推移に着目し，社会的亀裂が政党制にどの程度反映されてきたかを分析することで，社会を構成するさまざまな集団による意思表明が，トルコの政治体制そのものの安定化に寄与するようになっていることを示そうとしている．「スンナ派」，「クルド民族」，「アレヴィー派」といった集団として表出しているトルコの社会的亀裂は，過去約40年間の国会選挙の平均的傾向からすれば，政党制と安定的関係にあったとは言えない．すなわち，「アレヴィー派」という宗派性は左派政党・右派政党間の流動性を低下させる影響を持つものの，「スンナ派」という有権者の宗教性は，穏健政党・急進政党間の投票流動性を，「クルド民族」という民族性は，左派政党・右派政党間の流動性と穏健政党・急進政党間の流動性をそれぞれ高める傾向にあった．だが最近のトルコにおける国会選挙の結果を見ると，投票流動性のうち社会的亀裂に起因する部分が低下していることが明らかになり，総選挙が繰り返されるにつれ，政党制は社会的亀裂をより正確に取り込み，反映するように変質してきたことが窺える．にもかかわらず，トルコの投票流動性は一貫して高く，下がる兆しを見せないという特徴を持っており，こうした変化は同国の政党制の安定化を必ずしも意味していない．すなわち，トルコの有権者は近年，社会的亀裂に沿って投票するようになる一方で，野党，なかでも与党未経験野党に投票する傾向を強めており，そのことは，投票流動性が政権政党に対する懲罰的投票によって流動化していることを示しているのである．そのうえで，間はトルコの政党制，さらには政治体制そのものの安定性を見極めるには，与党懲罰という新たな不安定要因を解明していく必要があると結ぶのである．

第6章「オスロ合意，ロード・マップ，ジュネーブ提案——イスラエル・パレスチナ和平プロセスの10年」(池田明史)では，ユダヤ人の「民族民主国家」として成立したイスラエルにおける，「パレスチナ」という非ユダヤ人「社会」に対する「民主原理」の不在，という視点に立って，イスラエル・パレスチナ間の和平交渉の展開が論じられている．今日のイスラエルでは，「ユダヤ人国家」，「民主的社会」という2つの原理の軋轢が生じているが，その根幹にあるのがパレスチナ占領政策であり，中東和平問題の展開は，こうした国家と社会の存立矛盾と無関係ではあり得ない．「ユダヤ人国家」である同国が独自に完結した「民主原理」を貫こうとすれば，その「民主的社会構築」にあてはまり得ない「非ユダヤ人」を包摂するパレスチナ占領地を切り離すしかないからである．換言すれば，手に負えない社会からの抵抗と挑戦を回避するために国家が国家領域を変更する，という側面を，イスラエル・パレスチナ間交渉に見出すことができるのである．そしてその「切り離し」交渉である中東和平交渉が頓挫している背景に，双方の民族原理の突出による民主原理の圧迫，そして民族原理を掲げる国家を有効に抑止し得ない社会の民主原理がある，と池田は見てとる．そのうえで，2003年9月に政府間の公式チャンネルとは別に，当事者双方の在野勢力が発表した「ジュネーブ提案」を取り上げ，それを「国家」に対する「社会」の対抗，もしくは牽制とは解釈できないとしながらも，「国家」が対外交渉機能を失い，しかもその機能を代替するものとして「社会」が立ち上がる余地を持たない時に，こうした「社会」とも「国家」ともつかない非国家主体が，外交という国家事業を担おうとしたと論じている．

以上，6つの章では，権威主義体制であるかないかを問わず，既存の政治体制がいかに維持されてきたのか，あるいはいかなる不安定要因を抱えているのかに焦点が当てられているが，こうした強靭な支配体制が瓦解した場合，社会を構成する集団・個人は，いかにして自らの存在を国家のなかで位置づけようとするのか．

第7章「イラクにおけるシーア派イスラーム運動の展開」(酒井啓子)では，フセイン政権という強力な中央集権型の権威主義・独裁体制が崩壊した後，米英の占領のもとで，いかにイラク社会が自律的な共同体形成を模索しているかに焦点が当てられている．そこで酒井が注目しているのは，イラク南部を中心としたシーア派信徒の共同体意識と，そこで展開されるイスラーム的紐帯に基づく社会運動である．イラクは，とりわけイラク戦争後の米英の社会認識において，「クルド」，「アラブ・スンナ派」，「アラブ・シーア派」というエスニック・宗派的分類に基づいた分断社会としての認識が主流となっているが，実際のところ宗派に基づく社会がどれだけ自律性を持ち，何を基軸にして地域社会が統合されてきたのかということについては，議論が分かれる．とりわけ「シーア派社会」といった場合に，そこではシーア派ウラマー(‘ulamā’)を中心とするハウザ(ḥawza)主導の社会運動と，平信徒のサブ・ナショナルな地域主義的運動とが並存，あるいは対立するかたちで運動が展開されてきた．そこではもっぱら運動の動員構造を拡充することに，各勢力とも力を割いてきたが，イラク戦争後の中央政権不在の状況のなかでもっとも動員能力を発揮したのは，シーア派のマルジャア・アッ＝タクリード(marja‘ al-taqlīd)を中心とした既存のウラマー・ネットワークであった．だがこうしたネットワークが機能するのと並行して運動の場が狭い地域共同体に限定され，ウラマー間の権力抗争に発展したことから，逆に政治的志向が薄く学問的機能に特化したウラマーの役割が社会統合の結節点になっていった．酒井はそうした過程を，社会運動論などの手法をとりつつ分析している．

以上，2部7章における各国分析を通じて，主として国家の社会統治の巧みな手法に着目することで，中東・中央アジアの国家がいかに「しぶとく」存在しているのか，そして国家の支配を前に，社会がいかに翻弄されてきたかを明らかにする．むろんこうした研究は，中東・中央アジア諸国のみにおいて完結し得るものではない．権威主義・独裁体制という面で，他のアジア・アフリカ諸国の事例と比較しつつ，その「しぶとさ」の原因をより深く探る必要があろう．そうした課題は，今後の研究のテーマとして発展させていきたい．

〔参考文献〕

〔日本語文献〕

青山弘之[2001],「“ジュムルーキーヤ”への道(1)――バッシャール・アル=アサド政権の成立」(『現代の中東』第31号，7月)，13～37ページ.

――[2002],「“ジュムルーキーヤ”への道(2)――バッシャール・アル=アサドによる絶対的指導性の顕現」,(『現代の中東』第32号，1月)，35～65ページ.

――[2004],「シリア・バッシングは，中東全体の混乱を生む」(『季刊アラブ』第108号，春)，9～11ページ.

酒井啓子[2003a],『フセイン・イラク政権の支配構造』岩波書店.

――[2003b],「イラクにおける反体制諸組織」(酒井啓子・青山弘之編『中東諸国における政権権力基盤と市民社会――研究会中間成果報告』日本貿易振興会アジア経済研究所)，23～62ページ.

バラカート，アリー(加藤博・長沢栄治訳)[1991],『近代エジプトにおける農民反乱――近代エジプト社会史研究入門』アジア経済研究所.

ペレティエ，S. C.(前田耕一訳)[1991],『クルド民族――中東問題の動因』亜紀書房.

保坂修司[2003/2004],「イラク戦争とサウジアラビア」(『中東研究』第1-2巻)，55～60ページ.

〔外国語文献〕

Barakat, Halim[1993], *The Arab World: Society, Culture, and State*, Berkeley: University of California Press.

Batatu, Hanna[1978], *The Old Social Classes and the Revolutionary Movements of Iraq: A Study of Iraq's Old Landed and Commercial Classes and of Its Communists, Ba'thists, and Free Officers*, Princeton: Princeton University Press.

Cole, Juan R. I. and Nikki R. Keddie eds.[1986], *Shi'ism and Social Protest*, New Haven: Yale University Press.

Norton, Augustus Richard[1995], *Civil Society in the Middle East*, Leiden and New York: E. J. Brill.

al-Sayyid, Mustapha Kamel[1995], “The Concept of Civil Society and the Arab World”, in Rex Brynen, Bahgat Korany and Paul Noble eds., *Politi-*

cal Liberalization and Democratization in the Arab World, Vol. 1, Theoretical Perspectives, Boulder : L. Rienner, pp. 131–147.
Schwedler, Jillian ed.[1995], *Toward Civil Society in the Middle East?*, Boulder : L. Rienner.
Zartman, I. William ed.[1980], *Elites in the Middle East*, N. Y. : Praeger.

第I部

動　員

――権力基盤確立のために――

第1章

権威主義・独裁維持のための「多元主義」

――バッシャール・アサド政権下のシリア――

青山弘之

はじめに

2000年6月10日はシリア・アラブ共和国だけでなく，現代アラブ世界にとっても大きな転機だった．30年間にわたり「絶対的指導者」としてシリアを支配してきたハーフィズ・アサド(Ḥāfiẓ al-Asad，以下Ḥ.アサド)前大統領が同日に死去したのを受け，二男バッシャール・アサド(Bashshār al-Asad，以下アサド)への権力移譲が一気に加速し，7月17日の大統領就任をもって，アラブ世界初の「ジュムルーキーヤ」(jumlūkīya，世襲共和制，共和王政)[1)]が確立したからである．

アサド政権は発足当初よりその脆弱さを指摘されてきた．たとえば，2000年6月19日，筆者がダマスカス市で行ったインタビューで，研究者のハッサーン・アッバース(Ḥassān ʻAbbās)は，「新政権は「慣性の法則」に従って動いているに過ぎず，故大統領の威光が色褪せればいずれ失速するだろう」と語り，前大統領の政治手腕に多くを依存してきたシリアの支配体制が遅かれ早かれ瓦解すると予想した．また哲学者のアントゥーン・マクディスィー(Anṭūn al-Maqdisī)も，アサド政権発足3年を振り返るなかで，「シリアの全体主義体制には頭がなく，これこそが最大の弱点だ」(ʻAbbūd[2003])と述べ，その不安定さを強調した．しかしこれらの見解とは裏腹に，アサド大統領は現在までのところ，権威主義・独裁を本質とする支配体制の維持に成功している．

筆者はこれまで，既発表論文(Aoyama[2001]；青山[2001a]，[2002]など)で，

1) エジプトのイブン・ハルドゥーン開発センター(Markaz Ibn Khaldūn li-l-Tanmiya)のサアドゥッディーン・イブラーヒーム(Saʻd al-Dīn Ibrāhīm)所長が，アラビア語で共和制を意味する「ジュムフーリーヤ」(jumhūrīya)と王政を意味する「マラキーヤ」(malakīya)から作った複合語．

アサド政権の支配について断片的な分析を行ってきた．本章はこれらの研究成果を総括するかたちで，同政権が当初の予想に反してなぜ存続しているのかを詳しく見る．その際，改革志向を正統性の最大の根拠とするアサド政権が，権威主義・独裁を阻害すると思われがちな「多元主義」を重視している点に着目し，2000年半ばから2003年末にかけて，同政権が親政府勢力と反政府勢力の双方にどう対処してきたのかを精査する．以下，第1節では，今日のシリアの政治体制において「多元主義」を象徴する組織として位置づけられている翼賛的な政治同盟，進歩国民戦線(al-Jabha al-Waṭanīya al-Taqaddumīya)の活性化と拡大に向けた試みを取り上げる．第2節では，アサド政権発足後，活発な運動を展開するようになった国内の反政府勢力に焦点を当て，彼らの活動がどのように封じ込められていったのかを詳しく見る．そしてこれら一連の動きがいかに「多元主義」の拡充に寄与し，権威主義・独裁の維持と結びつけられてきたのかを明らかにする．

第1節　「名目的」権力装置の多元化

本節ではまず，Ḥ. アサド前政権下で確立した今日のシリアの権力構造を概観する．そのうえで，この構造的枠組みのなかで「多元主義」を体現する存在として位置づけられてきた進歩国民戦線を，アサド政権がいかに変革し，支配体制の維持・強化に役立てようとしているのかを明らかにする．

1. 権力の二層構造のもとでの進歩国民戦線

筆者は，既発表論文(Aoyama[2001 : 5-23]；青山[2001a : 14-15])で，Ḥ. アサド前大統領が構築した今日のシリアの支配体制が権力の二層構造を特徴とすると述べた．矯正運動(al-ḥaraka al-taṣḥīḥīya)の名で知られる前政権の支配は，政治の「多元主義」と経済のインフィターフ(infitāḥ，門戸開放)をめざし，表向きは三権分立の法治国家としての体裁をとっていた．だが内閣や人民議会(国会)は権威主義・独裁を隠蔽するための「名目的」

権力装置に過ぎず，それらが行使する「目に見える権力」には何の実体もない．国家の支配や政策決定にかかわる真の権力，すなわち「隠された権力」は，戒厳令[2)]のもとでムハーバラート(mukhābarāt)[3)]や軍といった「真」の権力装置が握っており，前大統領は，血縁関係，信頼関係，そして「恐畏」の念(「恐れ」と「畏れ」が相半ばした念)を通じてその担い手たちを指導し，体制の維持・強化に努めてきたのである．

この権力構造のなかで，「多元主義」を体現する存在として位置づけられてきた政治的アクターが進歩国民戦線であった．この政治同盟は，1972年3月に，アラブ社会主義バアス党(Ḥizb al-Ba'th al-'Arabī al-Ishtirākī，以下バアス党)，統一社会主義者党(Ḥizb al-Waḥdawīyin al-Ishtirākīyīn)，アラブ社会主義者運動(Ḥaraka al-Ishtirākīyīn al-'Arab，現アフマド・ムハンマド・アフマド〔Aḥmad Muḥammad al-Aḥmad〕派)，アラブ社会主義連合党(Ḥizb al-Ittiḥād al-Ishtirākī al-'Arabī)，シリア共産党(al-Ḥizb al-Shuyū'ī al-Sūrī，現ウィサール・ファルハ〔Wiṣāl Farḥa〕派)によって結成され，その後，Ḥ.アサド前政権のもとで，統一社会民主主義党(al-Ḥizb al-Waḥdawī al-Ishtirākī al-Dīmuqrāṭī，1989年加盟)，シリア共産党ユースフ・ファイサル(Yūsuf Fayṣal)派(1986年加盟)，アラブ社会主義者運動ガッサーン・アブドゥルアズィーズ・ウスマーン(Ghassān 'Abd al-'Azīz 'Uthmān)派(1994年加盟)が加盟していった．

このうちバアス党は，人民議会において過半数の議席を占め，主要閣僚ポストを独占することで，「名目的」権力装置を統括する一方，「バアス党は社会と国家を指導する党である」という憲法(1973年3月13日施行)第8条の規定に依拠し，超法規的な措置を通じて自らの政治目的を達成できる．またムハーバラートや軍の高官に党内の責任ある地位を与えることで，「隠された権力」の「合法的」な行使にも寄与している．

これに対し，バアス党以外の加盟政党は，人民議会の議席や閣僚ポスト

2) 戒厳令は，ハーリド・アズム(Khālid al-'Aẓm)内閣(1962年9月〜1963年3月)がイスラエルとの戦争状態を理由に1962年12月22日立法第51号として発令し，「バアス革命」(1963年3月8日)直後の軍事令第2号によって継続が確認された．これにより，集会，結社，移動の自由などが制限されるとともに，ムハーバラートによる検閲，尋問，拘束，逮捕，軍事裁判所での裁判などが許可された．

3) 軍，バアス党，内務省の管轄下にある諜報機関，秘密警察，武装治安部隊の総称．

を与えられてきたが，その活動を著しく制限されていた．1972年3月に起草された『進歩国民戦線憲章』は，「軍および武装部隊内で組織化や党活動を行わない旨，誓約する」，「学生に対する組織活動や指導活動を停止する旨，誓約する」(*Mīthāq al-Jabha al-Waṭanīya al-Taqaddumīya*［1972：10-11］)と定め，これらの党派が，軍，人民諸組織(al-Munaẓẓamāt al-Sha'bīya)，職業諸組合(al-Niqābāt al-Mihnīya)などで勢力を拡大することを禁じてきたのである．

進歩国民戦線の発足は，1960年代にバアス党のライバルだった左派(アラブ民族主義，社会主義，マルクス主義)政党を政権内に取り込み，権力基盤を強化するねらいがあったと考えられる．だが同時に，政権との協力の是非をめぐる対立や分裂の火種をこれらの政党に与える効果も持っていた．たとえば，アラブ社会主義者運動は，1972年に戦線への加盟を決定したアブドゥルガニー・カンヌート('Abd al-Ghanī Qannūt)派(現アフマド派)からアクラム・ハウラーニー(Akram al-Ḥawrānī)派(現アブドゥルガニー・アイヤーシュ〔'Abd al-Ghanī 'Ayyāsh〕派)が離反し，反政府運動に身を投じていった．

前政権下では，アラブ社会主義者運動が分裂した以外にも，アラブ社会主義連合党からアラブ社会主義連合民主党(Ḥizb al-Ittiḥād al-Ishtirākī al-'Arabī al-Dīmuqrāṭī，1973年に分離)とアラブ民主連合党(Ḥizb al-Ittiḥād al-'Arabī al-Dīmuqrāṭī，1988年に分離)が，統一社会主義者党から統一社会民主主義党(1974年に分離)がそれぞれ分離し，シリア共産党がハーリド・バクダーシュ(Khālid Bakdāsh)派(現ファルハ派)とファイサル派に分裂した(1986年)．だがḤ.アサド前大統領は，権力基盤の求心力を低下させかねない加盟政党内の対立に敢えて介入しなかった．むしろ，分裂後も協力の意思を示す党派を進歩国民戦線に加盟させる一方で，反政府の立場を表明した党派を徹底的に弾圧することで，自らの優位を揺るぎないものとしていったのである．潜在的な政敵の分断を促し――ないしは内部対立を静観し――，政権に対する相対的な力を弱化させようとする戦略は，「ハーフィズ・アサド学派」(madrasa ḥāfiẓ al-asad)と評され，前大統領のもっとも特徴的な政治手法の1つに数え上げられる(Aoyama［2001：24-25］)．進歩国民戦線はこの戦略が実践される場として機能していたのである.

2. 進歩国民戦線の活性化

「(H.アサド前大統領の)路線の継続性」を基本方針とするアサド政権もまた，権力の二層構造を駆使し，権威主義・独裁の維持・強化に努めているが，「名目的」権力装置をより有効に機能させようとしている点で前政権と対照的である.

この積極さには，アサド大統領自身に与えられた2つのイメージが反映していたと考えられる．第1のイメージは，次期後継者として台頭した1990年代後半から，「近代化とテクノロジー(化)」の主唱や，「腐敗との闘い」を通じて強調された改革志向である．このイメージは，「絶対的指導者」であった前大統領の死とあいまって，国内に変化を求める気運を高揚させ，既存の支配体制，なかでも権威主義・独裁体制を隠蔽するために機能していた「名目的」権力装置の改編を促した．第2のイメージは，もともと眼科医を志し，政治の世界とは無縁だった彼の「軟弱さ」である．職業軍人としての経歴を持つH.アサド前大統領が「精悍さ」や「力強さ」を備えていたのに対し，大統領就任以前のアサドはどこか頼りなさげで，父から受け継いだ体制を牽引し得るだけの力を欠いているように思えた．このことが，前大統領と異なる個性や資質をもって「絶対的指導者」としての独自性を発揮する必要を迫ったのである.

2000年7月17日，人民議会での就任演説で，アサド大統領は，「創造的思考」，「建設的批判」，「透明性」，「組織的思考」，「民主的思考」といった言葉を挙げ，自らの改革志向と独自性を誇示した．この演説のなかで，彼は次のように述べ，進歩国民戦線を「民主主義」と「多元主義」の基軸に据えた.

> 「我々は，自らの歴史，文化，文明に根ざした個性，そして社会と現実の要請から生じる独自の民主的経験を持たねばならない．我々の進歩国民戦線は，我々独自の経験を通じて発展した民主主義のモデルであり，我々の政治生活と祖国統一において基本的な役割を担ってきた．そして今，我々は戦線の活動形態をさらに発展させ，我々の現実が求

める発展の必要性にすべてのレベルで応えねばならなくなっている」(SANA[2000]).

この言葉を実行するかのように，7月31日，進歩国民戦線中央指導部(al-Qiyāda al-Markazīya)書記長に就任したアサド大統領は，前政権が加盟政党に課してきた規制を緩和していった．この改革は，①加盟政党による機関紙発行，②活動領域の拡大，③戦線拡大に向けた試み，という3つの動きからなっていた．

(1) 機関紙発行

Ḥ. アサド前政権下のシリアでは，バアス党民族指導部(al-Qiyāda al-Qawmīya)の機関紙である『アル＝バアス』(*al-Ba'th*)，人民議会の立場を代弁するとされる『アッ＝サウラ』(*al-Thawra*)，そして大統領府に近いと言われる『ティシュリーン』(*Tishrīn*)という国営3紙以外に全国版の政治日刊紙はなく，掲載記事のほとんどは，シリア・アラブ通信(Syrian Arab News Agency，略称SANA)が配信するニュースを転載したものに過ぎなかった．このようなメディアにおける独占状態を緩和するため，アサド政権はまず情報部門の改革に着手した．

アサド大統領は就任早々，「誇張，神聖化，過大視とは無縁の新たなバランスのとれた情報」(*al-Ḥayāt*[2000a])の実現をめざし，大統領への過剰な賛美を控えるよう関係各局に通達するとともに，情報部門の人事を一新し，『アッ＝サウラ』や『ティシュリーン』にシリアの社会・経済情勢への「建設的批判」を行わせた．また非政府系の新聞・雑誌の出版も奨励された．2001年2月，風刺画家のアリー・ファルザート('Alī Farzāt)による『アッ＝ドゥーマリー』(*al-Dūmarī*)創刊をもって開始されたこの動きは，出版物法(2001年第50立法)の制定(2001年9月22日)によって加速し，数十に及ぶ新聞・雑誌が次々と出版されていった[4]．

進歩国民戦線加盟政党による機関紙発行はこのような情報改革の一環を

4) 『アッ＝ドゥーマリー』に続き，『アル＝イクティサーディーヤ』(*al-Iqtiṣādīya*，2001年6月創刊，週刊，経済・情報雑誌)，『アブヤド・ワ・アスワド』(*Abyaḍ wa Aswad*，2002年7月創刊，週刊，政治・経済・文化雑誌)などが次々と創刊された．

なしていた．2000年11月29日のバアス党シリア地域指導部(al-Qiyāda al-Quṭrīya)による決定・指導を受け，機関紙を発行していった加盟政党は，自らの政治的な立場を主張する演壇を得た[5)]．とりわけ，シリア共産党ファイサル派とファルハ派は，政党法の制定，すべての加盟政党への閣僚ポストの配分，人民議会の政治的役割の強化，経済開放など，アサド政権の改革路線を後押しするような提案だけでなく，有識者との対話，市民社会の確立，戒厳令の解除，政治犯・言論犯の釈放など，次節で取り上げる国内の反政府運動に同調するような主張も行った．これらの発言は，政府にさらなる改革を進言するという体裁をとっており，アサド政権の批判・追及を目的としてはいなかった．しかし，アサド政権――そしてバアス党――に先んじるかたちで加盟政党が具体的な改革案を示せるようになったことは，前政権時代には想像もできない変化であった．

(2) 活動領域の拡大

進歩国民戦線加盟政党の活動領域は，地方レベル，社会集団レベル，そして行政レベルという3つのレベルで拡大された．

地方レベルにおいては，2000年10月，進歩国民戦線中央指導部が各県での事務所開設を認める決定を下したことで，これまで戦線事務所を間借りしてきたバアス党以外の加盟政党が独自の支部事務所を構え，全国規模の活動を行えるようになった．また中央指導部の定例会合以外に政策論争を行う場を持たなかった従来の閉鎖的なありようを改めるかのように，2001年12月22日から24日にかけて，戦線支部指導部と加盟政党指導部のメンバーを一堂に会した初の年次総会(第1回年次総会)を開催し，戦線の活動状況や政治・経済改革などを議論した．年末の総会はその後慣例化し，2002年12月末には第2回年次総会が，そして2003年12月末には第

5) 2001年1月にシリア共産党ファルハ派が『サウト・アッ＝シャアブ』(*Ṣawt al-Sha'b*, 隔週刊行)を，2001年2月に統一社会主義者党が『アル＝ワフダウィー』(*al-Waḥdawī*, 週刊)を，2001年5月にシリア共産党ファイサル派が『アン＝ヌール』(*al-Nūr*, 週刊)を，2002年7月にアラブ社会主義者運動 Gh. 'A. 'A. ウスマーン派が『アーファーク』(*Āfāq*, 週刊)を，2003年6月にアラブ社会主義連合党が『アル＝ミーサーク』(*al-Mīthāq*, 月2回刊行)を，そして2003年9月にアラブ民主連合党が『アラビー・ディームクラーティー』(月2回刊行)をそれぞれ創刊した．

3回年次総会が開催された．

社会集団レベルにおいては，2002年1月末，バアス党以外の加盟政党代表に大学での活動を認める告知がなされ，『進歩国民戦線憲章』で禁じられていた「学生に対する組織活動や指導活動」が解禁となった．

行政レベルにおいては，バアス党以外の党派に割り当てられる閣僚ポストの数が増やされた．2001年12月に発足した第2次ムハンマド・ムスタファー・ミールー(Muḥammad Muṣṭafā Mīrū)内閣では，閣僚が36人から34人に減少したにもかかわらず，これらの党派の閣僚は6人から8人に増えた．また2003年9月に発足したムハンマド・ナージー・アトリー(Muḥammad Nājī al-'Aṭrī)内閣では，省庁の統廃合[6]などにより閣僚が30人に減ったが，これらの党派は7つの閣僚ポストを確保した[7]．

しかし憲法第8条や『進歩国民戦線憲章』が改正されない状況下での活動領域の拡大は表面的な変化に過ぎなかった．バアス党の指導的地位は依

6)　経済外国貿易省と供給国内貿易省が経済商業省に，住宅公共施設省と開発建設省が住宅建設省に，地方行政省と環境省が地方行政環境省に統合された．

7)　第1次ミールー内閣(2000年3月～2001年12月)では，統一社会主義者党のフサーム・サファディー(Ḥusām al-Ṣafadī)が住宅公共施設大臣に，統一社会民主主義党のファールーク・アーディリー(Fārūq al-'Ādilī)が環境担当国家大臣に，アラブ社会主義者運動カンヌート派(現アフマド派)のムハンマド・ニハード・ムンシャティト(Muḥammad Nihād Munshaṭiṭ)が開発建設大臣に，アラブ社会主義連合党のバーリア・クドスィー(Bāri'a al-Qudsī)が社会問題労働大臣に，シリア共産党ファルハ派のマフール・アブー・ハーミダ(Makhūl Abū Ḥāmida)が国家大臣に，シリア共産党ファイサル派のムハンマド・ラドワーン・マールティーニー(Muḥammad Raḍwān Mārtīnī)が通信大臣に就任した．第2次ミールー内閣(2001年12月～2003年9月)では，統一社会主義者党のフサーム・イブラーヒーム・アスワド(Ḥusām Ibrāhīm al-Aswad)とファイサル・ジャーウィーシュ(Fayṣal Jāwīsh)がそれぞれ開発建設大臣と内閣担当大臣に，アラブ社会主義連合党のバッサーム・ムハンマド・ルストゥム(Bassām Muḥammad Rustum)とアブドゥンナースィル・アブドゥルムウティー・ダーウード('Abd al-Nāṣir 'Abd al-Mu'ṭī Dāwūd)がそれぞれ供給国内貿易大臣と人民議会担当大臣に，シリア共産党ファルハ派のアイマン・ワーニリー(Ayman Wānilī)とアブドゥルカリーム・サイイド・ユースフ('Abd al-Karīm Sayyid Yūsuf)がそれぞれ住宅公共施設大臣と赤十字海洋法担当大臣に，シリア共産党ファイサル派のムハンマド・ラドワーン・マールティーニーとアドナーン・フザーム('Adnān Khuzām)がそれぞれ灌漑大臣と環境大臣に就任した．そして第1次アトリー内閣(2003年9月～2004年10月)では，統一社会主義者党のアスワドが国家大臣に，統一社会民主主義党のギヤース・ジュルアトリー(Giyāth Jur'atlī)が国家大臣に，アラブ社会主義者運動アフマド派のムンシャティトが住宅建設大臣に，アラブ社会主義者運動Gh.'A.'A.ウスマーン派のバッシャール・シャッアール(Bashshār al-Sha''ār)が国家大臣に，アラブ社会主義連合党のムハンマド・ヤフヤー・ハッラート(Muḥammad Yaḥyā Kharrāṭ)が国家大臣に，シリア共産党ファルハ派のユースフ・スライマーン・アフマド(Yūsuf Sulaymān al-Aḥmad)が国家大臣に，シリア共産党ファイサル派のナーディル・ブンニー(Nādir al-Bunnī)が灌漑大臣に就任した．

然として揺るがず，その政治的な影響力が低下することはなかった．また ムハーバラートや軍といった「真」の権力装置への門戸が加盟政党に開かれることもなかった．そればかりか，「名目的」権力装置においても，バアス党以外の加盟政党の勢力拡大は阻まれ続けた．たとえば，2003年3月に実施された第8期人民議会選挙は，後述するように戦線拡大の布石としての意味を持っていたが，バアス党以外の党派は前期と同様，250議席中32議席を得たに過ぎなかった（青山[2003：58-59]）．また同年6月下旬の統一地方選挙では，進歩国民戦線の名のもとに統一候補を擁立するという「慣例」が廃止され，各加盟政党に独自の候補者リストを作成することが認められた．だが投票結果は，バアス党を含む進歩国民戦線が過半数を維持し，残る議席が無所属に配分されるという従来通りのものであった（*Akhbār al-Sharq*[2003c]）．

(3) 進歩国民戦線拡大に向けた試み

進歩国民戦線の拡大，すなわち加盟政党以外の政治組織の新規加盟は，アサド政権独自の試みではなく，Ḥ. アサド前政権下でもたびたび行われてきた．『進歩国民戦線憲章』基本綱領第3条は次のように規定し，加盟政党を左派勢力に限定している．

「（進歩国民）戦線は以下の政治勢力・政党によって構成される．1. アラブ社会主義バアス党．2. アラブ社会主義連合党．3. シリア共産党．4. 統一社会主義者機構（Tanẓīm al-Waḥdawīyīn al-Ishtirākīyīn，現統一社会主義者党）．5. アラブ社会主義者運動．本綱領に従い，他の勢力の戦線加盟も認められる」（*Mīthāq al-Jabha al-Waṭanīya al-Taqaddumīya*[1972：19-20]）．

だがḤ. アサド前政権は，「本綱領に従い，他の勢力の戦線加盟も認められる」という補足規定に従い，分裂を繰り返してきた左派の党派を随時，戦線に取り込んできた．すなわち，1986年に分裂したシリア共産党のバクダーシュ派（現ファルハ派）とファイサル派，そして1994年に分裂したアラブ社会主義者運動のカンヌート派（現アフマド派）とGh. ʻA. ʻA. ウスマーン派に，加盟政党としての地位を保障するとともに，1989年には統一社会民主主義党を新規に加盟させたのである．

アサド政権による進歩国民戦線拡大の試みは，青山[2003：60-61]でも取り上げた通り，2003年3月の第8期人民議会選挙で親政府の立場をとる幾つかの非公認政党が議席を得たことで一気に現実味を帯びた．これらの組織は，政治的・思想的志向の違いによって2つのグループに分けられる．

第1のグループは，アラブ民主連合党，統一と民主主義のための連合(al-Tajammu‘ min ajl al-Waḥda wa al-Dīmuqrāṭīya)，シリア共産党・『カースィユーン』・グループ(Majmū‘a *Qāsiyūn*)など，「反主流派」と目される左派の組織である．

アラブ民主連合党は，1988年7月にアラブ社会主義連合党からの離党を宣言したユースフ・ジャイーダーニー(Yūsuf Ja‘īdānī)が結成したナセル主義政党である．1994年8月の党大会で「自由，社会主義，統一」を目標とする基本方針を採択した同党は，ガッサーン・アフマド・ウスマーン(Ghassān Aḥmad ‘Uthmān)現書記長が暫定指導部を設立し，党内で主導権を握って以降，目立った動きを見せていなかった．だが2002年12月末に進歩国民戦線第2回年次総会へのオブザーバー参加を認められた同党は，第8期人民議会選挙で政治局メンバーのムーサー・ムハンマド・ズウビー(Mūsā Muḥammad al-Zu‘bī)を進歩国民戦線メンバーとして初当選させたほか，2003年9月に機関紙『アラビー・ディームクラーティー』(*al-‘Arabī al-Dīmuqrāṭī*)を創刊し，着実に活動範囲を広げていった．そして最終的には2004年1月，戦線への新規加盟を認められ，Gh. A. ウスマーン書記長が中央指導部メンバーに任命された．

統一と民主主義のための連合は，元アラブ社会主義連合党員のムハンマド・サウワーン(Muḥammad Ṣawwān)がアラブ民主連合党(暫定指導部)の地位を継承すると主張して2001年1月に結成したナセル主義政党である．「我々は進歩国民戦線加盟政党を支持しない．なぜなら，すべての(加盟)政党は，党首の個人的立場のみを代弁するか，家族政党になり下がり，バアス党を支えるのではなく，その重荷になってしまっているからである」(Ḥamīdī[2001e])．サウワーンはこう述べ，バアス党以外の加盟政党を批判している．だがアサド政権自体に批判の矛先を向けることはない．第8

期人民議会選挙では，事務局メンバーのムハンマド・アーディル・ジャームース(Muḥammad ʻĀdil Jāmūs)が無所属として初当選した．

シリア共産党・『カースィユーン』・グループは，2000年9月のシリア共産党ファルハ派第9回党大会で，政治局メンバーに再選されなかったカドリー・ジャミール(Qadrī Jamīl)ら党ダマスカス地域委員会メンバーが，「家族政党」としての性格を強めるファルハ派を離反し，2001年5月に結成した組織である．『カースィユーン』(*Qāsiyūn*)はもともと，シリア共産党ファルハ派ダマスカス地域委員会の内部雑誌だったが，カドリーらは離反後，同紙をグループの機関紙として発行し続けた．第8期人民議会選挙では，シリア共産主義者統一国民委員会(al-Lajna al-Waṭanīya li-Waḥda al-Shuyūʻīyīn al-Sūrīyīn，2002年10月に『カースィユーン』・グループが中心となって設立)の名で結成した選挙同盟「祖国と市民の尊厳」(Karāma al-Waṭan wa al-Muwāṭin)の候補者10人[8)]が全員落選したが，無所属で出馬したハムザ・ムンズィル(Ḥamza Mundhir)が初当選を果たした．『カースィユーン』・グループは，「進歩国民戦線が……より広範な国民的同盟になる(必要がある)」(*Qāsiyūn*[2003b])と述べ，戦線の活性化を要求するとともに，シリア国内のマルクス主義勢力の統合を主唱している．だが人民議会内では目立った動きを見せていない．

第2のグループは，左派に含まれない政党・政治組織で，もっとも代表的なのがシリア民族社会党(al-Ḥizb al-Sūrī al-Qawmī al-Ijtimāʻī)である．1932年11月にレバノン人のアントゥーン・サアーダ(Anṭūn Saʻāda)が結成した同党は，今日のシリア，レバノン，ヨルダン，パレスチナ(イスラエル)，イラク，クウェイト，キプロス，トルコ南東部からなるアッ＝シャーム(al-shām，大シリア)の統一をめざす．1955年4月，バアス主義者のアドナーン・マーリキー(ʻAdnān al-Mālikī)参謀総長の暗殺に党員が関与したことで，バアス党との関係を悪化させた同党は，その後約半世紀にわたってシリア国内での活動休止を余儀なくされた．だが1998年の第7期人民議会選挙で，党員の1人バースィール・ダフドゥーフ(Bāṣil Daḥdūḥ)が無

8) 「祖国と市民の尊厳」の候補者10人の氏名については*Qāsiyūn*[2003a]を参照.

所属として当選したのを機に，政治的復権に向けて徐々に動き出していった．そして2000年6月にḤ.アサド前大統領が死去すると，シリア国内で公然活動を再開し，党の重鎮でシリア政治支部(在レバノン)のイサーム・マハーイリー('Iṣām al-Maḥāyirī)支部長らがシリア首脳との会談を重ね，進歩国民戦線への加盟をめざすようになった．

シリア民族社会党の戦線加盟は，『進歩国民戦線憲章』基本綱領第3条の改正を要することもあいまって，加盟政党の反発を受けた．シリア共産党ファルハ派，同ファイサル派，統一社会主義者党，統一社会民主主義党は，「(シリア民族社会党の)指導部がシリア国内にない」(al-Ghāwī[2000])という理由で慎重な態度を示し，アラブ社会主義連合党は「(進歩国民戦線の)拡大は必要ない」(al-Ghāwī[2000])と反対した．だが，2001年7月，シリア政治局(マハーイリー局長，ジューズィーフ・スワイド〔Jūzīf Suwayd〕書記長)をダマスカス市内に開設し，「アサド大統領が指導する近代化と開発に協力する」(*al-Ḥayāt*[2001])という親政府の立場を再確認したシリア民族社会党は，同年12月の進歩国民戦線第1回年次総会に，マハーイリー，スワイドら4人をオブザーバーとして出席させた[9]．そして第8期人民議会選挙では，スワイドが無所属として，ブシュラー・マスーフ(Bushrā Masūḥ)とイサーム・バグディー('Iṣām Baghdī)が進歩国民戦線メンバーとして初当選し，議席を1から3に増やした．さらに2003年1月末に党を追われたダフドゥーフ[10]が無所属として再選を果たしたことで，大シリア主義勢力は4議席を確保するに至った．

人民議会での「躍進」の後，シリア民族社会党は親政府の立場を維持しつつ，積極的に「建設的批判」を行い，その存在を誇示しようとしている．たとえば2003年6月，スワイドが人民議会で「(ミールー首相の所信表明演説は)シリアの現状や……弊害に光をあてていない」(*Akhbār al-Sharq*[2003f])と述べ，行政，経済，司法，メディアといった分野での改革プロ

---

9)　シリア民族社会党は進歩国民戦線第2回年次総会にもオブザーバー参加を果たした．

10)　ダフドゥーフは「レバノンの民族主義(＝大シリア主義)者の間で信頼を失った(マハーイリーを中心とする)派閥は……見せ物的な声明と一線を画してきたアッ＝シャームの民族主義(＝大シリア主義)者の道を閉ざした」(*al-Ḥayāt*[2001])と批判し，シリア政治局の発足に異議を唱え，2003年1月末，党法廷によって追放処分を受けた．

グラムの深化を求めており，戦線への新規加盟が予想される政党のなかで，もっとも活発な動きを見せている．

以上に挙げた4つの党派のうち，進歩国民戦線への加盟を実現したのがアラブ民主連合党だけであることを踏まえると，戦線拡大に向けたアサド政権の試みは必ずしも順調とは言えない．今日のシリアにおいて，進歩国民戦線に属さない政治組織は，非合法とは言えないまでも，その存在を公式に認められておらず，その活動は所属メンバーが個人として行うという体裁をとっている．すなわち，現行の制度のもとで，統一と民主主義のための連合，シリア共産党・『カースィユーン』・グループ，シリア民族社会党が政治組織として国政の一端を担うには，戦線に加盟し，「連立与党」としての地位を獲得する以外に方法はないのである．にもかかわらず，アサド政権がこれら3党派の公然活動を既成事実として認めている背景には，進歩国民戦線の拡大とは別の政治的ねらいがあるからだとも考えられる．アサド政権は発足当初から，進歩国民戦線加盟政党以外の政党・組織を公認するための政党法の制定をめざしていると言われており，上記の3党派は，戦線への加盟を認められない場合においても，この法律のもとで親政府の「野党」としての地位を保障される可能性がある．このような試みが実現すれば，アサド政権は翼賛的な進歩国民戦線を拡大する以上に「多元主義」を誇示できるだけでなく，規制や弾圧の危機に常に曝されている反政府系の組織・団体にも，「泡沫野党」としての地位を確保することで延命を図るか，非公認の反政府勢力としての存在を貫き政治の場から疎外され続けるか，という厳しい選択肢を迫れるようになるだろう．

第2節 「ダマスカスの春」との闘い

本節では，「1963年(3月8日)のクーデタ(「バアス革命」)以降の約40年間でもっとも活気に満ちた政治的展開」(George[2003: x])と評されるシリア国内の反政府勢力の活動に焦点を当て，「多元主義」の拡充をめざすアサド政権がこの動きにいかに対処し，既存の支配体制を維持しようとしたのかを明らかにする．

シリア国内の反政府勢力は，1980年代初めにḤ.アサド前政権の徹底的な弾圧を受けて以降，長らく低迷を続けていた．これに関して，シリア共産党・政治局(al-Maktab al-Siyāsī)のリヤード・トゥルク(Riyāḍ al-Turk,弁護士)第一書記は，1999年9月7日にラタキア市訪問中の筆者に対して，「卓越した政治手腕を発揮してきたḤ.アサドの存命中は抵抗運動を「モラトリアム」するという暗黙の合意が，すべての反対勢力の間でなされてしまったかのようだ」と述べ，落胆の色を隠さなかった．だが，アサド政権による改革志向の誇示――そして前大統領の死――がシリア国内に変化を求める機運を高揚させると，反政府勢力はトゥルクが言うところの「モラトリアム」を終え活動を再開し，その改革運動は，1968年のチェコスロバキアでの「プラハの春」になぞらえて，「ダマスカスの春」(rabīʻ dimashq)と呼ばれるほどの隆盛を誇った．

「ダマスカスの春」は，運動の主体，政治目標，活動形態といった点でそれ以前の反政府運動とまったく異なっていた．運動の主体については，前政権時代の反政府運動が，シリア・ムスリム同胞団(Jamāʻa al-Ikhwān al-Muslimīn fī Sūrīya)や左派政党といった政治組織によって指導されていたのに対し，「ダマスカスの春」は，前政権に不満を持ちながらも，沈黙を余儀なくされてきた弁護士，医師，作家，教師，研究者など，「有識者」(muthaqqaf)と総称される人々によって担われた．政治目標については，かつての反政府運動がイデオロギー対立によって分断されてきたことを教訓とするかのように，「市民社会」(al-mujtamaʻ al-madanī)の確立という新たな共通項が提起された．作家のミシェル・キールー(Mīshīl Kīlū)によると，市民社会とは「協会，組合，委員会，政党，機構，自由で多元的な情報機関，クラブ，民間団体からなる非政府系の社会的諸組織の集合体」(Ḥamīdī[2001c])を意味し，「民主的選択を本質とし……(市民社会の諸組織の)活性化(を通じて)……社会のための国家を建設し，社会を効果的に動かす唯一の方法」(Ḥamīdī[2001c])である．そして活動形態については，組織政党やイデオロギー政党とは一線を画す「文化会議」(muntadā thaqāfīya)という場が設けられた．市民社会の確立をめざす運動体，ないしは市民社会の構成機関と位置づけられるこの会議は，主催者の自宅で定期的に会合を開き，有識者を招聘し，政治，経済，社会，宗教といった問題に関する講演を行わせ，その内容について出席者の間で議論を交わすことを目的とした．

以下，本章が対象とする2000年半ばから2003年末までの時期のうち，有識者による反政府運動がもっとも活発に展開された2001年半ばまでの1年間に焦点を当てる．その際，この1年間をさらに4つに分け，それぞれの時期における有識者の活動を特徴づけたうえで，アサド政権の対応が権威主義・独裁の維持という究極目標との関連でいかなる意味を持っていたのかを考察する．なお，国内の反政府運動が封じ込められた2001年半ば以降の2年半については，補足の項で一括して取り上げ，それ以前の有識者と政権の綱引きが両者の動きにいかに反映されたのかを概観する．

1.「モラトリアム」解除(2000年7月〜9月初め)

アサド政権が発足した2000年7月から9月初めにかけての時期は，反政府運動を「モラトリアム」してきた国内の有識者が市民社会の確立という目標を提起し，新政権に公然と改革を要求し始めた点に特徴を見出すことができる．

(1) 市民社会の友協会構想

市民社会の確立をめざす一連の動きは，2000年8月にその存在を知られることになった．だがḤamīdī[2001c]によると，有識者の活動はḤ.アサド前大統領が死去する約2週間前に開始された．すなわち2000年5月28日，キールー，ナビール・マーリフ(Nabīl al-Māliḥ，演劇監督)ら左派の有識者4人が，ダマスカス市ムハージリーン地区にあるN.マーリフの自宅に集まり，「現状において実行可能なことと，シリアにおける有識者の役割」(Ḥamīdī[2001c])を議論したのが始まりだった．

キールーらの会合にはまもなく，アーリフ・ダリーラ(ʻĀrif Dalīla，元ダマスカス大学経済学部教授，経済学者)や人民議会議員(1990年初当選)のリヤード・サイフ(Riyāḍ Sayf，シリア・アディダス元代表)が加わっていった．そして8月末，市民社会の友協会(Jamʻīya Aṣdiāʼ al-Mujtamaʻ al-Madanī)の結成をめざすという結論に至った彼らは，人民議会議員として政府や治安当局の高官と交渉のチャンネルを持つサイフを通じて，活動許可を得ようとした．

この構想に対し，アサド政権は否定的な態度を示した．9月初め，サイフとの面談に応じたアブドゥルハリーム・ハッダーム（'Abd al-Ḥalīm Khaddām）副大統領は，「（市民社会の友協会の発足宣言は）クーデタ（直後に発表される）……最初の声明（のよう）だ」（George[2003 : 35]）と不快感を示し，有識者による活動が時期尚早だとの判断を下した．その背景には，発足間もないアサド政権が，有識者による改革運動を前に守勢を強いられるという懸念があったと考えられる．しかしアサド政権は有識者を力で抑え込もうとはせず，その分断を図ることで事態を乗り切ろうとした．すなわち，ハッダーム副大統領とバフジャト・スライマーン（Bahjat Sulaymān）総合情報部（Idāra al-Mukhābarāt al-'Āmma，ムハーバラートの1つ）内務課長が「近い将来，政党法が制定（されれば）……（市民社会の友）協会の代わりに政党を結成できる……．（新党制定に向けた）原則や優先課題についてであれば，公の場で議論してもよい」（George[2003 : 36]）とサイフに伝え，懐柔を試みたのである．その結果，サイフはキールーらから離反して独自の活動を模索するようになり，市民社会の友協会構想は空中分解した．

(2)「99人声明」の発表

キールーら有識者は，市民社会の友協会発足構想が頓挫したことで再び沈黙を余儀なくされたかに見えた．だが2000年9月初め，彼らは「モラトリアム」解除を告げるかのように「99人声明」を発表し，アサド政権に公然と改革を要求した．

すべての国民の国家・社会建設への参加と，包括的改革の実施を呼びかけたこの声明では，以下3項目が要求された．「1. 戒厳令の解除……. 2. すべての政治犯，言論犯，良心犯，政治的理由による指名手配者への恩赦，すべての国外亡命者・追放者の帰国許可．3. 法治国家の実現，一般的諸自由の保障，政治的・思想的多元主義の確立，集会・報道・表現の自由の保障，公的生活における法的束縛の廃止，検閲・監視の廃止」（"Bayān al-

99"[2000]).

シリアを代表する99人の有識者の連名で発表されたこの声明は，政権に対する抵抗運動を唱導するものではなかった．だが「今日の世界において，民主主義と人権は人類共通のことばである」("Bayān al-99"[2000])という冒頭の一文は，「我々は，自らの歴史，文化，文明に根ざした個性，そして社会と現実の要請から生じる独自の民主的経験を持たねばならない」と述べたアサド大統領の立場を真っ向から否定するものであった．

このような辛辣な批判によって改革実施の遅れを指摘されたアサド政権には，ムハーバラートによる尋問や監視といった「嫌がらせ」を通じて署名者を抑えつける以外，有効な手だてがなかった．そしてこの措置によって，アサド政権は，その改革志向とは裏腹に，発足から3カ月余りで自らの強権的な性格を暴露してしまった．

2. 文化会議の興隆(2000年9月半ば～2001年1月末)

「99人声明」が発表された直後の2000年9月半ばから翌年1月末までの約4カ月は，有識者が各地で文化会議を結成し，そこでの活動を通じてアサド政権に改革を要求し続けた時期として位置づけることができる．

(1) 国民対話会議の発足

文化会議発足の先陣を切ったのは，市民社会の友協会構想を挫折に追い込んだサイフだった．「99人声明」の署名者への当局の尋問や監視が続いていた2000年9月中旬，彼はダマスカス市郊外のサフナーヤーにある自宅で国民対話会議(Muntadā al-Ḥiwār al-Waṭanī)と称する初の文化会議を結成したのである．

サイフはアサド政権の改革プログラムに準じることをハッダーム副大統領やB.スライマーン総合情報部内務課長から要請されていた．だが，キールー，ダリーラといった有識者らが出席した国民対話会議の会合は，当初から反政府的な空気に包まれた．たとえば，2000年9月13日の第1回会合では，市民社会に関する講演を行ったマクディスィーが「市民社会はトロイの木馬ではない…….(政府は)人民から(抑圧の)手を離すべきだ」

(*al-Ḥayāt*[2000b])と述べ，アサド政権を暗に批判した．

これに対して，アサド政権は2000年9月14日付『アル＝バアス』社説で「有識者のなかに安定と治安を乱そうとしている者がいる…….政治生活の活性化が，現状を廃止・打破し，輝かしい外見の奥底に猛毒を秘めた外来の形式に置き換えることだと理解している者がいる」(*al-Ba'th*[2000])との批判的な立場を示すとともに，「シリア国外……のいかなる勢力とも直接・間接の関係を持たない」，「地下活動を行わない」(Ḥamīdī[2001c])という2つの条件に抵触しないよう有識者に警告した．しかしこうした牽制にもかかわらず，当局が直接的な手段をもって国民対話会議の会合を規制することはなかった．

国民対話会議に対するアサド政権の比較的寛容な姿勢は，「他者の意見を受け容れる」(SANA[2000])という大統領就任演説の言葉を実践し，改革志向を改めて示すねらいがあったと考えられる．その一方で，人民議会議員として政権に「奉仕」してきたサイフを通じて有識者の活動を制御しようとしていたとも解釈できるのである．

(2)「基本文書」の発表と市民社会再生諸委員会の発足

国民対話会議の発足と並行して，キールー，ダリーラらも活動を再開した．彼らは発足委員会(al-Lajna al-Ta'sīsīya)の名で会合を重ね，新たな組織の結成と綱領の作成にとりかかるとともに，さまざまな政治的・思想的潮流に属する有識者を勧誘していった．こうして2001年1月12日に発足委員会が発表したのが「基本文書」であった．

1000人を上回る有識者，公務員，専門職業人が署名したこの文書のなかで，発足委員会は，社会，経済，政治，文化の改革が国家による社会の強圧的支配を是正することで初めて可能になると主張し，アサド政権に以下8項目を要求した．① 戒厳令の解除とそれに関連する法律・判決・法廷の廃止，すべての政治犯の釈放と国外追放者・亡命者の帰国許可，② 政治的諸権利の保障，市民生活と政治生活の法制化，③ 出版物法の改正，④ 民主的な選挙法の制定，⑤ 司法の独立と清廉さの実現，⑥ 憲法が明記する経済権の履行，⑦ 進歩国民戦線と政権の関係と，憲法第8条が規定するバアス党の指導的役割の再検討，⑧ 女性差別の廃止．そのうえで彼らは市民社会再生諸委員会(Lijān Iḥyā' al-Mujtama' al-Madanī)の設立を宣言し，市民社会を構成する社会的諸組織の活性化を主唱した(al-Hay'a al-Ta'sīsīya li-Lijān Iḥyā' al-Mujtama' al-Madanī[2001a])．

「基本文書」発表に併せて，有識者は以下のような文化会議を各地で結成し，実践を通じて市民社会を確立しようとしていった．

- ジェラーデト・ベドゥルハーン文化会議(Muntadā Celadet Bedirxan al-Thaqāfī, 以下ベドゥルハーン会議)　2000年12月上旬，ムハンマド・アミーン・ムハンマド(Muḥammad Amīn Muḥammad, 作家・技師)とシリア・クルド・イェキーティー党(Ḥizb Yakītī al-Kurdī fī Sūriyā)政治委員会メンバーのマルワーン・ウスマーン(Marwān 'Uthmān)が中心となってカーミシュリー市で結成．
- ジャマール・アタースィー民主的対話会議(Muntadā Jamāl al-Atāsī li-l-Ḥiwār al-Dīmuqrāṭī, 以下アタースィー会議)　2001年1月初め，ハビーブ・イーサー(Ḥabīb 'Īsā, 弁護士)をスポークスマンとしてダマスカス市メッゼ地区で発足．
- 文化クラブ(al-Nadwa al-Thaqāfīya)　2001年1月半ば，ナビール・スライマーン(Nabīl Sulaymān, 小説家)，アブドゥッラッザーク・イード('Abd al-Razzāq 'Īd, 研究者・評論家)，ジャーッドゥルカリーム・ジャバーイー(Jādd al-Karīm Jabā'ī, 作家・研究者)らがラタキア市で開催．
- スワイダー文化会議(Muntadā al-Suwaydā' al-Thaqāfī)　ジャマール・フナイディー(Jamāl Hunaydī, 弁護士)ら有識者18人が結成．
- アッ＝シャーム文明会議(Muntadā al-Shām al-Ḥaḍārī)　2001年2月中旬，ダマスカス市ジョーバル地区にあるマズハル・ジャルカス(Maẓhar Jarkas, イスラミスト)の自宅でダリーラが主催．
- タルトゥース対話会議(Muntadā Ṭarṭūs li-l-Ḥiwār, ないしはMuntadā al-Ḥiwār fī Ṭarṭūs)　ハビーブ・サーリフ(Ḥabīb Ṣāliḥ, 事業家)が結成し，2001年1月から2月にかけて活動を本格化．
- ヒムス対話会議(Muntadā Ḥimṣ li-l-Ḥiwār)　2001年1月から2月に

表 1-1　アサド政権下での主な恩赦・釈放と逮捕・起訴

年　月　日	恩　赦・釈　放，逮　捕・起　訴
2000 年 7 月半ば	共産主義行動党のムスタファー・アッルーシュ(Muṣṭafā ‘Allūsh)が 15 年の刑期を終えて釈放される．
2000 年 7 月 26 日	ムスリム同胞団とイスラーム解放党(Ḥizb al-Taḥrīr al-Islāmī)のメンバーら数十人が釈放される．
2000 年 10 月初め	「軍および治安施設への接近を試みた」罪で 2000 年初めに逮捕されたイスラーム解放党員 30 人が釈放される．
2000 年 11 月 16 日	矯正運動 30 周年を記念して，ムスリム同胞団，イスラーム解放党，シリア共産党・政治局，共産主義行動党，アラブ社会民主主義バアス党(Ḥizb al-Ba‘th al-‘Arabī al-Ishtirākī al-Dīmuqrāṭī)，バアス党・民族指導部派のメンバーを含む政治犯 600 人への恩赦が実施される．
2001 年 8 月上旬〜9 月半ば	ムハンマド・マアムーン・ヒムスィー，リヤード・トゥルク，リヤード・サイフ，アーリフ・ダリーラ，ワリード・ブンニー，カマール・ルブワーニー，ハサン・サアドゥーン，ハビーブ・イーサー，ファウワーズ・タッルー，ハビーブ・サーリフが逮捕される(表 1-2 参照)．
2001 年 9 月 1 日	2001 年 7 月半ば以来，病気治療のためにフランスに滞在していたニザール・ナイユーフが起訴される．
2001 年 11 月下旬	矯正運動 31 周年を記念して，ムスリム同胞団，イスラーム解放党，共産主義行動党，アラブ社会民主主義バアス党のメンバーを含む政治犯 129 人への恩赦が実施される．
2002 年 3〜8 月	M. M. ヒムスィー，トゥルク，サイフ，ダリーラ，W. ブンニー，ルブワーニー，サアドゥーン，イーサー，タッルー，ハビーブ・サーリフの有罪が確定(表 1-2 参照)．
2002 年 8 月 9 日	アラブ共産主義機構(al-Munaẓẓama al-Shuyū‘īya al-‘Arabīya)のハイサム・ナッアール(Haytham Na“āl，1975 年に逮捕，無期懲役を求刑)が健康状態の悪化を理由に釈放される．
2002 年 8 月 29 日	ハイサム・マーリフ，ムハンマド・ファールーク・ヒムスィー，ムハンマド・ハイル・ビーク，ガスーブ・アリー・ムッラーが軍事裁判所に起訴される．
2002 年 11 月 16 日	矯正運動 32 周年を記念して，アサド大統領がシリア共産党・政治局のトゥルク第一書記への恩赦を実施する．
2002 年 12 月 15 日	2002 年 12 月 10 日，世界人権の日に合わせて人民議会議事堂前でデモを組織し，クルド人の権利向上を訴えたシリア・クルド・イェキーティー党政治委員会メンバーのハサン・サーリフ(Ḥasan Ṣāliḥ)とマルワーン・ウスマーンが逮捕される．
2002 年 12 月 23 日	『アル＝ハヤート』(*al-Ḥayāt*)ダマスカス支局のイブラーヒーム・ハミーディー(Ibrāhīm Ḥamīdī)特派員が虚偽の情報を発信した容疑で逮捕される．2002 年 12 月 20 日付『アル＝ハヤート』で，イラク戦争によりシリアへの流入が予想されたイラク難民 100 万人の受け入れをシリアと米国が準備していると報じたことが逮捕の契機となった．
2003 年 5 月初め	ダマスカス市郊外のダーライヤー(Dārayyā)で，反イラク戦争，反米，シリア国内の改革を求めるデモを行った「イスラーム主義者」22 人が逮捕される．うち 11 人は釈放されたが，残る 11 人は 2003 年 12 月の裁判で 3 年から 4 年の有罪判決を宣告された．

年　月　日	恩　赦・釈　放，逮　捕・起　訴
2003年5月25日	ハミーディーが，保釈金1000シリア・ポンド(約20米ドル)を支払い釈放される．
2003年6月25日	世界子供の日に合わせて，シリア・クルド・イェキーティー党，シリア・クルド人民連合党(Ḥizb al-Ittiḥād al-Sha'bī al-Kurdī fī Sūriyā)，シリア・クルド民主統一党(イェキーティー)(Ḥizb al-Waḥda al-Dīmuqrāṭī al-Kurdī fī Sūriyā(Yakītī))，シリア・クルド左派党(al-Ḥizb al-Yasārī al-Kurdī fī Sūriyā)がダマスカス市内にあるユニセフ事務所前でデモを実施し，クルド人児童の権利向上やクルド人に対する差別の撤廃を要求したが，デモに参加したムハンマド・ムスタファー(Muḥammad Muṣṭafā)，アーミル・ムラード('Āmir Murād)，サーラール・サーリフ(Sālār Ṣāliḥ)，ハーリド・ムハンマド・アリー(Khālid Muḥammad 'Alī)，フサイン・ラマダーン(Ḥusayn Ramaḍān)，フーザーン・ムハンマド・アミーン・イブラーヒーム(Hūzān Muḥammad Amīn Ibrāhīm)，ムハンマド・シャリーフ・ファラマーン(Muḥammad Sharīf Faramān)が逮捕される．
2003年7月半ば	H.アサド前大統領の3回忌に合わせて，アサド大統領が2003年6月10日以前の軽罪に対する恩赦を発令したのを受け，H.マーリフ，M.F.ヒムスィー，ハイル・ビーク，ムッラーが不起訴処分となる．
2003年8月22日	カワーキビー会議に出席した21人が身柄を拘束される．うち7人は当局の取調ののち釈放されたが，ナジーブ・ダドム，ファーティフ・ジャームース，サミール・ナッシャール，ムハンマド・ディーブ・クール，サフワーン・アッカーシュ(Ṣafwān 'Akkāsh)，フアード・バワーディクジー(Fu'ād Bawādiqjī)，ザルダーシュト・ムハンマド(Zardāsht Muḥammad)，アブドゥルガニー・バクリー('Abd al-Ghanī Bakrī)，ハーシム・ハーシム(Hāshim Hāshim)，アブドゥルジャワード・サーリフ('Abd al-Jawād Ṣāliḥ)，ムハンマド・ハーズィム・アッジャージュ・アクライー(Muḥammad Ḥāzim 'Ajjāj Aqra'ī)，ガーズィー・ムスタファー(Ghāzī Muṣṭafā)，ヤサール・カッドゥール(Yasār Qaddūr)，アフマド・ナースィル(Aḥmad al-Nāṣir)の14人は軍事裁判所に起訴される．
2003月8月23日	共産主義行動党創設者の1人でアラブ人権委員会(al-Lajna al-'Arabīya li-Ḥuqūq al-Insān)スポークスマンのハイサム・マンナーウ(Haytham Mannā'，本名ハイサム・アウダート〔Haytham al-'Awdāt〕)が亡命先のフランスから25年ぶりにシリアに帰国する．

出所）　青山[2002：46-51]，*Akhbār al-Sharq*[2003e]，[2003g]，[2003h]，[2003k]，[2003l]，Ḥamīdī[2003]，Ḥizb al-Waḥda al-Dīmuqrāṭī al-Kurdī fī Sūriyā(Yakītī)et al.[2003]，Ḥizb Yakītī al-Kurdī fī Sūriyā-Lajna Tanẓīm Ūrubbā[2003]，Lijān al-Difā' 'an Ḥuqūq al-Insān fī Sūriyā[2002]などから筆者作成．

かけて活動を本格化．

- バーニヤース文化会議(Muntadā Bāniyās al-Thaqāfī)　2001年1月から2月にかけて活動を本格化．
- ハサカ文化対話会議(Muntadā al-Ḥasaka li-l-Ḥiwār al-Thaqāfī)　2001年1月から2月にかけて活動を本格化．

これら一連の動きに対してアサド政権は「積極的中立」(Ḥamīdī[2001b])

と称される寛容な姿勢で臨んだ．すなわち，「基本文書」の発表・配布や文化会議会合の開催を黙認するだけでなく，バアス党員のスハイル・ライイス(Suhayl al-Rayyis)にラタキア文化会議(Muntadā al-Lādhaqīya al-Thaqāfī)を結成させるなど，有識者の動きに同調するような態度をとったのである．

「積極的中立」は「99人声明」発表から「基本文書」発表に至る約4カ月の間に，アサド政権が改革志向を誇示するような施策を実施したことで可能になったと考えられる．その最たるものが矯正運動30周年にあたる2000年11月16日に実施された政治犯600人への恩赦だった(表1-1参照)．政治犯・言論犯(そして経済犯)への大規模な恩赦は1990年代にḤ. アサド前大統領によってもたびたび実施されており[11]，それ自体目新しい出来事ではなかった．だがアサド大統領はシリア公式筋に恩赦を報じさせることで，前政権が30年にわたって一貫して否定し続けてきた政治犯・言論犯の存在を認め，その処遇に真正面から取り組む姿勢を示したのである．加えて，前節で見たように，アサド政権はこの頃までに進歩国民戦線の活性化を通じて体制内における「多元主義」の拡充にも着手していた．これらの施策を通じて改革の主導権を回復した政権は，有識者の活動が自らの改革プログラムの枠内で展開されているに過ぎないというイメージを作るべく，あえて彼らに寛容な態度をとったのである．

3. 文化会議の衰退(2001年1月末～5月)

2001年1月末から5月にかけての時期は，文化会議が当局の規制強化を受け，活動休止に追い込まれる一方で，有識者の足並みの乱れが顕在化した点に特徴がある．

(1) 文化会議への規制強化

アサド政権の「積極的中立」は，有識者の反政府的な言動を認めることで「多元主義」を深化させようとする最初の試みであるかに思えた．だが

11) 1990年代にḤ. アサド前大統領が実施した主な恩赦については青山[1998: 22-23]を参照．

実際のところ，この姿勢は文化会議での議論を精査し，有識者への対応を確定するまでの暫定的な戦術に過ぎなかった．事実，2001年1月半ばからバアス党員を文化会議の会合に出席させていた当局は，2月以降，有識者への批判を本格化させ，その活動を監視下に置いていった．

アサド政権による規制強化のきっかけを作り出したのはサイフだった．1月25日の国民対話会議会合で，社会平和運動(Ḥaraka al-Silm al-Ijtimāʻī)と称する政党の結成を宣言した彼は，続く1月31日の会合で，350人余りの出席者を前にして「社会平和運動――対話のための主要な諸原則」を発表し，ハッダーム副大統領とB.スライマーン総合情報部内務課長の要請を無視して政治活動を始動しようとしたのである．

この文書によると，社会平和運動は，「人種・宗教集団間の社会平和」，「国民と国家機関の間の社会平和」，「日常生活の諸関係における社会平和」，「政治生活の発展」をめざし，「市民権」，「国民意識」，「人権」，「市民社会」といった概念に依拠して，改革を推進する運動とされていた．具体的には，社会のすべての集団を代表する立法府の選出，司法の独立，言論・表現・集会・結社の自由，三権分立，戒厳令の解除，新憲法の制定，自由選挙，経済の自由化などが主唱された(“Ḥaraka al-Silm al-Ijtimāʻī” [2001])．

社会平和運動の発足宣言を受け，アサド政権は国民対話会議を含むすべての文化会議への態度を硬化させた．1月29日の記者会見で，アドナーン・ウムラーン(ʻAdnān ʻUmrān)情報大臣(2000年3月〜2003年9月)が「(有識者は市民社会の意味を)市民生活とは無関係なもの……，政党になることを望む集団(の活動を認めること)に限定している」(Ḥamīdī[2001g])と批判したのを皮切りに，日刊紙『アル＝バアス』，『ティシュリーン』，『アッ＝サウラ』が有識者を非難する社説や記事を次々と掲載していった．さらに2月15日から約1週間かけて，バアス党シリア地域指導部メンバーの17人が各地を遊説し，文化会議への最終的な評価を通達していった．そのなかの1人，ハッダーム副大統領は，ダマスカス大学教授との2月18日の会合で次のように述べた．

「彼ら(有識者)は既存の社会を否定している……．スローガンを掲げる前に現実について学ばねばならない…….有識者の責任とは，国民統一の強化と市民社会の発展に寄与すること，すなわち現実を批判することであって，それを過ちとみなすことではない」(Khaddām [2001]).

このような政権による厳しい立場を受けるかのように，2月半ば，政治治安部(Idāra al-Amn al-Siyāsī，ムハーバラートの1つ)が次のような5つの条件を定め，文化会議の活動を統制していった．①「会議主催者は会合開催の2週間前までに県庁に正式な許可申請を行う」，②「講演者に関して正式な合意を得る」，③「出席者の氏名を告知する」，④「討論内容の概要を会合開催日時・場所とともに明示する」，⑤「(会合開催の是非に関する)最終決定はダマスカスの政治治安部が一括して下す」(Ḥamīdī[2001i])．そして当局はこれらの条件を満たさないという理由で，2月15日にはヒムス対話会議に，16日にはバーニヤース文化会議に，17日にはベドゥルハーン会議に，18日にはスワイダー文化会議とハサカ文化対話会議に，そして3月15日にはタルトゥース対話会議に会合閉鎖を通達していった．

当局による圧力は文化会議会合への規制強化に限られるものではなく，有識者個人にも加えられた．とりわけサイフは，国民対話会議会合の中止を余儀なくされただけでなく，アブドゥルカーディル・カッドゥーラ(‘Abd al-Qādir Qaddūra)人民議会議長(1987年〜2003年3月)が「憲法違反」容疑での起訴を検察当局に許可したことで，逮捕の脅威に曝された．これに対してサイフは，2月末に国民対話会議を人民の居間(Maḍāfa Sha‘bīya)に改称して一旦は会合の継続を試みた．だが3月21日，「政府の方針に従う」(Ḥamīdī[2001k])との声明を発表し，国民対話会議——そして人民の居間——を閉鎖した．

また最後まで規制強化を免れ，会合を繰り返してきたアタースィー会議への当局の対応も，他の文化会議と変わらなかった．「体制に与しない……(左派の大多数の)意見を代表する」(George[2003 : 51])組織と目されていたアタースィー会議に対して，当局は当初，慎重な態度を示し，その活動を例外的に認めていた．しかし4月29日，同会議が全国20の文化会議の総会を呼びかけ，活動休止状態にあった文化会議の再興を図ると，態度を一変させ，閉鎖処分を下した．

その後，有識者は協会・民間団体法(1958年第93法，1958年7月8日施行)の規定に則って活動再開を試み，4月18日にはアタースィー会議が，そして5月3日には国民対話会議が，当局に公認申請と活動許可申請を提出した．この法律は慈善団体等の非政治的な結社の創設や活動について定めたもので，①「協会の公認申請は……社会問題労働省に提出される」(第3条)，②「社会問題労働省は……申請書類受理日から60日以内に法的諸条件に則して(認可の是非を)決定する」(第8条)，③「公認申請から60日を経て(申請手続きが)完了しない場合，(協会は)公認されたものとする」(第8条)と規定している．だが社会問題労働省は，5月11日に国民対話会議に，そして同14日にアタースィー会議に，「本省の管轄外で……(既存の)法的規定の適応外である」(Ḥamīdī[2001m], [2001n])と回答し，申請を却下，活動再開を認めようとはしなかった．

(2) 有識者の内憂

文化会議の衰退はアサド政権による規制強化が直接の原因ではあったが，有識者自身もまた改革運動を困難に陥れるような2つの内憂を抱えていた．

第1の内憂は，有識者どうしの政治的・思想的志向の違いが活動規模を限定するという現実である．たとえば，「基本文書」の署名者のほとんどは，反政府運動に身を投じたことのない左派の有識者によって占められていた．いわゆる「イスラーム主義者」は1人も参加しておらず，「リベラリスト」と称されるビジネスマンのなかで唯一文書に署名したサイフは，国民対話会議の主催などを通じて，左派とは常に一線を画していた[12]．また左派のなかでも，国民民主連合(al-Tajammuʻ al-Waṭanī al-Dīmuqrāṭī)[13]

12) 社会平和運動発足に際して，サイフは「(市民社会再生諸委員会は)市民社会の文化を広めようとしている．これに対して……我々はすべての集団間に論理的でバランスのとれた関係を保障し，社会平和の基礎を準備することをめざす」(Ḥamīdī[2001f])と述べ，左派が主導する市民社会再生諸委員会とは一線を画していることを明らかにした．

13) アラブ社会主義連合民主党，シリア共産党・政治局，アラブ社会主義者運動ハウラーニー派(現アイヤーシュ派)，アラブ社会民主主義バアス党，アラブ革命労働者党が1979年に結成した政治同盟．スポークスマンは，ジャマール・アタースィー(Jamāl al-Atāsī, 1979〜2000年)，アブドゥルアズィーム(2000年〜)と，アラブ社会主義連合民主党書記長が歴任している．

スポークスマンとアラブ社会主義連合民主党書記長を兼務するハサン・アブドゥルアズィーム(Ḥasan ‘Abd al-‘Aẓīm，弁護士)，シリア共産党・政治局のトゥルク第一書記など，非妥協的な反政府闘争を想起させるような「明確な政治性を持つ」(Ḥamīdī[2001b])活動家・政治指導者は除外された．

同様のことは文化会議についても言え，会合での講演者や出席者は，特定の政治的・思想的志向を持つ有識者に限られる傾向があった．その最たる例がアタースィー会議である．同会議は，スポークスマンであるイーサーをはじめとする指導的人物の多くが国民民主連合メンバーとそれに近い左派の有識者によって占められていた[14]．またシリア・クルド・イェキーティー党のM. ウスマーンらが主導したベドゥルハーン会議も，クルド問題に関する講演を繰り返すことで，他の文化会議との差別化を図る傾向が見られた．

第2の内憂は，文化会議と政治の関係をめぐる意見の不一致である．これは「基本文書」の作成段階において顕著に見られ，多くの著名な有識者の離反をもたらす原因となった．その1人，ムハンマド・カーミル・ハティーブ(Muḥammad Kāmil al-Khaṭīb，研究者)は，2000年末まで発足委員会の会合に参加していた．だが市民社会再生諸委員会を「市民社会の諸機関，民間組織，政党を結成する自由を求める暫定的な(集団)」(Ḥamīdī[2001c])と認識していた彼は，厳格な内規や組織規定を持った政治組織の結成を志向する一部の有識者の姿勢を「エリート主義」と批判し，「基本文書」の発表を前に発足委員会から身を引いた．一方，「基本文書」に署名しつつも，市民社会再生諸委員会への参加を留保したのがブルハーン・ガルユーン(Burhān Ghalyūn，思想家)である．文化的な活動を通じて市民社会の確立をめざすのが有識者の本分だと考えていた彼は，「(「基本文書」は)政治的枠組みの外で活動する組織の発足を謳っているが……主題が政治にかかわっているため，(市民社会再生諸委員会の)政治への関与が予想される」(Ḥamīdī[2001d])と述べ，政治性を排除し得ない市民社会再生諸委員会と

14)　この点に関して，アブドゥルアズィームは「アタースィー会議の創設案は(アラブ社会主義連合民主)党と国民民主連合で議論され決定された……が，(アタースィー)会議はこれらに従属していない」(*Akhbār al-Sharq*[2002f])と述べ，会議の独自性を強調しつつも，国民民主連合との関係を認めた．

距離を置くようになった．

こうした内憂は，当局が文化会議への規制を強化するに至り，有識者の足並みの乱れを助長し，市民社会再生諸委員会の活動を麻痺させていった．2001年2月20日から21日にかけて，発足委員会は当局の強圧的な措置への対応を協議すべく会合を開いた．だが20日の会合で，政権に対する政治的な立場を明示するための新たな声明の発表を力説したキールーに発足委員会の他のメンバーが反対した結果，翌21日，キールーは「発足委員会の任務は終わり……(活動の)継続は公的生活を混乱させる」(Ḥamīdī[2001j])と述べ，脱会を宣言したのである．キールーと他のメンバーの対立は3月末に収束し，発足委員会は4月14日に「シリアにおける社会的・国民的契約に向けて——国民総合意」(al-Hay'a al-Ta'sīsīya li-Lijān Iḥyā' al-Mujtama' al-Madanī[2001b])を発表し，その存在を誇示しようとした．しかし政治化の是非をめぐる内部対立によって，組織の構築を先送りにしてしまった市民社会再生諸委員会がその後の有識者の活動を主導することはなかった[15]．

4.「ダマスカスの春」弾圧(2001年6月〜9月)

2001年6月から9月にかけての時期は，活動休止状態にあった文化会議が会合を再開し，アサド政権との対立を激化させた結果，指導的な有識者10人が逮捕され，危機的事態に陥った点に特徴がある．

(1) 有識者10人の逮捕と裁判

アサド政権への抵抗の口火をきったのはアタースィー会議であった．H̤. アサド前大統領の1回忌を間近に控えた2001年6月3日，当局の許可なく再開された会合で，アッバースが「シリアにおけるジャーナリズムの現状」と題した講演を行い，バアス党によるメディア支配・独占と情報統制を厳しく批判したのである(‘Abbās[2001])．

---

15) *Akhbār al-Sharq*[2002a]によると，2002年1月16日に発表された声明で，市民社会再生諸委員会は情報委員会(al-Lajna al-I‘lāmīya)，文化委員会(al-Lajna al-Thaqāfīya)，調整委員会(al-Lajna al-Tansīqīya)という3つの下部組織の存在を明らかにした．

表1-2　2001年8月から9月にかけて逮捕された有識者

氏　　名	① 職業，所属組織，② 逮捕年月日，③ 判決年月日，④ 判決内容
ムハンマド・マアムーン・ヒムスィー	① 人民議会議員(無所属)，② 2001年8月9日，③ 2002年3月21日，④ 非合法な方法での憲法改編の企図(重罪)，公権力の活動妨害(重罪)，立法と司法に対する名誉毀損(軽罪)により懲役5年(刑事裁判所判決)
リヤード・トゥルク	① 弁護士，シリア共産党・政治局第一書記，国民民主連合メンバー，② 2001年9月1日，③ 2002年6月27日，④ 非合法な方法での憲法改編の企図(重罪)，体制に対する武装蜂起の扇動(重罪)，戦時下の民族に精神衰弱をもたらすような虚偽の情報の発信(重罪)，国家の尊厳に抵触する虚偽の情報の国外への発信(軽罪)により懲役2年6カ月(国家最高治安裁判所判決)[1]
リヤード・サイフ	① シリア・アディダス元代表，人民議会議員(無所属)，国民対話会議主催者，シリア人権協会メンバー，② 2001年9月7日，③ 2002年4月4日，④ 非合法な方法での憲法改編の企図(重罪)，秘密結社の結成および非合法な会合の開催(軽罪)により懲役5年(刑事裁判所判決)
アーリフ・ダリーラ	① 経済学者(元ダマスカス大学経済学部教授)，市民社会再生諸委員会スポークスマン，② 2001年9月8日，③ 2002年7月31日，④ 非合法な方法での憲法改編の企図(重罪)，体制に対する武装蜂起の扇動(重罪)，戦時下の民族に精神衰弱をもたらすような虚偽の情報の発信(重罪)，国家の尊厳に抵触する虚偽の情報の国外への発信(軽罪)により懲役10年(国家最高治安裁判所判決)
ワリード・ブンニー	① 医師，市民社会再生諸委員会メンバー，シリア人権協会メンバー，② 2001年9月8日，③ 2002年7月31日，④ 非合法な方法での憲法改編の企図(重罪)，体制に対する武装蜂起の扇動(重罪)，戦時下の民族に精神衰弱をもたらすような虚偽の情報の発信(重罪)，国家の尊厳に抵触する虚偽の情報の国外への発信(軽罪)により懲役5年(国家最高治安裁判所判決)
カマール・ルブワーニー	① 医師，国民対話会議の創設メンバーの1人，CDF代表者委員会メンバー，『アマールジー』編集委員，② 2001年9月8日，③ 2002年8月28日，④ 体制に対する武装蜂起の扇動(重罪)，戦時下の民族に精神衰弱をもたらすような虚偽の情報の発信(重罪)，宗派主義的ショーヴィニズムの喚起(軽罪)により懲役3年(国家最高治安裁判所判決)
ハサン・サアドゥーン	① 元教師，国民対話会議メンバー，市民社会再生諸委員会メンバー，② 2001年9月9日，③ 2002年8月28日，④ 戦時下の民族に精神衰弱をもたらすような虚偽の情報の発信(重罪)，宗派主義的ショーヴィニズムの喚起(軽罪)により懲役2年(国家最高治安裁判所判決)[2]
ハビーブ・イーサー	① 弁護士，アタースィー会議スポークスマン，シリア人権協会メンバー，国民民主連合メンバー，② 2001年9月11日，③ 2002年8月19日，④ 非合法な方法での憲法改編の企図(重罪)，体制に対する武装蜂起の扇動(重罪)，戦時下の民族に精神衰弱をもたらすような虚偽の情報の発信(重罪)，国家の尊厳に抵触する虚偽の情報の国外への発信(軽罪)，宗派主義的ショーヴィニズムの喚起(軽罪)により懲役5年(国家最高治安裁判所判決)

氏　　名	① 職業，所属組織，② 逮捕年月日，③ 判決年月日，④ 判決内容
ファウワーズ・タッルー	① 技師，国民対話会議の創設メンバーの1人，シリア人権協会メンバー，② 2001年9月12日，③ 2002年8月28日，④ 憲法違反，武装蜂起の扇動，虚偽の情報の発信により懲役5年(国家最高治安裁判所判決)
ハビーブ・サーリフ	① 事業家，タルトゥース対話会議主催者，② 2001年9月12日，③ 2002年6月24日，④ 非合法な方法での憲法改編の企図(重罪)，体制に対する武装蜂起の扇動(重罪)，戦時下の民族に精神衰弱をもたらすような虚偽の情報の発信(重罪)，国家の尊厳に抵触する虚偽の情報の国外への発信(軽罪)，宗派主義的ショーヴィニズムの喚起(軽罪)により懲役3年(国家最高治安裁判所判決)

注）1）2002年11月16日，恩赦により釈放.
　　2）2003年9月，刑期を終え釈放.

出所）*Akhbār al-Sharq*［2002b］，［2002c］，［2002g］，［2002h］，［2002i］，［2002j］，［2002k］，［2003i］; Azmashlī［2002］; *al-Ḥayāt*［2002］などから筆者作成.

同会議における反政府的な言説は，8月5日の会合でトゥルクがシリアの政治体制を酷評するに至り頂点に達した.「シリアにおける民主主義の道のりとその行方」と題した講演で，トゥルクはḤ.アサド前政権とアサド政権の双方を「専政」，「権威主義」，「全体主義」といった言葉で攻撃した．シリアの政治史を振り返るなかで，Ḥ.アサド前大統領の支配を「体制の私物化」と特徴づけた彼は，前政権が国民の財産を奪い，抑圧・逮捕・国外追放・殺害といった暴力的手段に訴え，恐怖心を煽ることで，権力の維持を図ってきたと批判した．またアサド大統領就任によって，シリアの支配体制が人民の意思を無視した「世襲共和制」に変貌したと述べ，既得権益の保身をめざす勢力を包摂する現政権は抜本的改革を実行できない，と断言した．そしてシリアにおける改革の本質が「専政・権威主義から民主主義への移行」にあるとし，その実現には何よりまず，すべての反政府勢力の連帯と包括的な民主化の強調が不可欠だと結論づけた(al-Turk［2001］).

17年7カ月に及ぶ投獄・拷問(1980年10月28日～1998年5月30日)にもかかわらず抵抗運動を継続し，支持者から「生ける殉教者」と称えられてきたトゥルクの講演は，有識者の活動を先鋭化させるインパクトを持っていた．事実，講演の2日後にあたる8月7日，人民議会議員(1990年初当選)のムハンマド・マアムーン・ヒムスィー(Muḥammad Ma'mūn al-Ḥimṣī)が，法の支配と憲法の尊重，戒厳令の解除，腐敗と不正の追及，日常生活への治安当局の介入撤廃，人民議会での人権委員会の設置，検閲査察中央委員会(al-Hay'a al-Markazīya li-l-Riqāba wa al-Taftīsh)の活動停止を求めて，ハンストを開始したのである[16].

事態の悪化を懸念したアサド政権は，強権を発動し有識者の活動を封じ込めた．8月8日，カッドゥーラ人民議会議長の決定により議員不逮捕特権を剝奪されたM. M. ヒムスィーは，翌9日，非合法な方法で憲法改編を企図したとの容疑で逮捕され，ダマスカス市郊外のアドラー刑務所に収監された．続いてアサド政権は，アタースィー会議での講演後も，カタルの衛星放送局，アル＝ジャズィーラ(al-Jazīra)・テレビとのインタビューなどで政権を批判し続けるトゥルクに標的を定めた．9月1日，当局は塞柱症の診察を受けるためにタルトゥース市内の病院を訪れたトゥルクを「大統領の正統性を疑い，その地位を非難した」(Ḥamīdī[2001r])との容疑で逮捕・投獄したのである．

M. M. ヒムスィーとトゥルクの逮捕を受け，有識者は一斉に抗議行動に出た．9月2日，アタースィー会議が会合を開き，ダリーラが「シリア経済――問題と解決策」(Dalīla[2001])と題した講演を行った．この会合では，キールー，ダリーラら有識者216人が連名で声明を発表し，トゥルクの即時釈放を要求した．また3月以来，表立った活動を控えてきたサイフも国民対話会議の再興を決断し，9月5日，当局の命令を無視して半年ぶりに会合を開催した．会合では，ガルユーンが「シリアにおける改革と変革の未来――国民の新たな10年へ向けて」と題して，民主的選挙の早期実施，国民対話の実現，新憲法の制定，包括的改革計画の策定に向けた委員会の設置などをアサド大統領に要求し(Ghalyūn[2001])，この講演の後，出席者がトゥルクとの団結を宣言した．

しかしアサド政権が弾圧の手を緩めることはなかった．9月7日から12

16）Ḥamīdī[2001q]によると，当局は2001年初めと8月の2度にわたり，M. M. ヒムスィーに追徴課税を求めるなどの「嫌がらせ」を行っていたが，ハンストはこれに対する抗議でもあった．

日にかけて，当局は国民対話会議主催者のサイフ，アタースィー会議スポークスマンのイーサー，そして両会議に出席したダリーラ，ハビーブ・サーリフ，ワリード・ブンニー(Walīd al-Bunnī，医師)，カマール・ルブワーニー(Kamāl Lubwānī，医師)，ハサン・サアドゥーン(Ḥasan Saʻdūn，元教師)，ファウワーズ・タッルー(Fawwāz Tallū，技師)を次々と逮捕していったのである．

逮捕された10人は，2001年10月から翌2002年8月にかけて国家最高治安裁判所と刑事裁判所で開かれた公判で，非合法な方法での憲法改編の企図，体制に対する武装蜂起の扇動，戦時下の民族に精神衰弱をもたらすような虚偽の情報の発信，国家の尊厳に抵触する虚偽の情報の国外への発信，といった罪状で有罪判決を受け，懲役2年から10年の刑を宣告された．そしてこの弾圧以降，反政府勢力に対するアサド政権の姿勢は，「積極的中立」や政治犯・言論犯への恩赦に代表されるような寛容な側面ではなく，逮捕・投獄といった強権的な側面が顕著になっていった(表1-1，1-2参照)．

(2) 反政府運動への前提条件の暗示

発足以来，改革志向の誇示に努め，力の行使を極力控えてきた——ないしは力を欠いていると思われた——アサド政権が敢えて弾圧に踏み切ったのは，改革運動を継続する際に犯してはならない前提条件を有識者に暗示し，彼らを非力なまま延命させることで，「多元主義」を演出しようとしたからだと解釈できる．この前提条件は，サイフら10人の逮捕・起訴の契機を振り返ると，以下2つの内容からなっていたことがわかる．

第1の前提条件は，アサド政権の存在そのものを否定しない，ないしは権威主義・独裁に抵触するような改革を主唱しないというものである．アサド政権を「専政」，「全体主義」といった言葉で酷評したトゥルク，「治安機構職員のなかに度を越えた者がいる」(Ḥamīdī[2001a])と述べ，ムハーバラートの改革を要求したM. M. ヒムスィー，そして憲法第8条との関連で「バアス(党)が……権力を独占することで……それ以外のすべての勢力が政治活動の領域から排除され，社会を再生産するのに必要な要素が奪われている」(Ḥamīdī[2001h])と述べたサイフの逮捕・有罪判決は，この条件に抵触したことへの制裁だったと考えられる．

第2の前提条件は，アサド政権が主導する改革プログラムを先取りするような言動を控える，ないしはアサド政権の改革を追認するようなかたちで活動を展開するというものである．この条件は，市民社会の友協会構想へのハッダーム副大統領らの介入や，「99人声明」の署名者に対するムハーバラートの尋問・監視を通じて，以前からたびたび示されており，政党法の制定を待たずして政治活動を始動したサイフや，彼に同調するかのようにアタースィー会議を主催し続けたイーサーの逮捕・有罪判決が，これに背いたことの結果だったと思われる．

アサド政権のこのような姿勢に関して，国民民主連合は10人の公判が結審した2002年8月，機関紙『マウキフ・ディームクラーティー』(*al-Mawqif al-Dīmuqrāṭī*)第78号で次のように述べた．

> 「世界において生じているさまざまな変化……のなかで，支配勢力は従来のような暴力の行使が受け容れられなくなっていると自認しつつも，それを放棄できずにいる……．こうしたなかで暴力以外の諸手段の重要性を認識し，それらを(暴力とともに)駆使することで，抑圧と支配という旧態依然とした目的を達成しようとしている」(*al-Mawqif al-Dīmuqrāṭī*[2002])．

10人の逮捕は，反対意見を力で抑えつけることで国内政治の安定化を図ろうとする意思の表れと見てとれなくもない．だが逮捕を免れた大多数の有識者がその後も活動する余地を与えられたことを踏まえると，アサド政権による弾圧は反政府勢力の抹殺を目的としていたというよりは，むしろ有識者の恐怖心を煽ることで，彼らの活動が先鋭化するのを防ぐ措置だったと理解する方が妥当である．SANAや主要各紙を通じて，10人の逮捕や公判の経緯，そして判決内容を敢えて公表したのも，必要最小限の力をもって最大の恐怖を引き出そうとしたからであり，「透明性」を逆手にとったようなこのようなプロパガンダを前に，残された有識者は当局による強権発動の可能性に常に怯えながら，慎重な対応を迫られたのである．

5. 補　足――文化会議衰退後の有識者の活動(2001年半ば～2003年末)

2001年半ばから2003年末までの期間は，人権擁護団体や文化活動を通じて活動を継続しようとする有識者の試みが，アサド政権の硬軟織り交ぜた対応によってことごとく封じ込められた点に特徴がある.

(1) 人権擁護団体の盛衰

2001年春の当局による規制強化と同年夏の指導者10人の逮捕によって，文化会議を通じた活動が困難となった有識者は，シリア人権擁護諸委員会(Lijān al-Difā‘ ‘an Ḥuqūq al-Insān fī Sūriyā，英語名Committees for the Defense of Democratic Freedoms and Human Rights in Syria，略称CDF)[17]とシリア人権協会(Jam‘īya Ḥuqūq al-Insān fī Sūrīya)を新たな拠点として改革運動を継続した.

CDFは1989年に発足した人権擁護団体で，1990年代初めにḤ. アサド前政権の弾圧を受けて以降，長らく欧州(とりわけパリ)での活動を余儀なくされてきた．だが2000年9月，市民社会の確立をめざす有識者の活動に呼応するかのように，「2000年9月暫定基本綱領」を発表し，「憲法と法の支配を尊重した……平和的な」(Lijān al-Difā‘ ‘an Ḥuqūq al-Insān fī Sūriyā [2000])活動の再開を宣言するとともに，アクサム・ナイーサ(Aktham Na‘īsa，弁護士)を新会長に選出し，国内での組織の再興を開始した.

2001年春にシリア各地の文化会議が活動休止状態に追い込まれると[18]，CDFはこれらの会議に代わって政治の表舞台に登場した．4月半ば，シリアにおける人権侵害のありようを詳細に報告した『年報2000年版』を発表し，「政治，経済における規制緩和は……不十分で……，戒厳令のも

17) 2003年10月，CDFは発足当初の組織名であるシリア民主的諸自由・人権擁護諸委員会(Lijān al-Difā‘ ‘an al-Ḥurrīyāt al-Dīmuqrāṭīya wa Ḥuqūq al-Insān fī Sūriyā)に改称した.

18) シリア各地で文化会議が発足するなか，2001年2月半ばにメンバーの1人であるハリール・マアトゥーク(Khalīl Ma‘tūq，弁護士)が文化会議を模した会合を主催したが，3月半ばに規制の対象となり会合継続を断念した．またナイーサも5月半ばに，ムハンマド・シャフルール(Muḥammad Shaḥrūr)，ジュールジュ・ジャッブール(Jūrj Jabbūr)ら50人の有識者が参加する「人権に関する講習会」(nadwa tadrījīya ‘an ḥuqūq al-insān)(Ḥamīdī [2001l])の開講を企図したが，当局の圧力によって延期を強いられた.

と，政治的な理由で逮捕が行われ，通常法廷は機能していない」(Lijān al-Difā' 'an Ḥuqūq al-Insān fī Sūriyā[2001])とアサド政権を批判する一方で，5月には当局の許可を得ずに機関紙『アマールジー』(*Amārjī*)を創刊し，言論活動を本格化したのである.

アサド政権は当初，これらの出版物の配布を黙認するという寛容な姿勢を示した．だがまもなく，委員会においてもっとも著名なメンバーの1人，ニザール・ナイユーフ(Nizār Nayyūf, ジャーナリスト)を抑圧の標的とすることで組織の無力化を図った.

Ḥ. アサド政権下の1991年に逮捕されて以降，トゥルクとともにシリアの代表的な政治犯・言論犯としてその名を知られるようになったナイユーフは，2002年5月初めに一旦は釈放され[19]，国内での活動再開が期待された．だが7月16日，病気治療のために訪れたパリで，真実・公正・和解のための国民会議(al-Majlis al-Waṭanī li-l-Ḥaqīqa wa al-'Adāla wa al-Muṣālaḥa)を設立し，「(改革を求める)我々の期待に応えれば，この(アサド政権の)指導を支持するが，そうでなければかつてと同じように抵抗する」(Ḥamīdī[2001p])との対決姿勢を示すと，事態は一変した[20]．トゥルクが身柄を拘束されたのとまさに同じ9月1日，当局は，非合法な方法での憲法改編の企図，虚偽の情報の発信，宗派主義的ショーヴィニズムの喚起といった容疑でナイユーフを起訴し，帰国の意思を表明していた彼を亡命生活へと追いやったのである.

ナイユーフが実質的な国外追放処分を受けて以降もCDFは活動を継続した．2001年9月初め，『アマールジー』編集委員のルブワーニーがサイフやイーサーらとともに逮捕されると，委員会は声明を通じて政権による人権侵害を非難し，政治犯・言論犯をめぐる問題にさらに深く関与しようとした．しかしこれらの言動が「ダマスカスの春」のような大規模な運動を喚起することはなかった[21].

19)　釈放直前の2001年4月下旬から5月半ばまで，ナイユーフは自らの投獄と(釈放後の)実質的な自宅軟禁に抗議してハンストを行った.

20)　Ḥamīdī[2001o]によると，ナイユーフはシリアを出国する直前の2001年6月20日から22日に治安当局によって一時身柄を拘束されたことを明らかにした.

21)　その後，「バアス革命」41周年にあたる2004年3月8日，人民議会議事堂前で戒厳令の解除などを求めるデモを主導したナイーサは，同年4月13日に逮捕された.

一方，シリア人権協会は2001年7月2日に発足が宣言された人権擁護組織である．そのメンバーは，ハイサム・マーリフ(Haytham al-Māliḥ)会長，アンワル・ブンニー(Anwar al-Bunnī)，イーサーといった弁護士と，文化会議への規制強化によって活動の場を失ったサイフ，W. ブンニー，アッバースら有識者からなっていた．

7月26日の会合で「シリア人権協会内規」(Jam'īya Ḥuqūq al-Insān fī Sūrīya[2001])を発表し，基本的自由の擁護，政治犯・言論犯の釈放，失踪者の調査などを目標に掲げた協会はまず，協会・民間団体法に則って社会問題労働省に公認申請・活動許可申請を提出した．そしてこの申請に対する明確な回答が示されないのを好機ととらえ，活動を本格化させていった．

2001年夏に逮捕された有識者10人のなかには，シリア人権協会メンバーが4人(サイフ，W. ブンニー，イーサー，タッルー)含まれていた．だが協会は声明を通じて当局による弾圧を非難するとともに，戒厳令の解除，政治犯の釈放，亡命者の帰国などを要求し，その存在を誇示した．それだけでなく，H. マーリフ，A. ブンニーら弁護士が，国民民主連合スポークスマンのアブドゥルアズィームとともに逮捕者10人の弁護団を構成し，法廷において抵抗運動を展開した[22]．

これに対し，当局は逮捕者10人の公判で政権を批判するメンバーにさまざまな圧力をかけていった．2001年4月16日，弁護士組合(Niqāba al-Muḥāmīn)ダマスカス支部がまず，H. マーリフとA. ブンニーの組合員資格を3カ月間凍結するとの決定を下した．「サイフとM. M. ヒムスィーの公判に関する記者会見を行った」(*Akhbār al-Sharq*[2002d])ことがこの決定の表向きの理由ではあったが，その真のねらいが公判での弁護の妨害にあったことは容易に推察できた．そして最終的には8月29日，H. マーリフ，ムハンマド・ファールーク・ヒムスィー(Muḥammad Fārūq al-Ḥimṣī)，ムハンマド・ハイル・ビーク(Muḥammad Khayr Bīk)，ガスーブ・アリー・ムッラー(Ghaṣūb 'Alī al-Mullā)の4人が，虚偽の情報の国外への発信，非合法な政治組織の結成，宗派主義的ショーヴィニズムを喚起するような違

---

22) イーサーも逮捕されるまでサイフの弁護人を務めた．

法な印刷物(機関紙『タイヤーラート』〔*Tayyārāt*〕)の出版・配布といった容疑で軍事裁判所に起訴され，協会の活動は封じ込められた(表1-1参照)[23].

2003年1月30日に開始されたH.マーリフらの公判は，その容疑を再三にわたって否認する弁護団[24]の努力も空しく，2001年夏に逮捕された10人と同様の有罪判決をもって幕を閉じるかに思われた．だが同年7月，前大統領の3回忌に合わせて，アサド大統領が2003年6月10日以前の軽罪への処罰に対する恩赦を発令したのを受け，4人の起訴は突如取り下げられた(表1-1参照).

H.マーリフらへの恩赦は，アサド政権が有識者に譲歩したとの印象を与えるものの，サイフら10人への厳罰と類似した政治的効果をねらっていたと考えられる．すなわち，政権はシリア人権協会——さらにはCDF——への硬軟織り交ぜた対応を通じて恣意的に物理的暴力を行使し得ることを示し，10人の逮捕によって喚起された恐怖の記憶を呼び起こすことで，彼らに慎重な行動を迫ろうとした，そう解釈できるのである.

(2) カワーキビー会議の発足，そして弾圧

2001年夏に有識者10人が逮捕されて以降，文化会議の活動は低迷が続いた．たとえば，アタースィー会議は，声明を通じてスポークスマンのイーサーらの裁判や判決などに抗議する一方で，2001年11月4日にはムハンマド・アブドゥルマジード・マンジューナ(Muḥammad ʻAbd al-Majīd Manjūna，弁護士)による講演「法の主権と司法の独立」(Manjūna[2001])を，そして12月2日にはムハンマド・アリー・アタースィー(Muḥammad ʻAlī al-Atāsī，ジャーナリスト)による講演「シリアの青年とその問題」(al-Atāsī[2001])を主催し，活動を継続した．だが，2003年に提出した2度目の公認申請・活動許可申請が却下されると，目立った動きを見せなくなった．また市民社会再生諸委員会も，スポークスマンのダリーラが逮捕されて以降，衰退の一途をたどった．2002年1月16日，約半年ぶりに活動を

---

23) *Akhbār al-Sharq*[2003a]によると，H.マーリフ以外の3人はシリア人権協会メンバーではない.

24) H.マーリフらの弁護団は，マンジューナ，ハリール，A.ブンニー，マアトゥーク，そして恩赦後，弁護士としての活動を再開したトゥルクらによって構成された.

再開した委員会は，サイフら10人の釈放を求める声明を繰り返し発表するとともに，民主主義の必要性を訴え，政権に内政改革を要求し続けた．しかし「我々は自らを反政府組織とみなさず……政権は我々の敵ではない」(*Akhbār al-Sharq*[2002a])とメンバーの1人であるファーイズ・サーラ(Fāyiz Sāra，ジャーナリスト)が述べているように，委員会は，その反政府的な言説とは裏腹に，政治への関与を極力避けようとしたため，アサド政権に脅威を与えることはなかった．

こうしたなか，唯一活発な活動を継続したのがアレッポの有識者であった．2000年初めから会合を繰り返していた彼らは，2002年3月24日，「祖国，民族，対シオニズム闘争といった思想・政治・経済・社会問題に関する文化の普及」，「国民に法，権利，義務を意識させること」(*Akhbār al-Sharq*[2002l])を目的とする新たな文化会議，アブドゥッラフマーン・カワーキビー国民対話会議(Muntadā ʻAbd al-Raḥmān al-Kawākibī li-l-Ḥiwār al-Waṭanī，以下カワーキビー会議)の発足を宣言したのである．

カワーキビー会議の運営会議には，文化会議や人権擁護団体で活動を行ってきた有識者だけでなく，国民民主連合加盟政党のメンバーが名を連ねていた．議長にはイフサーン・カヤーリー(Iḥsān Kayālī，弁護士組合アレッポ支部元書記長，弁護士)が，副議長にはサアド・ザグルール・アブドゥッラフマーン・カワーキビー(Saʻd Zaghlūl ʻAbd al-Raḥmān al-Kawākibī，元外交官，アブドゥッラフマーン・カワーキビー〔ʻAbd al-Raḥmān al-Kawākibī〕の孫)が就任し，アラブ社会主義連合民主党中央委員会書記長のマンジューナとアラブ革命労働者党(Ḥizb al-ʻUmmāl al-Thawrī al-ʻArabī)のムハンマド・ディーブ・クール(Muḥammad Dīb Kūr)がそれぞれスポークスマンと書記を務めた．またアラブ社会主義連合民主党のリジャー・ナースィル(Rijāʼ al-Nāṣir，作家・ジャーナリスト)，シリア人権協会のナジーブ・ダドム(Najīb Dadm)，そして市民社会再生諸委員会のイードらも運営会議に参画した．

カワーキビー会議はアレッポ市アル＝アズィーズィーヤ地区にあるサミール・ナッシャール(Samīr Nashshār，弁護士)の事務所で，隔週で火曜日の晩に会合を開催する一方で，3月末と10月末に社会問題労働省とアレッポ県社会問題労働局に公認申請と活動許可申請を提出した．だが当局はこの申請を認可することなく，運営委員会メンバーと会合に徐々に圧力をかけていった．5月にはまず，マンジューナが「(アル＝アクサー・)インティファーダ(intifāḍa al-aqṣā')支援デモの呼びかけや，カワーキビー会議発足といった政治活動が組合法に違反する」(*Akhbār al-Sharq*[2002e])との理由で弁護士組合アレッポ支部の聴取を受けたのち，8月に1年間の職務停止処分を受け，10月1日にはこのマンジューナが講演を予定していたカワーキビー会議会合に中止命令が下された．さらに翌2003年1月25日には，アレッポ県知事の名で運営会議——そして運営会議メンバーによって構成される発足委員会——の解体が勧告された．

これに対し，カワーキビー会議は5月，協会・民間団体法に従って会議を認可しようとしない当局の姿勢を「法的根拠を欠く」(*Akhbār al-Sharq*[2003b])と批判する声明を発表し，6月には，「社会問題労働大臣と(アレッポ県の当該)局長を……行政裁判所に起訴する」(*Akhbār al-Sharq*[2003d])と宣言することで，抵抗の意思を示した．しかし8月22日，当局は会合を再開しようとしたカワーキビー会議の出席者21人を逮捕し，会議を強制的に閉鎖した．このうち7人は事情聴取ののち釈放されたが，ダドム，ナッシャール，クール，共産主義行動党(Ḥizb al-'Amal al-Shuyū'ī)のファーティフ・ジャームース(Fātiḥ Jāmūs)ら14人は「秘密結社に加入し，民族の内紛を喚起する活動を展開した」(*Akhbār al-Sharq*[2003j])との容疑で軍事裁判所に起訴された(表1-1参照)．

10月22日に開始された14人の公判がどのようなかたちで結審するかは今後も引き続き注視する必要がある．だが2001年夏に逮捕されたサイフら10人と同様の有罪判決を宣告されるにせよ，2002年夏に起訴されたH.マーリフら4人のように恩赦を受けるにせよ，この14人が，国内の反政府運動に課せられた2つの前提条件とアサド政権が恣意的に物理的暴力を行使し得るという事実を，有識者に認知させるために利用されることだけは確かだろう．

おわりに

本章では，アサド政権による「多元主義」拡充の試みのうち，① 権力の二層構造の「名目的」権力装置における進歩国民戦線の活性化と拡大に向けた動きと，② この権力構造の枠外で展開される有識者の改革運動への対応に焦点を当て，それらが権威主義・独裁の維持という究極目標といかに結びついているのかを見てきた．すなわち，前者は政権にとって無害な親政府の政党・政治組織の活動を既成事実化し，「名目的」権力装置に組み込むことで，独断的な支配体制を隠蔽することが目的だと指摘した．また後者は，散発的な強権の発動を通じて体制外の改革運動が踏まえねばならない前提条件を示し，その担い手たちを非力な反政府勢力として延命させることをねらったものだと述べた．

アサド政権は現在までのところ――以上のような戦術もあいまって――，その存続を脅かすような危機に直面することなく，支配を維持している．だがこのことは「多元主義」拡充の試みが完全に成功したことを意味しない．親政府の政党・政治組織のほとんどは，進歩国民戦線に新規加盟を果たしたわけでも，「泡沫野党」としての地位を公認されたわけでもなく，「名目的」権力装置は制度的に何ら改編されていない．また国内で改革運動を主導する有識者は，政治的な問題への関与を避けることでアサド政権の感情を逆撫でしないよう慎重に対応してはいるものの，依然として活動を続けており，「多元主義」を演出する政治的アクターとして延命させられているとは言い難い．

以上を踏まえると，アサド大統領による統治の成否を判断するのはいまだ時期尚早であり，今後の展開次第で政権の思惑に沿ったような「多元主義」が確立する可能性もあれば，国内の有識者がめざすような改革が実現する可能性もある．しかし現在と同じような政治的綱引きが，政権，親政府の政党・政治組織，そして反政府勢力の間で繰り返される限り，それによってもたらされる変化がシリア政治の根本的問題を解決することはないだろう．すなわち，本章で取り上げた諸々の勢力を含むシリアのすべての政治的アクターは，その政治的・思想的志向のいかんにかかわらず，国家と社会の発展において無視し得ない大多数の民衆と実質的なつながりを欠いたまま活動しており，こうした事態が克服されなければ，同国の「多元主義」は実体のない虚構であり続けるのである．

〔参考文献〕

〔日本語文献〕

青山弘之[1998]，「もう一つの和平交渉?!――1990年代のアル＝アサド政権とシリア・ムスリム同胞団」(『現代の中東』第25号，9月)，19〜34ページ.

――[2001a]，「"ジュムルーキーヤ"への道(1)――バッシャール・アル＝アサド政権の成立」(『現代の中東』第31号，7月)，13〜37ページ.

――[2001b]，「シリアにおける反政府勢力の挑戦と挫折――バッシャール・アル＝アサド政権発足1年を振り返って」(『海外事情』第49巻第7号，7-8月)，34〜49ページ.

――[2002]，「"ジュムルーキーヤ"への道(2)――バッシャール・アル＝アサドによる絶対的指導性の顕現」(『現代の中東』第32号，1月)，35〜65ページ.

――[2003]，「権威主義体制下の"民主的プロセス"――第8期シリア人民議会選挙の政治的効果」(『現代の中東』第35号，7月)，56〜68ページ.

〔外国語文献〕

'Abbās, Ḥassān [2001], "Wāqi' al-Ṣaḥāfa al-Sūrīya," paper read at Muntadā Jamāl al-Atāsī li-l-Ḥiwār al-Dīmuqrāṭī on June 3.

'Abbūd, Sha'bān [2003], "Anṭūn Maqdisī "Shaykh al-Muthaqqafīn al-Sūrīyīn" li-"al-Nahār": al-Niẓām al-Shumūlī fī Sūriyā... min Dūn Ra's," *al-Nahār*, July 26.

Akhbār al-Sharq (www.thisissyria.net) [2002a], "Lijān al-Mujtama' al-Madanī fī Sūrīya Ta'ūd li-l-Nashāṭ wa Tuṭālib bi-Ḥiwār Mujtama'ī," January 17.

――[2002b], "Maḥkama al-Jināyāt al-Thāniya Tujarrim al-Ḥimṣī wa Taḥkum 'alay-hi bi-al-Sijn Khams Sanawāt," March 21.

――[2002c], "Ba'da al-Ḥukm 'alā Sayf.. Maḥkama Amn al-Dawla Tuḥarrik Milaffāt al-Mu'taqalīn al-Thamāniya," April 5.

――[2002d], "Far' Dimashq fī Niqāba al-Muḥāmīn Yujammid 'Uḍwīya Haytham al-Māliḥ wa Anwar al-Bunnī," May 10.

――[2002e], "Niqāba Muḥāmī Ḥalab Tuḥaqqiq ma'a Manjūna 'alā Khalfīya Nashāṭ-hi fī al-Mujtama' al-Madanī," May 24.

――[2002f], "Taqrīq Ṣuḥufī Yuthīr Laghṭan bi-Sha'n Istiqlāl Hay'āt al-Mujtama' al-Madanī fī Sūrīya," June 24.

——[2002g], ""Amn al-Dawla" Tuṣdir Awwal Ḥukm bi-al-Sijn Thalāth Sanawāt 'alā Ḥabīb Ṣāliḥ," June 25.

——[2002h], "Maḥkama Amn al-Dawla al-'Ulyā fī Sūrīya Tasjun Riyāḍ al-Turk 'Āmayn wa Niṣf al-'Ām," June 27.

——[2002i], "Maḥkama Amn al-Dawla Tuṣdir Ḥukmayn Qāsiyayn bi-Ḥaqq Ithnayn min Mu'taqalī Rabī' Dimashq," August 1.

——[2002j], "al-Sijn Khams A'wām li-Ḥabīb 'Īsā wa Ittihām-hu bi-al-Taḥrīḍ 'alā al-'Iṣyān al-Musallaḥ," August 20.

——[2002k], "Maḥkama Amn al-Dawla Tughliq Milaff Mu'taqalī Rab'ī Dimashq bi-Mazīd min Aḥkām al-Sijn," August 29.

——[2002l], "Majlis al-Idāra al-Muntakhab li-Muntadā al-Kawākibī bi-Ḥalab Yaṭlub al-Tarkhīṣ," October 31.

——[2003a], "Maḥkama 'Askarīya Tabda' Muḥākama al-Muḥāmī Haytham al-Māliḥ bi-Tuhma Ishā'a Anbā' Kādhiba," February 6.

——[2003b], "Jam'īya Muntadā al-Kawākibī bi-Ḥalab Tastaghrib Man'-hā min Taqdīm Ṭalab al-Ishhār," May 7.

——[2003c], "al-Intikhābāt al-Baladīya lā Tuthīr al-Ihtimām raghma Ilghā' Qawā'im al-Jabha al-Waṭanīya al-Taqaddumīya," June 7.

——[2003d], "Muntadā al-Kawākibī bi-Ḥalab Yadda'ī 'alā Wizāra al-Shu'ūn al-Ijtimā'īya li-Rafḍ-hā Ishhār-hu," June 9.

——[2003e], "Ta'jīl Muḥākama Murāsil Ṣaḥīfa "al-Ḥayāt" fī Dimashq ilā Aylūl," June 23.

——[2003f], "Mazīd min Intiqādāt A'ḍā' Majlis al-Sha'b li-Ḥukūma Mīrū," June 26.

——[2003g], "Haytham Mannā' Ya'ūd ilā Sūrīya al-Yawm ba'da Ghiyāb Dām 25 'Āman," August 23.

——[2003h], "al-Sulṭāt Ahānat Nāshiṭī Ḥalab athnā'a al-I'tiqāl thumma Afrajat 'an-hum," August 30.

——[2003i], "Sa'dūn Ḥurran ba'da Inqiḍā' Ḥukm-hi wa 8 min Mu'taqalī Rabī' Dimashq mā Zālū fī al-Sijn," September 12.

——[2003j], "Iḥāla 14 Nāshiṭan Sūrīyan ilā al-Maḥkama al-'Askarīya bi-Ḥujja al-Intimā' ilā "Jam'īya Sirrīya"," September 23.

——[2003k], "Ta'jīl Muḥākama al-Nāshiṭīn al-Arba'a 'Ashara fī Ḥalab Thalātha Asābī'," December 1.

——[2003l], "Mu'taqalū Dārayyā Ḥūkimū Sirran wa Taqarrar Sijn-hum dūna an Yutāḥ la-hum Ḥaqq al-Difā'," December 24.

Aoyama, Hiroyuki[2001], *History Does Not Repeat Itself(Or Does It ?!) : The Political Changes in Syria after Ḥāfiẓ al-Asad's Death*(M. E. S. Series No. 50), Chiba : Institute of Developing Economies-JETRO.

al-Atāsī, Muḥammad 'Alī[2001], "al-Shabāb al-Sūrī wa Mushkilāt-hu," paper read at Muntadā Jamāl al-Atāsī li-l-Ḥiwār al-Dīmuqrāṭī on December 2.

Azmashlī, Samr[2002], "Dimashq : 'Uqūba Mushaddada li-'Ārif Dalīla wa Kamāl Lubwānī," *al-Ḥayāt*, August 1.

al-Ba'th[2000], Editorial, September 14.

"Bayān al-99"[2000], September.

Dalīla, 'Ārif[2001], "al-Iqtiṣād al-Sūrī : al-Mushkilāt wa al-Ḥulūl," paper read at Muntadā Jamāl al-Atāsī li-l-Ḥiwār al-Dīmuqrāṭī on September 2.

George, Alan[2003], *Syria: Neither Bread nor Freedom*, London and New York: Zed Books.

Ghalyūn, Burhān[2001], "Mustaqbal al-Iṣlāḥ wa al-Taghyīr fī Sūrīya : Naḥwa 'Aqd Waṭanī Jadīd," paper read at Muntadā Jamāl al-Atāsī li-l-Ḥiwār al-Dīmuqrāṭī on September 5.

al-Ghāwī, Razūq[2000], "Dimashq : al-Jabha al-Waṭanīya Tataḥaffaẓ 'alā Ḍamm al-Ḥizb al-Qawmī al-Sūrī li-'Uḍwīya-hā," *al-Sharq al-Aswaṭ*, August 23.

Ḥamīdī, Ibrāhīm[2001a], "Niqāshāt Ḥayya 'an al-Niẓām al-Shumūlī ba'da "Ṣiyām 'an al-Kalām" : Sūrīya Tabda' 'Aṣran Jadīdan... wa al-Sūrī Maqmū' min al-Dākhil," *al-Ḥayāt*, January 13.

——[2001b], "al-Sulṭāt al-Sūrīya Tata'āmal bi-"Ḥiyād Ījābī" ma'a "Bayān al-Alf"," *al-Ḥayāt*, January 14.

——[2001c], "Khaṭṭāni lā Yajūz Ikhtāq-humā : Lā li-l-'Amal al-Sirrī wa lā li-l-Irtibāṭ bi-Jihāt Khārijīya, Qiṣṣāt Wilāda "al-Wathīqa al-Asāsīya" li-"Lijān al-Mujtama' al-Madanī" fī Sūrīya," *al-Ḥayāt*, January 21.

——[2001d], "Dimashq : Tashkīl Lijān Far'īya Munbathiqa min Hay'a "Bayān al-Alf"," *al-Ḥayāt*, January 23.

——[2001e], "Dimashq: Tawaqqu' I'lān "Wathīqa al-Ijmā' al-Waṭanī"," *al-Ḥayāt*, January 24.

——[2001f], "Nā'ib Sūrī Yu'lin Ta'sīs Ḥizb Lībīrālī," *al-Ḥayāt*, January 26.

——[2001g], "'Umrān Yantaqid Du'āt al-Mujtama' al-Madanī: Juz' min Isti'mār Jadīd," *al-Ḥayāt*, January 30.

——[2001h], "Sūrīya: "al-Ba'th" Yankhariṭ 'Amalīyan fī al-Niqāshāt al-Madanīya," *al-Ḥayāt*, February 2.

——[2001i], "Sūrīya : al-Amn al-Siyāsī Yaḍa' 5 Shurūṭ li-'Aqd al-Muntadayāt," *al-Ḥayāt*, February 20.

——[2001j], "Khilāf fī Hay'a "al-Mujtama' al-Madanī" ba'da Rafḍ-hā al-Radd 'alā al-Ba'thīyīn," *al-Ḥayāt*, February 23.

——[2001k], "al-Nā'ib al-Sūrī al-Mustaqill Sayf Yughliq "al-Muntadā-al-Maḍāfa" Iltizāman bi-Qarār Ri'āsī," *al-Ḥayāt*, March 23.

——[2001l], "al-Sulṭāt al-Sūrīya "Turji'" Awwal Nadwa li-"Lijān Ḥuqūq al-Insān"," *al-Ḥayāt*, May 3.

——[2001m], "Dimashq Tughliq Rasmīyan al-Bāb amāma al-Muntadayāt," *al-Ḥayāt*, May 11.

——[2001n], ""Lijān Ḥuqūq al-Insān" Tuwazzi' Majalla-hā 'Alanan wa Dimashq Tarfuḍ Rasmīyan al-Tarkhīṣ li-l-Atāsī," *al-Ḥayāt*, May 15.

——[2001o], "Intihā' Faṣl min "Riwāya" al-Ṣaḥāfī Nizār Nayyūf," *al-Ḥayāt*, June 23.

——[2001p], "Nayyūf : Li-l-Asad Tawajjuhāt Iṣlāḥīya Taktasib Ṣidqīya idhā Takhallaṣ min Rumūz al-Niẓām al-Qadīma wa I'tamad 'alā al-Shāri'," *al-Ḥayāt*, July 17.

——[2001q], "Dimashq : I'tiqāl al-Nā'ib Ma'mūn al-Ḥimṣī bi-Tuhma Mu'ādāt al-Niẓām wa al-Takhābur ma'a al-Jihāt Khārijīya," *al-Ḥayāt*, August 10.

——[2001r], "Dimashq Tulāḥiq "al-Mu'āraḍa" bi-Silāḥay al-Qaḍā' wa al-Dustūr," *al-Ḥayāt*, September 3.

——[2003], "Dimashq : Shamil 4 Siyāsīyīn bi-'Afw al-Asad," *al-Ḥayāt*, July 16.

"Ḥaraka al-Silm al-Ijtimā'ī : Mabādi' Awwalīya li-l-Ḥiwār" [2001], paper presented at Muntadā al-Ḥiwār al-Waṭanī on January 31.

al-Ḥayāt [2000a], "al-Ra'īs Bashshār Yaṭlub Izāla Ṣuwar-hi wa Lāfitāt al-Ta'yīd," July 14.

——[2000b], "Ṣaḥīfa Sūrīya Tuḥadhdhir min Tahdīd "Ba'ḍ al-Muthaqqafīn" al-Istiqrār," September 15.

——[2001], "al-Ḥizb al-Qawmī al-Ijtimā'ī al-Sūrī Ya'qud Awwal Ijtimā'āt-hi fī Dimashq mundhu Niṣf Qarn," August 7.

——[2002], "Dimashq : al-Ifrāj 'an Riyāḍ al-Turk ba'da 'Afw min al-Asad," November 17.

al-Hay'a al-Ta'sīsīya li-Lijān Iḥyā' al-Mujtama' al-Madanī[2001a], "al-Wathīqa al-Asāsīya," January.

——[2001b], "Naḥwa 'Aqd Ijtimā'ī Waṭanī fī Sūrīya : Tawāfuqāt Waṭanīya 'Āmma," April 14.

Ḥizb Yakītī al-Kurdī fī Sūriyā-Lajna Tanẓīm Ūrubbā[2003], "Taṣrīḥ Ṣuḥufī," January 16.

Ḥizb al-Waḥda al-Dīmuqrāṭī al-Kurdī fī Sūriyā (Yakītī), Ḥizb al-Ittiḥād al-Sha'bī al-Kurdī fī Sūriyā, al-Ḥizb al-Yasārī al-Kurdī fī Sūriyā and Ḥizb Yakītī al-Kurdī fī Sūriyā[2003], "Bayān ilā al-Ra'y al-'Āmm," June 29.

Jam'īya Ḥuqūq al-Insān fī Sūrīya[2001], "al-Niẓām al-Dākhilī li-Jam'īya Ḥuqūq al-Insān fī Sūrīya," July 26.

Khaddām, 'Abd al-Ḥalīm[2001], "Naṣṣ al-Muḥāḍara allatī Alqā-hā Nā'ib al-Ra'īs al-Sūrī ḥawla Ẓāhira al-Muntadayāt," paper read at Damascus University on February 18.

Lijān al-Difā' 'an Ḥuqūq al-Insān fī Sūriyā[2000], "al-Niẓām al-Asāsī al-Muwaqqat Aylūl 2000," September.

——[2001], *al-Taqrīr al-Sanawī li-'Ām 2000*, Damascus: Lijān al-Difā' 'an Ḥuqūq al-Insān fī Sūriyā.

——[2002], "Taṣrīḥ Ṣuḥufī," August 10.

Manjūna, Muḥammad 'Abd al-Majīd[2001], "Siyāda al-Qānūn wa Istiqlāl al-Qaḍā'," paper read at Muntadā Jamāl al-Atāsī li-l-Ḥiwār al-Dīmuqrāṭī on November 4.

al-Mawqif al-Dīmuqrāṭī[2002], "Ba'ḍ Malāmiḥ al-Siyāsa al-Dākhilīya fī al-'Āmayn al-Māḍiyayn," No. 78, August (alhiwaradimocraty.free.fr/al-moukef.htm).

Mīthāq al-Jabha al-Waṭanīya al-Taqaddumīya[1972], Damascus: al-Idāra al-Siyāsīya li-l-Jaysh wa al-Qūwāt al-Musallaḥa.

Qāsiyūn[2003a], "Murashshaḥū Karāma al-Waṭan wa al-Muwāṭin," No. 192, February 20.

——[2003b], "Naḥwa Awsa' Taḥāluf Waṭanī," No. 198, May 29.

SANA (Syrian Arab News Agency) [2000], "Addā al-Sayyid al-Duktūr Bashshār al-Asad Ra'īs al-Jumhūrīya al-Muntakhab al-Qasm al-Dustūrī amāma Jalsa Istithnā'īya 'Aqad-hā Majlis al-Sha'b qabla Ẓuhr Yawm al-Ithnayn al-Wāqi' fī 17/7/2000 Īdhānan bi-Bad' Wilāya-hu al-Dustūrīya wifqan li-Aḥkām al-Mādda 90 min Dustūr al-Jumhūrīya al-'Arabīya al-Sūrīya," July 17.

al-Turk, Riyāḍ[2001], "Masār al-Dīmuqrāṭīya wa Āfāq-hā fī Sūrīya," paper read at Muntadā Jamāl al-Atāsī li-l-Ḥiwār al-Dīmuqrāṭī on August 5.

第2章

エジプトにおける議会家族の系譜

鈴木恵美

はじめに

1952年の7月革命以前のエジプトでは，名望家(a‘yān)を中心とした政治が行われていた．名望家とは，中規模の土地を所有し，「農村中産階級」(rural middle class)と呼ぶべき層に属するオムダ(‘umda，村長)やシャイフ(shaykh)などの村落有力者，そして大地主などの名士のことである．

名望家が議会(国会)の議席をほぼ独占していた状況は，7月革命によって政治体制が王政から共和制へと変化したことで，ひとまず終止符を打つ．ガマール・アブドゥンナースィル(Jamāl ‘Abd al-Nāṣir，大統領在任1956～1970年，以下ナセル)は，7月革命前の政治的支配者の富の源であった大規模農地を解体し，彼らの政治活動を制限した．さらにナセル政権のもとで台頭した軍人やテクノクラートが議会に参入すると，名望家出身の国会議員は減少する．アンワル・サーダート(Anwar al-Sādāt，大統領在任1970～1981年)政権下では，1970年代後半に本格化した経済の門戸開放(インフィターフ，infitāḥ)政策によって財力を蓄えた実業家が国会議員に加わっている．しかし，こうした新しい政治エリートの台頭によっても，7月革命以前から同一地域で強い権力を持ち，幾代にもわたって国会議員を送り出してきた名望家議員が政治の表舞台から完全に姿を消すことはなかった．

エジプトでは，このように革命以前から国会議員を輩出し続けている一族は「議会家族」(usra barlamānīya，または ‘ā'ila barlamānīya)と呼ばれ，その存在はエジプト政治の重要な要素として注目されてきたが，明確に定義されることなく，ただ漠然と「議会家族」という名で言及されていたのみであった．本章の目的は，長期にわたって議会で議席を占有し続けてきた家族を客観的な指標に基づいて抽出し，それらを歴代政権との関係においてエジプトの政治空間のなかに位置づけることにある．

ここで「議会家族」という際の「家族」の規模について付言しておきたい．サアド・M. ガーダッラー(Saad M. Gadalla)によると，エジプトの家族形態は，両親とその子供で構成される「核家族」(usra, immediate family)，父方の血筋をもとにした核家族の複合体である「拡大家族」(ʻāʼila, joint family)，核になる家族を中心とした大規模な集団で形成される「同族集団」(qabīla, kinship group)の3形態に分類される(Gadalla[1962 : 61])．ケネス・M. クーノ(Kenneth M. Cuno)は，政治的な機能を持つ家族が拡大家族の形態をとる傾向にあると指摘しているが(Cuno[1995 : 485])，本章の定義する議会家族の当選状況を見ると，その大半が国会議員の職を基本的には父から子へ，または比較的近い親族間で引き継いでいる．したがって，本章でいう「議会家族」もまた規模的には「拡大家族」程度の議員職に特化した家系，と言うことができる．

本章は議会選挙を主な分析対象とするが，具体的な分析に入る前に，これまでの議会の変遷と実施された選挙について簡潔にまとめておきたい．エジプトはアラブ世界において最初に議会制を採用した国である．政治体制の変動や指導者の交代などによって，議会はその名称や形態を変化させてきた．エジプトの議会は，イギリスからの名目的独立を達成した1922年から1952年の7月革命までは，代議員議会(majlis al-nuwwāb，下院に相当)と，上院(majlis al-shuyūkh)[1]からなる二院制を採用していた．そのうち代議員議会は，1924年の第1回議会選挙で選出されたのち，1925年(第2回代議員議会選挙)，1926年(第3回代議員議会選挙)，1930年(第4回代議員議会選挙)，1931年(第5回代議員議会選挙)，1936年(第6回代議員議会選挙)，1938年(第7回代議員議会選挙)，1942年(第8回代議員議会選挙)，1945年(第9回代議員議会選挙)，1950年(第10回代議員議会選挙)に改選された．7月革命後に議会は一時閉鎖されたが，1957年には第1回国民議会(majlis al-umma)が開設された．国民議会はその後1960年(第2回国民議会選挙)，1964年(第3回国民議会選挙)，1969年(第4回国民議会選挙)に改選された．サーダートが政権内部の左派勢力を追放した1971年には，国民議会は人

1)　上院は，5分の2が王によって任命され，残りの5分の3が選挙によって選出された．任期は10年で，5年ごとに任命議員と選出議員の半数を入れ替えた．

民議会(majlis al-sha'b)と改称され，第1回人民議会選挙が実施された．その後は，1976年(第2回人民議会選挙)，1979年(第3回人民議会選挙)，1984年(第4回人民議会選挙)，1987年(第5回人民議会選挙)，1990年(第6回人民議会選挙)，1995年(第7回人民議会選挙)，2000年(第8回人民議会選挙)に改選され，現在に至っている[2]．

本章の構成は以下の通りである．第1節では，独立後初めて議会選挙が実施された1924年から現在まで，同一地域から国会議員を輩出し続けている議会家族を抽出し，その全体的特徴を概観する．第2節では，ナセル期の政治改革が議会家族に与えた影響を分析する．第3節では，サーダートが権力を掌握した修正運動(ḥaraka al-taṣḥīḥ)と呼ばれる権力闘争において，中部・上エジプト出身の国会議員がサーダートを支持した理由を探ることで，これらの地域における議会家族と議会の関係の深さを検証する．第4節では，ムハンマド・フスニー・ムバーラク(Muḥammad Ḥusnī Mubārak)現政権(1981年〜)下における議会家族の現状と，それらの政権維持に果たす役割について考察する．

第1節　全国の議会家族

本節では，まず1.で政治エリートに占める国会議員の位置づけを明らかにする．2.では，これまでの国会議員に関する研究を総括する．そして3.では，7月革命以前から議会に国会議員を送り続けている全国の議会家族を抽出し，その作業の結果明らかとなった傾向を示す．

1. 政治エリートのなかの国会議員

エジプトの政治エリートにおける国会議員の位置づけは，時代とともに変化してきた．しかしいずれの時代でも，国会議員は政権の中枢で政策の立案や決定にかかわる存在とはみなされていない．レイモンド・A. ヒンネブッシュ(Raymond A. Hinnebusch)によると，「(エジプトの)国会議員は，

2)　1980年に設立された諮問議会(majlis al-shūrā)は立法権を持たず，大統領と人民議会の諮問機関と定義されている(憲法第194〜205条)．

政権の中枢と相互に関係し合いながら，基本的には別時限の法則に従って動いており，議員としての実績や経験は政権中枢への端緒とはならない」(Hinnebusch[1983 : 27])[3)]．また，軍人や官僚などの他の政治エリートとは異なり，国会議員は地域の権力関係を直接反映する選挙によって選ばれるため(Ansari[1986 : 135])，いつの時代であっても，地域の名士，地方と中央を結ぶ仲介者，地方行政の監督者，としての意味合いが付加される．

政治エリートのなかでの国会議員の位置づけは，7月革命の前と後で異なる．政党政治が行われていた7月革命以前は，議員は地域の代表者として立法活動に携わる存在であった．しかし，政治体制に占める議会の位置づけが変化するのに伴って，議員の持つ権限とその影響力は低下する．1953年，自由将校団(Ḍubbāṭ al-Aḥrār)を中心に構成された革命評議会(Majlis Qiyāda al-Thawra)はすべての政党を廃止して議会活動を停止し，代わりに政治的活動を行うすべての団体を包摂した政治機構である解放連盟(Hay'a al-Taḥrīr，英語名 Liberation Rally，1953～1956年)を設立した．解放連盟はその後，国民連合(al-Ittiḥād al-Qawmī，英語名 National Union，1956～1961年)，アラブ社会主義連合(al-Ittiḥād al-Ishtirākī al-'Arabī，英語名 Arab Socialist Union，1962～1976年)に順次改組された．そして実質的にこれらの機構が立法活動を担うようになった．1957年に革命後初の議会が開設されても，こうした状態には変化はなかった．議会は立法活動を行う機関ではなく，アラブ社会主義連合や政府が立案した法案を承認するだけの機関となり，形骸化する．

このような議会の性質の変化に伴って，議員の構成員にも変化が見られた．まず，7月革命前の政治的有力者が国民連合やアラブ社会主義連合などへ分散した．そして，ナセルが1961年11月の政治声明のなかで「議席の50% を農民と労働者へ」と発言したことで，これまで議員を務めることがなかった階層に議会進出の門戸が開かれた．その結果，国会議員という職は，革命前のように必ずしも名望家が務めるものではなくなり，やがてその役割は中央政府と地方行政府の仲介に限定されていった．

---

3)　同時に，ヒンネブッシュは近年の傾向として，国会議員という役職が政権の中枢への窓口となることも指摘している(Hinnebusch[1983 : 38])．

1976年にサーダートによって複数政党制が導入された後も，アラブ社会主義連合の後身と位置づけられる与党，国民民主党（al-Ḥizb al-Waṭanī al-Dīmuqrāṭī，1978年発足）による実質的な一党独裁体制が続いているため，国会議員が果たす役割とその位置づけに大きな変化はなく，彼らが政治の方向を決定づけるような重要な局面に接することは依然としてない．しかし，議会制民主主義を建前とする今日のエジプトでは，与党の意に添った法律を可決させる議会が政権を支える重要な柱の1つとなっているのは明らかである．その意味で，国会議員の大半が与党に所属している現在，国会議員は政権を下支えする存在と言えよう．そして地域社会においては，地方行政の中核となって政府の政策を執行し，中央政府の支配の浸透を促すなど（鈴木[2003：51-54]），エジプトの村落政治における要となっている．

2. これまでの国会議員研究

これまで，多くの論者が近代以降のエジプトにおけるさまざまな政治エリートについて議論してきた．オムダ，シャイフ，大地主などの名望家をはじめ，ナセル期に新たな支配エリートとなった軍人，サーダート期に政治的影響力を拡大させた実業家，などがエリート研究の中心であった．近代の名望家に関する初期の記述としては，アリー・ムバーラク（ʻAlī Mubārak）の『新編地誌』（1980年）がある．ここで言及された一族のなかには，現在に至るまで有力家族としての地位を保っているものが多く見られるため，これまでさまざまな研究で言及され引用されてきた．近代的な政治学・社会科学によるエジプトの政治エリート研究がさかんになるのはナセル期以降で，民族主義的，ないしはマルクス主義的な観点に立脚した階級分析が行われるようになる．近年になると，研究の視点は多様化の様相を見せる．最近では，マグダ・バラカ（Magda Baraka）が『革命間におけるエジプトの上流階級』（1998年）のなかで，革命前の「上流階級」（upper class）出身者の証言をもとにして文化的視野を踏まえた分析を行うなど，研究の幅を広げている（Baraka[1998]）．

さて，国会議員については，分析の対象を議員に絞った研究は見られず，エリート研究のなかで部分的に扱われるのみであった．このような先行研究は，大別すると，エリートを搾取階級とみなす階級分析としての研究と，7月革命以前の大規模農地に関する研究のなかの大地主についての研究に分けることができる．

前者には，アンワル・アブドゥルマリク（Anouar Abdel-Malek）による『エジプト――軍事社会』（1968年）がある[4]．同書において，アブドゥルマリクは王政期の大地主を「搾取階級」とみなし，ナセルの軍事政権と軍人出身のエリートを，革命前の支配階級に代わる新たな支配者であると評した（Abdel-Malek[1968]）．

後者には，ガブリエル・ベアー（Gabriel Baer）の『近代エジプトの土地所有の歴史，1800～1950年』（1962年）があり，大地主と20世紀前半の議会政治の活発化に焦点を当てた分析が行われた（Baer[1962 : 140]）．その他には，アースィム・ダスーキー（ʻĀṣim al-Dasūqī）の『大規模農地所有者』（1975年），アリー・バラカート（ʻAlī Barakāt）の『農地所有の発展』（1977年）などの研究があり，そのなかでは大地主による議会での活動についても触れられている（al-Dasūqī[1975]; Barakāt[1977]）．

一方，レオナルド・バインダー（Leonard Binder）は『熱狂の瞬間において』（1978年）で中規模地主の研究を行った．そこでバインダーは，1959年の国民連合の登録リストに名を連ねる農村中産階級に注目し，そのなかで同じ「家族名」を持つ2名以上を「一組」とした「ファミリー・セット」（family set）を分析単位として大規模な数量分析を試みた．そして，この農村中産階級が，農村部の支配階層の最上位に位置する大地主などの支配階層を支える「第二階層」（second stratum）をなしていると指摘した．この第二階層は，農村に基盤を持ち，支配者と被支配者である農民の間をつなぐ媒介的存在であるとともに，新たなエリートの供給源であり，立法・行政機関に携わる人材を輩出してきた（Binder[1978]）．

バインダーの「ファミリー・セット」に対し，婚姻関係にある核家族の結合体である「アフィーナル・セット」（affinal set）という分析単位を用いてシャルキーヤ県の国会議員を分析したのがロバート・スプリングボーグ

4)　その他に，二人の亡命エジプト人がマフムード・フサイン（Maḥmūd Ḥusayn）という匿名を用いて共同執筆した『エジプトの階級闘争――1945～1970年』（1973年）がある．

(Robert Springborg)である[5]．スプリングボーグは『エジプトにおける家族，権力，政治』(1982年)のなかで，農業大臣，国会議長を歴任したシャルキーヤ県の名望家，サイイド・マレイ(Sayyid Marʻī)を中心に，同県の名望家の持つネットワークとその政治的機能の内部構造に関する研究を行っている(Springborg[1982])．

これらの研究では，特定の有力議員の家族的紐帯の解明や，名望家層の社会階層分析が中心であり，ある家族が同一地域で中央議会の議席を長期間占有する現象に注目して，エジプト全土を対象に調査と検証を試みた研究はこれまでなかった．本章は，特にこの現象に注目し，「議会家族」という概念を提起して分析の対象とする．そして，エジプト全土を対象とした網羅的なデータ分析によって，エジプト政治における「議会家族」の存在を明らかにする．

3. 全国の議会家族

ここでは，「議会家族」を抽出する作業を行う．まず最初に行ったのは，独立後初の議会選挙である1924年の第1回代議員議会選挙から，2000年人民議会選挙までの計22回の議会選挙の全当選者6818名(7月革命前2048名，革命後4770名)を，選挙区ごとに時系列に並べた一覧表の作成である．この間には，選挙区名の変更と統廃合が繰り返されたが，議員の選出地区を明確にするため，過去行われたすべての選挙の選挙区を，2000年の第8回人民議会選挙の区割りに従って再分類した．そして，こうして作成された一覧表のなかから，同一または近隣の選挙区において規定の回数以上議員を輩出している家族を特定し，「議会家族」とした．議会家族であるか否かを決定する際の条件となった当選回数は，1924年から7月革命が起きた1952年までの28年間に2回または3回以上，そして1952年以後に2回または3回以上，の計5回以上とした．ただし，議会家族の現在までの連続性を重要視するため，この条件を満たしていても，サーダート期かムバーラク期に国会議員を出していない場合は議会家族とはみなさなかっ

5)　バインダーの「ファミリー・セット」とスプリングボーグの「アフィーナル・セット」の違いについては長沢[1994：187-193]に詳しい．

た．つまり，王政期のみ，または王政期とナセル期に議席を有していたものの，その後は国会議員を出さなくなった家族はナセルの政治改革を生き延びることができなかったものとして除外した．そして，王政期からサーダート期，もしくはムバーラク期にまで議員を送り続けた家族を議会家族とした．

議会家族を抽出する際には，幾つもの困難な点が見られた．それは，姓の見分け方と，同一姓を持つ者同士の姻戚関係の有無の判別であった．エジプトでは通常，人物の名は，「自分の名，父親の名，祖父の名」という順で構成され，姓に相当する名がない．しかし名望家のような有力家族については，自身の名の最後に，たとえば「アル＝バースィル」(al-Bāsil)のように定冠詞「アル＝」(al-)のついた名か，「ハシャバ」(Khashaba，木材の意)のように，通常人名を「姓」として用いるエジプトでは特徴的とも言える名詞を「姓」とする事例が多く見られる．そのため，議会家族を特定する際には，このような「姓」の有無を手がかりとした．そして，このような「姓」に相当する特徴ある名前，または家族名と思われる名前を共有する者が，なんらかの親族関係にあるとみなした．

またエジプトの議会では，1984年の第4回人民議会選挙と1987年の第5回人民議会選挙以外は，基本的に小選挙区制を採用してきたため，選挙区で同じ家族名を共有する者が親族関係にある可能性はかなり高い．選出区が異なる場合は，同一の家族名を持っていても異なる家族である可能性があるため，議会家族とはみなさなかった．実際，特定の家族が地盤となる選挙区を大幅に越えた地区から議員を出す事例は限られた．議会家族が既存の選挙区の枠に応じて勢力を拡大しているのか，それとも議会家族の地盤に沿った選挙区の区割りが行われているのか，という問題は残るが，継続して同じ選挙区で当選していることは，「村は行政単位として機能し，その行政管轄である区(markaz)を越えて名望家が社会的政治的影響力を行使することはまれである」(Brown[1990 : 147])という指摘の通り，地域ごとに議会に特化した家族が存在することを示していよう．

以上のような基準で議会家族を抽出したが，議席の獲得回数が規定の回数に及ばないために表2-1に挙げた議会家族からは除外されたが，議会家

表 2-1　全国の主要な議会家族(全 82 家族)

県　名	議会家族名	地盤選挙区
[都市圏]		
カイロ県	ブトルス・ガーリー(Buṭrs Ghālī)家*†	マアハド・ファンニー(al-Ma'had al-Fannī)区
	ハンナー(Ḥannā)家*†	ザーウィヤ・ハムラー(al-Zāwiya al-Ḥamrā')区
	スィラージュッディーン(Sirāj al-Dīn)家†‡	サイイダ・ザイナブ(al-Sayyda Zaynab)区
ポート・サイード県	サルハーン(Sarḥān)家	ダワーヒー(al-Ḍawāḥī)区 ムナーフ(al-Munākh)区
アレキサンドリア県	タウィール(al-Ṭawīl)家	アッターリーン('Aṭṭārīn)区
[下エジプト地域]		
ブハイラ県	アブー・ワーフィーヤ(Abū Wāfīya)家	ディリンガート(al-Dilinjāt)区
	ハムザ(Ḥamza)家	クーム・ハマーダ(Kūm Ḥamāda)区
	ダフラーウィー(al-Dafrāwī)家	シュブラー・ハイト(Shubrā Khayt)区
	ナワール(Nawār)家†	マルカズ・ダマンフール(Markaz Damanhūr)区
	マフユーン(Makhyūn)家†	アブー・フンムス(Abū Ḥummuṣ)区
	バスユーニー(Basyūnī)家†	カフル・アッ=ダウワール(Kafr al-Dawwār)区
カフル・シャイフ県	ダラーズ(Darāz)家	ダスーク(Dasūq)区
ダカハリーヤ県	ナーフィウ(Nāfi')家	ミート・ガマル(Mīt Ghamar)区
	フーダ(Fūda)家	マンスーラ(Manṣūra)区
	ハリール(Khalīl)家	カフル・ガンナーム(Kafr Ghannām)区
	ムーサー(Mūsā)家	ミンヤー・アン=ナスル(Minyā al-Naṣr)区
	シャルバーヤ(Shalbāya)家	マンザラ(al-Manzala)区
	バドラーウィー(Badrāwī)家†	ナバルー(Nabarūh)区
	ハシーシュ(Ḥashīsh)家	シルビーン(Shirbīn)区
シャルキーヤ県	アブドゥーン('Abdūn)家 タールーティー(al-Ṭārūṭī)家†	ファークース(Fāqūs)区
	ワーキド(Wākid)家† アフマディー・マンスール(al-Aḥmadī Manṣūr)家	カフル・サクル(Kafr Ṣaqr)区
	サーリム(Sālim)家†	アブー・キビール(Abū Kibīr)区
	アバーザ(Abāẓa)家†	アブー・ハマード(Abū Ḥamād)区 ミンヤー・アル=カムフ(Minyā al-Qamḥ)区 ギディーダ(al-Jadīda)区

県　　名	議 会 家 族 名	地 盤 選 挙 区
シャルキーヤ県	マレイ(Mar'ī)家 アルフィー(al-Alfī)家†	ミンヤー・アル＝カムフ(Minyā al-Qamḥ)区
ガルビーヤ県	マラースィー(al-Marāsī)家 シャーズリー(al-Shādhlī)家	バスユーン(Basyūn)区
	ハルミール(al-Harmīl)家†	ビルマー(Birmā)区
	マッカーウィー(Makkāwī)家	マハッラ・クブラー(al-Maḥḥala al-Kubrā')区
	ハティーブ(al-Khaṭīb)家	サンタ(al-Sanṭa)区
メヌーフィーヤ県	ユースフ(Yūsuf)家†	アシュムーン(Ashmūn)区
	ガンズーリー(al-Janzūrī)家	ミヌーフ(Minūf)区
	シャイール(Sha'īr)家	シュハダー(al-Shuhadā')区
	アブドゥルガッファール('Abd al-Ghaffār)家	ティラー(Tilā)区
カリュービーヤ県	ナスィール(Naṣīr)家	カフル・シュクル(Kafr Shukr)区
	マンスール(Manṣūr)家	シビーン・アル＝カナーティル(Shibīn al-Qanāṭir)区
[中部エジプト地域] ギーザ県	ズムル(al-Zumr)家	インバーバ(Imbāba)区 キルダーサ(Kirdāsa)区
	ラドワーン(Raḍwān)家†	アフラーム(al-Ahrām)区
	ダーリー(al-Dālī)家	バドラシーン(Badrashīn)区
	ハミーラ(Hamīla)家	アイヤート('Ayyāṭ)区
	アッザーム('Azzām)家	サッフ(al-Ṣaff)区
ファイユーム県	タンターウィー(Ṭanṭāwī)家†	スィンヌーリス(Sinnūris)区
	ワーリー(Wālī)家	イブシャワーイー(Ibshawāyī)区
	マアバド(Ma'bad)家†	ファイユーム(al-Faiyūm)区
	ミリーギー(al-Milījī)家 バースィル(al-Bāsil)家†	イトサー(Iṭsā)区
ベニー・スワイフ県	リーディー(al-Rīdī)家	ワースター(al-Wāsṭā)区
	ジュンディー(al-Jundī)家	ベニー・スワイフ(Banī Suwayf)区
	ビフンサーウィー(Bihnsāwī)家 カッサーブ(Kassāb)家	イフナースィヤー(Ihnāsiyā)区
	スライマーン(Sulaymān)家	スムスター(Sumsṭā)区
	マウリー(al-Mawlī)家	ファシュン(al-Fashn)区
メニヤ県	サアディー(al-Sa'dī)家† カーヤーティー(al-Qāyātī)家	イドワ(al-'Idwa)区
	アブドゥルラーズィク('Abd al-Rāziq)家	ベニー・マザール(Banī Mazār)区

県　名	議会家族名	地盤選挙区
メニヤ県	ダクルール(Dakrūr)家	アブー・クルカース(Abū Qurqāṣ)区
	トゥーニー(Tūnī)家 ダルウィー(al-Darwī)家	マッラーウィー(Mallāwī)区
アスュート県	クラシー(al-Qurashī)家 キーラーニー(Kīlānī)家	ダイルート(Dayrūṭ)区
	マフフーズ(Maḥfūẓ)家†	マンファルート(Manfarūṭ)区
	ハシャバ(Khashaba)家	アスュート(Asūṭ)区
[上エジプト地域] スーハーグ県	アブー・ドゥーマ(Abū Dūma)家	ティマー(Ṭimā)区
	アブドゥルアーハル('Abd al-Ākhar)家 アブー・スダイラ(Abū Sudayra)家	タフター(Ṭahṭā)区
	ダブウ(al-Ḍab')家	ギハイナ(Jihayna)区
	シャリーフ(al-Sharīf)家	アフミーム(Akhmīm)区
	ハマーディー(Ḥamādī)家	スーハーグ(Sūhāj)区
	アブー・リハーブ(Abū Riḥāb)家†	マンシャア(al-Mansha'a)区
	ジバーリー(al-Jibālī)家	ギルガー(Jirjā)区
	アブー・スティート(Abū Sutīt)家	バルヤーナー(al-Balyānā)区
	ラドワーン(Raḍwān)家	ダールッサッラーム(Dār al-Sallām)区
ケナー県	ダルビー(al-Darbī)家	アブー・ティシュト(Abū Ṭisht)区
	アブー・サフリー(Abū Saḥlī)家	ナグウ・ハマーディー(Naj' Ḥamādī)区
	ハルフッラー(Khalf Allāh)家 ウムラーン('Umrān)家	ライースィーヤ(al-Ra'īsīya)区
	ワキール(Wakīl)家	ディシュナー(Dishnā)区
	ハーミド(Ḥāmid)家	ケナー(Qinā)区
	フザイン(Ḥuzayn)家	イスナー(Isnā)区
アスワン県	マシャーリー(Mashālī)家	アスワン(Uswān)区

注） ＊ これらはいずれもコプト教徒の議会家族であり，7月革命前はカイロ以外の県を主な選挙地盤としていた．革命後はカイロでコプト教徒の数が多く代々コプト教徒が議員を務めることが多かった選挙区に地盤を一本化した．ブトルス・ガーリー家はベニー・スワイフ県ベニー・スワイフ区から，ハンナー家はベニー・スワイフ県ファシュン区，アスュート県アスュート区からカイロへ選挙地盤を変更している．なお，表に掲載した選挙区以外に，代々コプト教徒(他のキリスト教宗派を含む)が多く議員を務めてきた区には，イズベキーヤ(Izbakīya)区，シュブラー(Shubrā)区がある．

† 1952年の農地改革法によって大地主とみなされた議会家族．

‡ スィラージュッディーン家は7月革命後にカフル・シャイフ県ハームール(Ḥāmūl)区からカイロへ選挙地盤を一本化している．

出所） 筆者作成．

出所） 筆者作成.

図 2-1 エジプトの行政区分(県)

族に相当するような有力家族が存在する．そのような例に，自由将校団の一員で，ナセル期に陸軍元帥，副大統領を務めたアブドゥルハキーム・アーミル(ʻAbd al-Ḥakīm ʻĀmir)を輩出したメニヤ県のアーミル(ʻĀmir)家[6]がある．アーミル家は革命後に9回議員を当選させているが，王政期は当選回数が1回(第5回代議員議会)のみであったため，ここでいう「議会家族」の定義には当てはまらなかった．他にも表2-1に記載されていないが，議会と深いかかわりを持った有力家族は一定数存在している[7].

6) アーミル家はサマールート(Samālūṭ)区から複数の議員を送り出している．7月革命以前は1名であったが，7月革命後は2000年の第8回人民議会選挙までに行われた12回の議会選挙のうち9回，9名の議員を輩出している.

7) このような有力家族の例には，マクラム・ウバイド(Makram ʻUbayd)家(ケナー県)，ファフリー・アブドゥンヌール(Fakhrī ʻAbd al-Nūr)家(スーハーグ県)などがある.

さて，こうして抽出された全82の議会家族を，地域別，県別にまとめたのが表2-1である．都市圏では5，下エジプトでは33，中部・上エジプトでは44の議会家族が確認された．これらの地域に割り振られた議席の割合は，たとえば1990年に召集された第6回人民議会では，選挙によって選ばれる議席総数444のうち，都市圏は88議席，下エジプト180議席，中部・上エジプト154議席である．議席配分は中部・上エジプトよりも下エジプトの方が多いにもかかわらず，議会家族の数は中部・上エジプトが下エジプトを上回った．国境隣接県は計22議席を占めるが，これらの地域の多くは7月革命以前に選挙が実施されなかったため，議会家族としての規定の条件を満たしたものは存在しなかった．

1924年から2000年までのすべての国会議員の当選状況を網羅的に検討した結果，次のような傾向が見られた．第1に，王政期の1924年から1952年までに議員を複数回送り出していた家族の多くは，革命後の議会で議席を得られなくなっているか，7月革命から1950年代後半までの数年間は議員を出したものの，その後は議員を送り出していない．図2-2は，王政期には複数回議員を輩出したものの7月革命後に輩出しなくなった家族，王政期からナセル期まで議員を出した家族，王政期からサーダート期以降現在まで議員を送り出している，議会家族のそれぞれの数を示したものである．この図から，王政期に議員を複数回務めていた家族のかなりの割合が，7月革命を境に議会における足場を失っていることがわかる．

第2に，7月革命以前に複数の国会議員を輩出していた家族がサーダート後も議席を確保し，議会家族となる割合に地域差が見られた．図2-3は，王政期に国会議員を2回または2名以上輩出した有力家族が議会家族となった割合を示したものである．カイロやアレキサンドリアなどの都市圏では，独占的に議員職を占有できる有力家族の数は非常に限定された．下エジプトでは，7月革命以前に複数の議員を送り出していた家族の多くが革命後は議員を出さなくなる一方，中部・上エジプトでは，依然として同じ家族が議員を送り出す割合が高いことがわかる．

第3に，議会家族の議会に占める割合は，時代によって変化してきた．図2-4はその推移を表したものである．1922年から1952年までの王政期

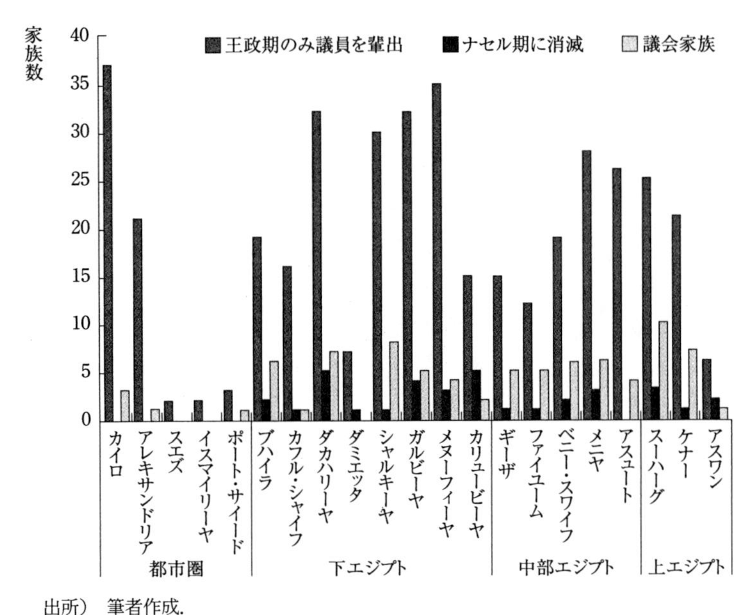

出所） 筆者作成.

図 2-2 有力家族による議席占有と議会家族の占める割合

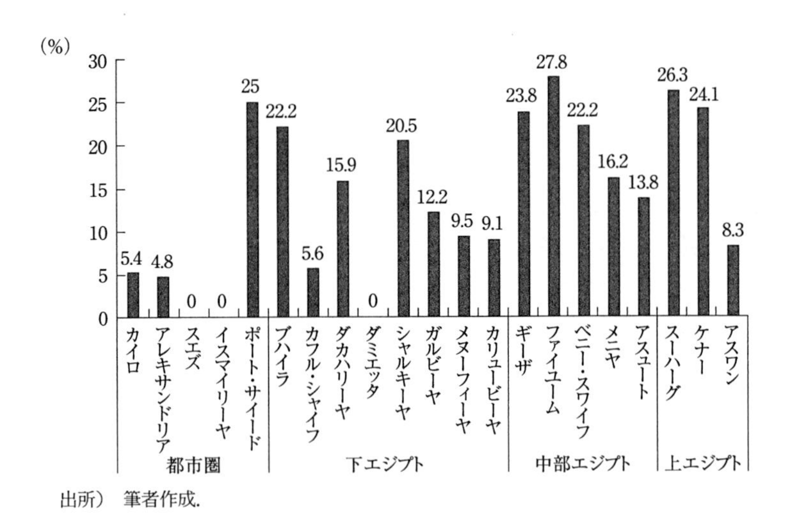

出所） 筆者作成.

図 2-3 王政期に複数回議員を輩出していた一族が議会家族となった割合

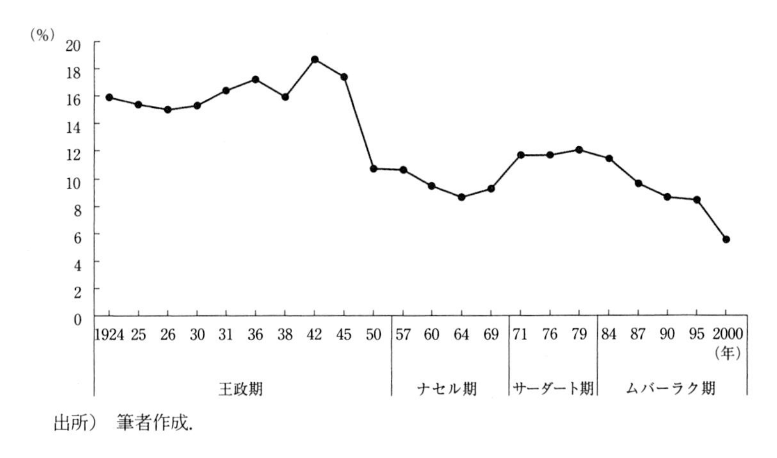

出所） 筆者作成.

図 2-4 各議会の議員総数に占める議会家族の割合の推移

には，計 10 回の議会選挙が行われたが，7 月革命前は国会議員の大半が名望家で占められていたこともあり，議員総数に占める議会家族の割合は高い．議会のなかで議会家族の形成が明確になり始めたのは，1930 年の第 4 回代議員議会選挙以降であるが，それ以降，議会家族の数は増加し始める．この第 4 回代議員議会選挙では，議員総数 235 名中 36 名(15.3%，下 2 桁四捨五入)が議会家族出身の議員であったが，1945 年の第 9 回代議員議会選挙では，議員総数 264 名中 46 名(17.4%)に増加する．このように，議会選挙が実施され 20 年以上が経過すると，議会における議会家族の割合は増加の一途をたどったことがわかる．

7 月革命後は，王政期に議員を務めていた者の多くが政治領域から追放されたり，その政治活動を制限されたことで，国会議員に占める議会家族出身者の割合は急激に低下する．その傾向はとくに 1960 年代に入って著しく，1969 年の第 4 回国民議会選挙では，議員総数 360 名中，わずか 33 名(9.2%)が議会家族出身の議員であった．

サーダート期には，サーダートが大統領就任後にナセル期に追放された名望家を復帰させたことで，再び革命前の政治有力者の影響力が増したと言われている(Binder[1978 : 395]; Hinnebusch[1988 : 158])．議会に占める議会家族出身者の数も上昇する．1979 年の第 3 回人民議会選挙は複数政党制が導入されて初めて実施された選挙であったが，議員総数392名中47名(12%)が議会家族出身の議員であった．

ところがムバーラク政権下では，議会家族出身の国会議員の割合は再び低下する傾向を見せている．2000年の第8回人民議会選挙は初めて判事の監視下で投票が行われ，その結果は比較的正確に議会家族の現状を表していると思われるが，議員総数454名のうち，25名(5.5%)が議会家族出身の議員であった．

以上が，立憲王政期から現在に至るまでの議会家族出身者の当選状況である．次節では，ナセル期の議会家族に注目し，この時期の政治改革が彼らに与えた影響について考察する．

第2節　ナセル期の議会家族(1952〜1970年)

前節では，王政期に議員を送り出していた家族の多くが，7月革命後に議員を輩出できなくなったことが明らかにされた．サーダート期以降に再び複数回議員になることができた議会家族もまた，ナセル期には議会内に占める割合を大幅に減らしている(図2-4)．本節では，こうした議会家族の状況に焦点を当てることで，ナセル期の政治改革の実態の一面を明らかにする．

1. ナセルの政治改革

ナセルの政治改革の目的は，7月革命以前の支配層である大地主やワフド党(Ḥizb al-Wafd)を中心とした権力構造を解体し，新しい政治秩序に基づいた体制を構築することであった．1952年7月に王政を倒した自由将校団は，その後革命評議会を組織し，政治改革に向けた一連の法の制定に着手する．まず同年9月，農地改革法と政党改革法が発表された．

農地改革法の目的は，大地主層の土地を5フェッダーン(fiddān，1フェッダーンは4200.833平方メートル)以下の土地を所有する小農に分配し，大地主や資本家に富が偏重した社会構造を再構成することによって，彼らの政治的な権限を分散させることにあった[8)]．またこの法は，農地改革法の適用者の政治参加の権利も制限していた．

政党改革法は，これまでの政党指導者に対して自主改革を求めた法であった．しかし，自身の手による党改革が不可能であることが明らかとなると，革命評議会は1953年1月，すべての政党を解散させた．そして，あらゆる政治組織を結集し，解放連盟を設立した．ナセルが意図したこの機関の真の設立目的は，国民を脱政治化し，当時まだ権力が安定していなかったナセルに権力を結集させ，7月革命前の政治勢力を排除した国家体制を構築することであった（Mayfield［1971：104-105］）．さらに，ナセルは革命裁判所を設立して革命以前の政治家を逮捕し，ワフド党などの旧政治勢力と提携した体制を模索していたムハンマド・ナギーブ（Muḥammad Najīb）大統領（在任1953～1954年）を失脚させる．1956年6月に大統領に就任したナセルは，本格的に自らの体制作りに取り組み始める．そして1957年には解放連盟に代わる国民連合の設立を宣言し，この政治機関を中心とした政治体制を完成させた．同年7月には7月革命後初となる第1回国民議会選挙が実施された．この選挙では，元ワフド党員の復権を阻止するために，選挙区の区割りに大幅な変更が行われている（Binder［1978：45］）．

7月革命以前の政治有力者の新体制への参入を制限することを目的としていたナセルの政治政策が実際に効果を及ぼし始めるのは，1961年にシリアとの合邦（アラブ連合共和国，1958～1961年）が破綻して以降である．この合邦解消を期に，エジプトはソ連との関係を重視した社会主義路線に向かい始める．そして，「アラブ社会主義宣言」に従って，国民連合に代わるアラブ社会主義連合が設立され，組織統制を強化した「一党」体制が完成する．

しかし，社会主義的な政策をもとにした体制の構築が進んでも，依然として7月革命以前の政治有力者である名望家が健在であることが問題視されていた．農地改革法は，社会構成そのものに本質的な変化を及ぼさなかったことは，これまでもたびたび指摘されてきた（al-Dessouki［1984］）．農地改革委員会の委員に元大地主が多く含まれ，農地改革法によって農地分

8）農地改革法は3度にわたって公布された．1952年法律第178号，1961年法律第127号，1969年法律第50号である．

割の対象となるはずの者が不正な申告でその適用を免れ，政治活動の規制を逃れていたことが，ナセルの思い描く改革を頓挫させた要因の1つと考えられる．

アブドゥルマリクによると，革命前の旧支配層が7月革命後も政治的に影響力を持ち続けることができたのは，ナセル期のいわゆる「一党」体制が旧体制の支配エリートに新政権のすべての領域への浸透を許したためであった(Abdel-Malek[1968: 367])．つまり，解放連盟，国民連合，アラブ社会主義連合がすべての政治組織を包摂した機関であったため，多くのエジプト国民をこれらの機関の構成員とすることになり，結果的に旧政治勢力の多くは排除されないまま，ナセル体制に組み込まれていったのであった．

メヌーフィーヤ県のカムシーシ(Kamshīsh)村において，元大地主がアラブ社会主義連合の行政幹部を殺害したとされるカムシーシ事件(1966年)は，元大地主が依然として地域の権力者であり続けている現状に対する不満がつのるなかで発生した．社会で大地主に対する糾弾が激化し，1967年には，封建制廃止委員会(al-Lajna al-ʻUlyā li-Taṣfiya al-Iqṭāʻ)が発足する．そして，農地改革法の適用を不正に逃れ，地方における政治的役職を独占していた元大地主の摘発が始まった．この委員会によって，多くの元大地主は逮捕されるか，監視下に置かれることとなった．しかし，農村の封建的要素を排除するという名目で設立された封建制廃止委員会も，一時的に元大地主に打撃を与えることができたものの，1969年には活動を停止するなど，元大地主の政治権力を排除することはできなかった．

2. 生き残った議会家族

7月革命以前に国会議員であった人物が，革命後に設立された議会に早い段階から登場していることは，これまで多くの論者によって指摘されてきた(Abdel-Malek[1968]; al-Dessouki[1984]; Ansari[1986]; Beattie[1994])．ナセル期の1950年代の国会議員の顔ぶれを見ると，直接農地改革法に抵触した者や，封建制廃止委員会の監視下に置かれた者以外は，たとえ近親者であっても政治的権利を奪われることなく国会議員となっている(Wizāra al-Dākhilīya[1957])．そればかりか，農地改革法に抵触しているにもかかわらず，議員になる例もあった．シャルキーヤ県カフル・サクル(Kafr Ṣaqr)区選出のイマーム・アブド・ワーキド(Imām ʻAbd Wākid)は，1952年と1961年の2度の農地改革法の適用者であるが，革命後初めて行われた1957年の第1回国民議会の議員となっている．

しかし，ナセルが1961年に社会主義政策を打ち出すと様相は変わる．ナセル期には1957年，1960年，1964年，1969年の計4回の国民議会選挙が実施されたが，7月革命以前から議員を複数回務め，7月革命後も第1回，2回国民議会と継続して議員を輩出していた家族の多くが，1964年の第3回国民議会選挙を境に姿を消し，議会における議会家族出身者の割合も低下する．

では，1960年代に一時的に議員を送ることができなくなった議会家族は，どのような家族であったのだろうか．図2-5は，議会家族出身者の当選状況を，7月革命発生時点の土地の所有規模で表したものである．ここで大地主とした議会家族は，1952年の農地改革法(1952年法律第178号)に添付された法の適用者リストに家族名が掲載されたものである．ナセルの政治改革の直接の対象となった大地主の議会家族出身者の当選率は，1960年代の後半に近づくに従って低下している．一方，中規模の土地を所有する者はナセル期の政治改革の対象とはならなかった．そのため，大地主の議会家族とは対照的に，1960年代半ばで減少することなく，むしろ議員数は増加する結果となっている．したがって，ナセル期に議員を減らしたのは元大地主の議会家族であった，と言うことができる．

(1) 1960年代に議員を輩出できなかった大地主の議会家族

先述の通り，ナセルの政治改革の最大の目標は，大規模な土地所有を解体し，王政期の支配層であった大地主の経済基盤や政治権力，そしてその社会的威信を切り崩すことであった．大地主の定義は時代と論者によって異なるが，1952年の農地改革法では50から200フェッダーン，1961年の農地改革法では50から100フェッダーン，1969年の農地改革法では50フェッダーンを所有するものを大地主と定義している[9)]．王政期に複数回議員を送り出していた大地主の有力家族の多くが7月革命を境に議会から

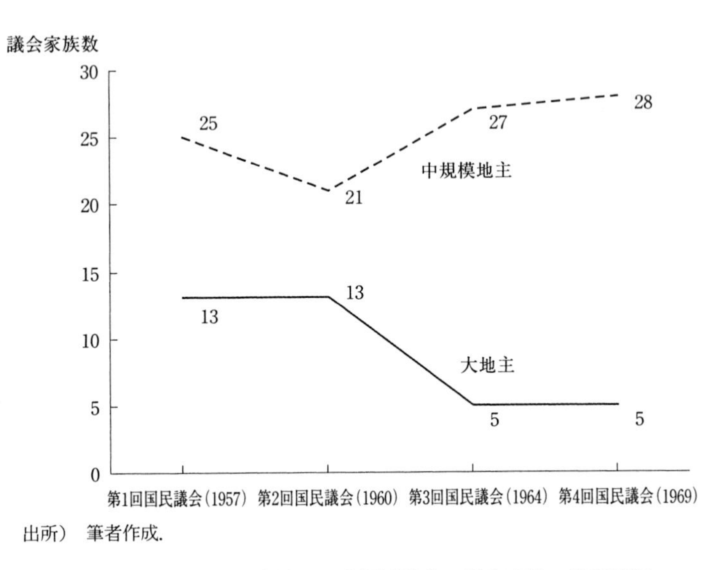

出所） 筆者作成.

図 2-5 ナセル期の元大地主と中規模地主の議会家族の当選状況

姿を消しているし，サーダート期以降にも議席を獲得できた大地主の議会家族もまた，この期間は議員を送り出す割合を減少させるなど，ナセルの政治改革でもっとも打撃を受けたのは元大地主であった．1960 年代に入り，一時議員を輩出できなくなった元大地主の議会家族の例として，以下の 2 つの議会家族がある．いずれも，農地改革法と封建制廃止委員会の監視対象となり，1969 年の第 4 回国民議会には議員を送っていないが，サーダート期以降は地盤地域で議員職を独占している議会家族である．

ファイユーム県を代表する大地主のバースィル(al-Bāsil)家は，ワフド党の設立者の 1 人で 1919 年革命期にサアド・ザグルール(Sa‘d Zaghlūl)とともにマルタ島に追放されたマフムード・バースィル(Maḥmūd al-Bāsil)を輩出するなど，強大な経済力を背景に積極的に政治活動に従事してきた元大地主の議会家族の典型である．封建制廃止委員会の報告書によると，"バ

9) クローマー卿(The Earl of Cromer)は 50 フェッダーンを大地主が所有する土地の下限とし(Cromer[1909])，ベアーは 50 から 100 フェッダーンの間(Baer[1962 : 136])，ダスーキーは 100 フェッダーンを下限と定義している(al-Dasūqī[1975 : 25])．バラカはさらに多く，500 フェッダーンから 1000 フェッダーンを所有する者を大地主と定義している(Baraka[1998 : 23])．

ースィル家は154名で構成され，そのうちの48名で2700フェッダーンを所有し，15名が農地改革法によって土地分割の対象となっている(Rashād[1977: 292])．バースィル家は1924年議会から現在まで地盤地域からほぼ独占的に議員を輩出しているが，他の元大地主の議会家族同様，1969年第4回国民議会には議員を送り出していない．

アブー・スティート(Abū Sutīt)家は，スーハーグ県バルヤーナー(al-Balyānā)区を地盤とした議会家族である．この一家はイスマーイール(Ismāʻīl)期(1863～1879年)に7000フェッダーンの農地を所有しスーハーグ知事を務めるなど，この地域を代表する有力家族である(Baraka[1998: 27])．アブー・スティート家も農地改革法の適用対象家族となり，第4回国民議会には議員を送っていない．

スプリングボーグはシャルキーヤ県を例に挙げ，7月革命後に行われた2回の議会選挙(第1回，2回国民議会選挙)で国会議員を務めていた名望家が，社会主義政策の影響で1960年代に議員になれなくなったことを指摘している．そして，名望家が自分たちの権益を守ることを目的に近隣の名望家と婚姻関係を結んで形成したネットワークである「ファミリー・ネスト」(family nests，家族の巣)は，1960年代のナセルの元大地主に対する弾圧による影響を防ぐことができなかったと述べている(Springborg[1982: 82])．スプリングボーグのいう「ファミリー・ネスト」のような婚姻によって形成される議会家族のネットワークは，シャルキーヤ県だけでなく全国各地に見られるが[10]，1960年代中盤以降に行われた第3回，第4回国民議会選挙では全国的に元大地主の議会家族出身の議員が減少していることから(図2-5参照)，少なくとも元大地主の間で形成された「ファミリー・ネスト」は，他の地域でもその本来の目的を果たすことはできなかったと思われる．

しかし，ナセルの政治改革や新しいエリートの参入は，大地主層の政治的影響力を相対的に低下させたものの，その権力基盤を本質的に切り崩すこ

10)　たとえば，ファイユーム県の大地主，マアバド(Maʻbad)家とムフターフ(Muftāḥ)家は親戚関係にあるが，封建制廃止委員会による報告書にはマアバド家に対する調査記録にムフターフ姓を持つ人物が含まれている(Rashād[1977: 326-335])．

とはできず，ナセルの社会主義的な社会政治改革を生き延び，その後も存在し続けた(al-Dessouki[1984 : 445])．サーダート体制下で再び議員となった元大地主の議会家族は，現在でも地盤地域において排他的に議席を独占する事例が多い．そのような議会家族には，ギーザ県のアッザーム(ʻAzzām)家，ファイユーム県のタンターウィー(Ṭanṭāwī)家，ベニー・スワイフ県のスライマーン(Sulaymān)家，アスュート県のクラシー(al-Qurashī)家やマフフーズ(Maḥfūẓ)家，ケナー県のフザイン(Ḥuzayn)家などがある．

(2) ナセル期を通して議員を輩出できた中規模地主の議会家族

7月革命前に国会議員を2回以上輩出し，ナセル期の政治改革にも大きな打撃を受けることなくその後も議員を出し続けることができた家族には，一部の元大地主のほかに，10フェッダーン以上，通常は30から50フェッダーンの中規模の土地を所有する，オムダやシャイフなどの村落有力者が多く含まれていた．バインダーが指摘するように，代々村落政治の中心的な役職を務めてきた彼らは，ナセル期の土地改革や政治弾圧によって経済的にも政治的にも大きな影響を受けることはなかった(Binder[1978 : 26])．

バインダーは支配者と被支配者を媒介するこの農村中産階級の機能に注目し，彼らを「第二階層」と呼んだ[11)]．この階層はナセル期には，新たに台頭した政治エリートである軍人やテクノクラートと婚姻関係を結び，その政治的ネットワークを広げていった(Hinnebusch[1983 : 46])．ガーダッラーによると，1952年の農地改革法は，名望家の持っていた「家族ネットワーク」(family network)を破壊することはできず，むしろ，さらなる土地の接収を免れるために婚姻によって家族の構成人数が増加したことで，家族間の関係が強まりそのネットワークの機能の幅が拡大した(Gadalla[1962 : 62])．この「家族ネットワーク」はスプリングボーグのいう「ファミリー・ネスト」と類似するものと思われるが，先述の通り，「ファミリー・ネスト」は少なくともナセル期には元大地主の利権を守るのに十分機能していないため，ガーダッラーの指摘は，村落有力者層について述べた

---

11)　バインダーは「第二階層自体は支配する階層ではないが，支配階層もまた第二階層なしでは支配を達成できない」という論を展開した(Binder[1978 : 26])．

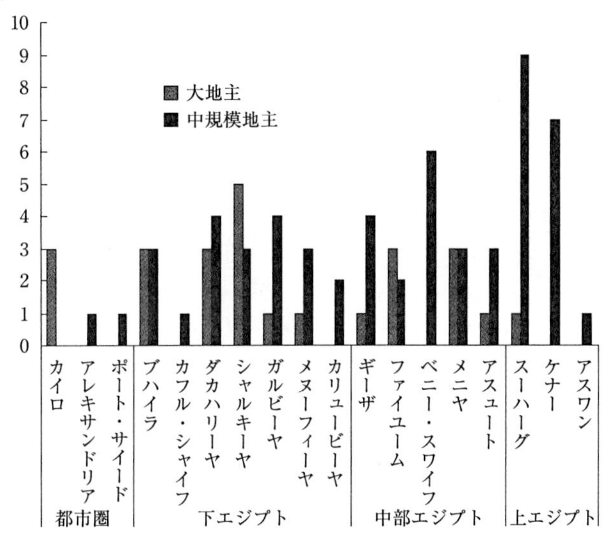

出所） 表 2-1 をもとに筆者作成.

図 2-6 議会家族に占める元大地主と中規模地主の割合

ものと思われる.

また，元大地主の影響力の低下は，これまで農村地域の「第二階層」であった農村中産階級を農村社会構造の頂点に押し上げた（Waterbury [1983 : 263]）．したがって，地縁関係に基づいた権力基盤を持つオムダやシャイフの職を占めていた議会家族が，ナセル期を通して議員を送り続けることができたのは必然とも言えよう.

ここで注目されるのは，議会家族のなかで，中規模地主の占める割合が高いのが，中部・上エジプトということである（図 2-6 参照）．また図 2-3 が示すように，この地域では，他県と比べて，7 月革命以前に複数の議員を送り出していた家族が，革命後も議会にとどまった（すなわち本章でいう議会家族となった）割合が高い．つまりこれは，中部・上エジプトでは 7 月革命以前に議員を送り出していた家族には中規模地主が多く含まれ，7 月革命以降も，彼らの土地に基づく政治の権力基盤と経済的基盤がある程度保持されたことを意味している．次節で論じるが，これは，中部・上エジプトと下エジプトの議会家族の議会における行動の違いの要因となっている．

第3節　サーダート期の復活 ──中部・上エジプトにおける議会家族

1970年9月に大統領に就任したサーダートが，その権力の掌握過程において名望家層の支援を受けてきたことは，これまで多くの論者によって指摘されてきた(Waterbury[1983]; Sadowski[1991]; Binder[1978])．サーダートは1971年5月の修正運動によって，敵対関係にあった政権中枢の左派勢力を追放して反サーダート派を一掃したが，これを議会方面から支えたのが，中部・上エジプト選出の議会家族であった．サーダートは修正運動の後，アラブ社会主義連合の地方支部へ名望家層を復帰させる．その結果，再び名望家層の政治的影響力の拡大が指摘されるようになり(Binder[1978 : 395]; Hinnebusch[1988 : 158])，議会の名望家議員の影響力も高まったと言われている(Fahmy[2002 : 61])．この節では，サーダートによる修正運動を議会家族が支持した理由を考察し，ナセル期の後半に一時的に議席を失っていた議会家族が修正運動を機に復活した経緯を明らかにする．

1. 修正運動

議会家族と修正運動のかかわりを検討する前に，ここでは彼らの復権の契機となった修正運動を概説する．

1970年9月に大統領に就任したサーダートは，1971年5月14日と15日にアリー・サブリー(‘Alī Ṣabrī)ら当時「権力の中枢」(marākiz al-qūwwa)と呼ばれていたナセルの政策の踏襲を主張する勢力を逮捕・投獄し，彼らとの政権内闘争を終結させた(5月15日事件，aḥdāth al-khāmis ‘ashar māyū)．この事件は，サーダートがナセル時代の政治的，社会的弊害を「修正」する契機となったため，後に修正運動と呼ばれるようになった．

サーダートとサブリー派の対立の背景には，ナセル死(1970年9月)後の主導権と体制のあり方をめぐる複雑な派閥抗争が存在した．ナセルの死後，アラブ社会主義連合を権力基盤とする左派勢力のサブリー派は，リビアとの合邦，親ソ路線の変更などを進めることでナセル路線からの脱却を図るサーダートとの対立を深めていた．サーダートを支持したのは，1967年の第3次中東戦争以降の治安組織による抑圧的な体制下でサブリー派への不満をつのらせていた軍やテクノクラート，ナセル期に財産を接収され政治活動を制限されていた名望家であった．アラブ社会主義連合を中心とした体制の構築によって，相対的に権限が低下した国民議会では，とくに中部・上エジプト，ブハイラ県の議員がサーダートを支持したと言われている(Beattie[2000 : 49])．このような対立構造が顕著化するなかの1971年5月14日，政府転覆の陰謀の容疑でサブリーをはじめとする反サーダート派の中心メンバーが逮捕される．翌15日には国民議会において臨時会議が召集され，その他の親サブリー派議員の議員資格の剝奪が決定された．これによって修正運動は終息し，以降，サーダート体制の構築が本格的に進められていった．

本論とは外れるが，修正運動を完成させたこの臨時会議について，付言しておく必要があろう．修正運動で逮捕・投獄されたファリード・アブドゥルカリーム(Farīd ‘Abd al-Karīm)がサーダートの死(1981年)後釈放されて，1983年5月11日付『アル＝アハーリー』(*al-Ahālī*)紙のインタビューで語ったところによると，「議会議事録という公式の記録では，5月15日の臨時会議には，総勢280名が出席したと記録されている．しかし，実際の出席者は52名で，議事録に掲載された内容と議員資格の剝奪に賛成したとされる252名の議員署名は捏造されたものであった」(*al-Ahālī*[1983])[12]．このような捏造行為が事実なら，エジプトの議会史上大きな汚点であるが，議事録に記された署名(*Maḍābiṭ Majlis al-Sha‘b*[1971])は，後に本人の了解を得たうえで記載されたと考えられるため，署名した議員を分析する際は問題はないと思われる．したがって，以下でも議事録に掲載された資料に基づいて分析を進める[13]．

修正運動の経緯は以上の通りであるが，この政変を中部・上エジプトの

---

12) その他にも5月15日の臨時会議の合法性に異論を呈したものに，Dāwud[1983]がある．

13) 5月15日の臨時会議の議会議事録には，賛成票を投じたとされる議員の直筆の署名の写しが掲載されている．

名望家とのかかわりから分析したのが，ハミード・アンサーリー(Hamied Ansari)であった．アンサーリーの議論は次のようにまとめられる．①議会では中部・上エジプト選出の議員がサーダート支持の中心となった．②彼らは封建制廃止委員会の調査・監視対象となった家族の出身で，7月革命前の「伝統的有力家族」(traditionally influential families)の政治領域からの排除を主張し，封建制廃止委員会の中心人物でもあったサブリーに対抗するため，サーダートを支持した(Ansari[1986 : 153-169])．筆者はアンサーリーの議論に条件つきで同意する．というのも，中部・上エジプトの議員がサブリー派を追放する投票を行った背景については，アンサーリーの見解に加えて，さらに別の要因があったと考えるからである．

まず事実確認をしておきたい．サブリー派の追放を決定した5月15日の臨時会議において，中部・上エジプト地域，ブハイラ県と隣接するカフル・シャイフ県選出の議員が，他の下エジプト選出の議員と比べて，サブリー派の議員資格の剝奪に対してより多くの賛成票を投じている(Ansari[1986 : 165])[14]．また，サーダート支持のとりつけに奔走したと言われる自由党(Ḥizb al-Aḥrār)党首ムスタファー・カーミル・ムラード(Muṣṭafā Kāmil Murād，1927〜1999年)は，臨時会議の直前にサーダート支持に動いた議員の実名を明かしているが(*al-Aḥrār*[1982])[15]，彼らはメニヤ県，アスュート県，スーハーグ県，ブハイラ県の議会家族の出身者，またはそれに準じるような議会と深いかかわりを持った家族の出身者であった．以上のことから，アンサーリーの言うように臨時会議におけるサブリー派追放には，中部・上エジプトの議員の支持があったことは確かである[16]．しかしここで留意すべきは，これらの地域は，先に図2-3で示した通り，7月

14)　ファイユーム県は，7月革命前から現在に至るまで議会家族の勢力が非常に強い県であるが，議員資格の剝奪に多くの賛成票を投じた中部・上エジプト県のなかで，例外的にファイユーム県はわずか半数の議員が賛成票を投じたに過ぎなかった．

15)　ムラードによって言及された議員を以下に示す．ユースフ・マッカーディー(Yūsuf Makkādī)，アフマド・アブドゥルアーハル(Aḥmad ‘Abd al-Ākhar)，ムハンマド・マズハル・アブー・クリシャー(Muḥammad Mazhar Abū Kurishā)，ムハンマド・ウスマーン・イスマーイール(Muḥammad ‘Uthmān Ismā‘īl)，ムハンマド・ハミード・マフムード(Muḥammad Ḥamīd Maḥmūd)．

16)　5月15日の臨時会議における投票結果を見ると，上エジプトのなかでもアスワン県とケナー県のように，部族間の権力バランスを重視する政治が行われている県では，サブリー派の追放へ賛成票を投じた議員の割合が低い．

革命以前に議員を輩出していた家族がサーダート期以降まで議会にとどまり続けることができた割合が高い地域だということである.

では，なぜ中部・上エジプト選出の議員はサーダートを支持したのであろうか．先述の通り，アンサーリーは封建制廃止委員会による伝統的有力家族に対する弾圧をその理由に挙げている．しかし，それは彼らがサブリー派を忌避する要因の1つではあっても，それをもって中部・上エジプトの高いサーダート支持を説明することはできない．その理由として以下2点を挙げることができる.

第1に，封建制廃止委員会による調査・監視対象の中心は，全国の元大地主であり，臨時会議で賛成票を投じた中部・上エジプト議員は封建制廃止委員会の調査対象となった家族ではないからである．実際，賛成票を投じた議員には，封建制廃止委員会の調査対象とならなかった中規模の土地を所有していた一族の出身者が多く含まれている．アンサーリーは，これらの議員に関する分析を行ってはいないが，彼らの家族名は封建制廃止委員会の調査対象となった家族とは異なるものであった．彼らが姻戚関係にある可能性もあるが，封建制廃止委員会の調査対象となった家族の出身であると結論づけるのは無理がある.

第2は，そもそも封建制廃止委員会が旧地主層に与えた影響は，それほど大きくなかったと思われることである．サブリーは当初，調査・監視の対象となるべき家族の数を，400から500家族と想定していたが(Rashād [1977 : 173])，実際に調査が行われたのは334家族で，実施期間も短期であったため，7月革命以前に大地主であった議会家族に与えた影響は限定的であった.

以上の理由から，中部・上エジプトの議員が中心となって反サーダート派を追放する投票を行った直接的原因は，封建制廃止委員会による弾圧にあると考えることはできない.

2. 中部・上エジプトにおける議会家族の政治的影響力

それでは，中部・上エジプト選出の議員が下エジプトの議員よりも積極的に反サブリー，すなわちサーダート支持に動いた理由はどこに求められるのだろうか.

そもそも，下エジプトも含めて全国の名望家は，さらなる土地の所有制限を主張するサブリーの政策に対して批判的であったように思われる．サブリーは，議会に対するアラブ社会主義連合の権限強化を主張し，その地方支部にまで浸透していた名望家の影響力の排除を試みるなど(Waterbury[1983 : 322])，都市を基盤としたアラブ社会主義連合中心の国家体制作りを進めていた．さらにサブリーは，名望家の権力をさらに切り崩すことを目的に，彼らの社会的政治的権力の源となる土地の所有を50フェッダーンから更に25フェッダーンに制限することも主張していた．この案は封建制廃止委員会の委員長でもあったアーミルによって，1962年の社会主義憲章(al-Mīthāq)の精神に反し人民の支持を失う，という理由から退けられたが(Rashād[1977 : 87])，サブリーがいかに7月革命以前の土地所有を基盤にした政治構造を崩そうとしていたかが窺える.

それでは，なぜ特に中部・上エジプト選出の議員が下エジプトの議員よりもサブリー派の追放に積極的であったのだろうか．その理由を探る鍵は，中部・上エジプトの議会家族の多くが中規模地主であることにある．ナセル時代は大地主が政治領域から締め出されたため，議会では中規模地主の影響力が相対的に上昇していた．加えて，中部・上エジプトの議会家族は，自らの地盤地域でも大きな政治権力を持っていた．図2-3で示した通り，この地域は7月革命以前に複数の議員を送り出していた家族が革命後も議会にとどまった(本章でいう議会家族となった)割合が他県よりも高い．さらに，中部・上エジプトはカイロから遠く離れ，中央政府の支配の浸透が妨げられ，議会家族の権力が温存されていた．以上のことから，ナセル期においても，中部・上エジプトの議会家族はその地盤地域において革命前と変わらない権力を維持していたと言えよう．したがって，これらの生き残っていた議会家族にとって，サブリー派が議会の持つ権限の削減を試みていたこと，また大地主への弾圧の範囲をさらに拡大しようとしていたことは脅威であっただろう．これらの理由から，中部・上エジプト選出の議会家族にはサブリー派の追い落としに賛同する理由があった，と考えられる.

このように，地域で政治的影響力を維持していた中部・上エジプトの議会家族が，議会を形骸化させるサブリーの政策に敵対する要件は揃っていたと思われるが，それ以外に，彼らが，下エジプトの議会家族よりも国会議員という役職に固執したという地域性が関係しているとも考えられる．それは，以下のような事実から窺い知ることができる．7月革命以前に複数回議員を務め，ナセル期に議員を輩出しなくなった下エジプトの名望家は，修正運動後のサーダート政権下で再び議員に復帰することも可能であったはずだが，7月革命以前のように多くの議員を送り込んでいない．その理由として考えられるのは，下エジプトの名望家層は1960年代に議会への進出を阻まれると，アラブ社会主義連合などに権力基盤を求めていったというものである．スプリングボーグは，下エジプトのシャルキーヤ県で革命以前に議員を輩出していた家族について以下のように述べている．「1968年までにシャルキーヤ県の名望家はほとんど完全に議会から締め出されたが，彼らは自身の権益を守るための他の基盤を持っていた」(Springborg[1982 : 95])．

それに対して中部・上エジプトの議会家族は，サーダート期になると，再び多くの議員を議会へ送るようになっている．中部・上エジプトの議会家族もナセル期には下エジプトの議会家族と同様に，軍，官僚組織，地方議会などあらゆる方面に人材を提供し，広範なネットワークを築いてはいた．しかし，中部・上エジプトの議会家族が下エジプトの議会家族と異なっていたのは，地盤地域における名士としての立場を保持するためには，新設のアラブ社会主義連合よりも国会議員という役職を重視していた，ということである．

このような経緯を経て，1960年代後半には，アラブ社会主義連合を中心とした「一党」体制内に，議会を重視する中部・上エジプト議員を中心にした議会派と，アラブ社会主義連合派の対立という明確な対立構造ができ上がっていた(ヘイカル[1982 : 152])．そして，両者の対抗関係を顕在化させ，中部・上エジプトの議会家族の結束を強めたのは，アラブ社会主義連合と国民議会の間の「真の人民の代表機関」をめぐる問題であった．1962年の社会主義憲章は，国民議会がアラブ社会主義連合に従属すると規定してはいたが，両者の役割区分が曖昧であったことから，様々な権益をめぐって対立が続いていた(Ansari[1986 : 157-158]).

一方のサーダートも，国民議会議長(在任1960〜1961年，1964〜1968年)であったことから，議会に広範な支持基盤を築いていた(Beattie[2000 : 29]). そして，ナセルの死後にサブリー派との確執が顕著化するなかで，ナセル期の議会家族への処遇に対する不満や，国民議会とアラブ社会主義連合の対抗関係を利用して，中部・上エジプト選出議員の支持を水面下で集めていった(ヘイカル[1982 : 176]). さらに，サーダートが個人的にも有力名望家と関係が深く，以前から彼らに対して好意的な姿勢をとっていたことも(Ansari[1986 : 93])，サブリー派の追放への支持の取りつけに有利に働いたと考えられる.

サーダートはサブリー派の追放に始まる修正運動の完成をもって，1970年9月の大統領就任以来続いていた政権内闘争を終結させる. そして，1960年代の後半に一時的にアラブ社会主義連合の地方支部から追放されていた名望家を政治領域に復活させる. それは，アラブ社会主義連合の構造や機能に影響を与えるものではなかったと言われるが(Fahmy[2002 : 61-62])，サーダートはその後，反対派の権力基盤であったアラブ社会主義連合を段階的に解体していった. 1976年には本格的な複数政党制の導入に先立って，3つの政治的立場を代弁するための政治組織が設立された.「中道」(minbar wasaṭ)のアラブ社会主義エジプト機構(Tanẓīm Miṣr al-ʻArabī al-Ishtirākī)，「左派」(minbar yasār)の統一進歩国民連合機構(Tanẓīm al-Tajammuʻ al-Waṭanī al-Taqaddumī al-Waḥdawī)，「右派」(minbar yamīn)の自由社会主義機構(Tanẓīm al-Aḥrār al-Ishtirākīyīn)である. 1976年の第2回人民議会選挙では，すべての立候補者がこれらのいずれかから立候補している. 1977年には本格的な複数政党制が宣言され，3組織はそれぞれ，アラブ社会主義エジプト党(Ḥizb Miṣr al-ʻArabī al-Ishtirākī)，統一進歩国民党(Ḥizb al-Tajammuʻ al-Waṭanī al-Taqaddumī al-Waḥdawī)，自由党へと改組される. 1978年には現在の与党，国民民主党が設立され，アラブ社会主義エジプト党に所属していた議員の大半が，国民民主党へ入党していった. 1976年の第2回人民議会選挙時点では，議会家族出身の議員42名のうち，中道36名，左派5名，右派0名，無所属(mustaqill)1名とすべてが中道に所属してはいなかったが，国民民主党が設立される過程で，その大半が国民民主党に参入していった[17]．1979年に実施された第3回人民議会選挙では，議員総数392名(国民民主党は330名)中，議会家族出身の議員は47名(12%)であったが，うち40名が国民民主党の所属である．

第4節　低下する議会家族の政治的機能 ——ムバーラク政権(1981年〜)

本節では，ムバーラク政権下で行われた議会選挙の分析を通して，近年の議会家族の政治的機能の変化についての考察を試みる．分析対象を議会選挙に限定したが，議会家族と現政権の関係の一端が明らかになるものと考える．

図2-7は，ムバーラク政権下で行われた5回の議会選挙における議会家族出身者の当選者数を，下エジプトと中部・上エジプトに分けて示したものである．下エジプトでは計33，中部・上エジプトでは44の議会家族が存在しているが，この図から，ムバーラク政権下における議会家族出身者の当選率が，1990年と1995年の人民議会選挙における中部・上エジプト地域の事例を除けば，両地域ともに低下傾向にあることがわかる．たとえば，2000年の第8回人民議会選挙では，下エジプトにある33の議会家族から16名が立候補し，そのうち9名が当選したに過ぎなかった．中部・上エジプトについても，下エジプト同様に選挙のたびに当選率は低下している．2000年の第8回人民議会選挙では，中部・上エジプトにある44の議会家族から26名が立候補し，そのうち15名が当選している．議会家族は代々同じ選挙区から議員を輩出しているため，選挙では他の候補者よりも優位な立場にあるはずである．近年の当選率の低下の要因はどこにあるのか．この疑問について考察する前に，まずムバーラク政権と議会家族の関係を簡潔に述べる．

1977年に複数政党制が導入された後，議会家族出身者の大半が国民民

17）議会家族出身の議員の7月革命前の所属政党については一定の傾向を見つけるのは困難で，政党への所属意識は薄かったと言える．一人の人物が選挙のたびにワフド党，立憲自由党(Ḥizb al-Aḥrār al-Dustūrī)，サアド党(Ḥizb al-Sa‘dī)，無所属などと所属政党を頻繁に変更していた．

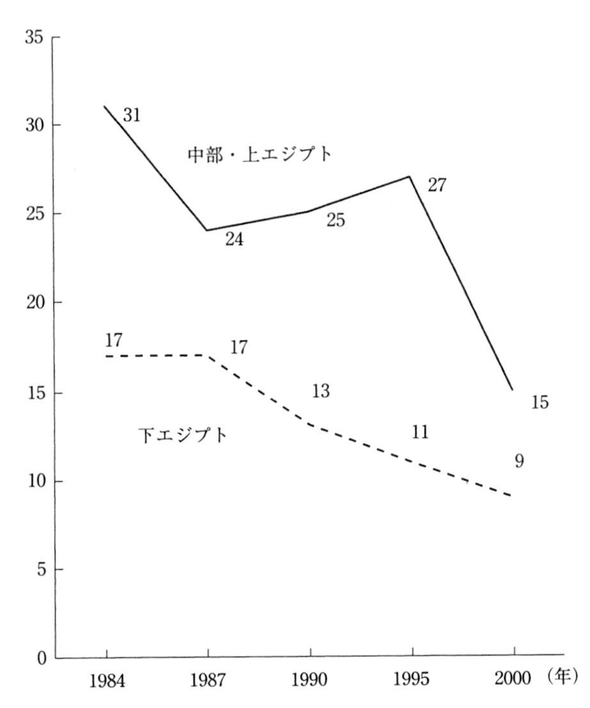

出所） 筆者作成.

図 2-7 ムバーラク政権下における議会家族の地域別当選者数

主党に所属するようになったことは先に述べた．ムバーラク政権下で行われた5回の議会選挙(第4, 5, 6, 7, 8回人民議会選挙)で当選した議会家族の出身者を見ると，大半が国民民主党の公認候補であったか，当選直後に無所属から国民民主党へ所属を変更していた．公認資格の授与は，選挙区内の政治勢力バランスなどの諸事情を鑑みて，党の県連，知事によって決定されると言われる(鈴木[2001 : 50])．公認資格の有無で，議会家族と党執行部，すなわち政権との関係を正確に探ることは容易ではないが，無所属候補として立候補しても，当選直後に国民民主党に所属を変更していることから，議会家族とムバーラク政権は比較的良好な関係にあると言えよう．

さて，全国の議会家族出身者の当選率の低下の要因について検証する．

当選率の低下について考える際には，これまで議会家族が選挙時に果たしてきた役割に着目する必要がある．国会議員は地方行政の運営に深く関与しているだけでなく(鈴木[2003 : 51-54])，地域を代表する名士として，地域内の治安維持，陳情の受付など，地方と中央をつなぐ媒介としての役目を負っているが，彼らが選挙の際に担う役割とは，地盤地域の票を政権与党へ集めることであった(*Al-Ahram Weekly*[1995])．

7月革命以前は，農村地域における票の獲得は各自が賄賂などを用いて個別に行ってきた(Ayrout[1963 : 14])．ムバーラク政権になると，組織的な農村票の獲得はこれまで以上に重要視され，1985年に農業大臣のユースフ・ワーリー(Yūsuf Wālī)が国民民主党の幹事長に就任すると，党の最優先事項となっている(Sadowski[1991 : 136])．

農村が与党の安定議席獲得のための基盤地域となった背景には，エジプトの国政選挙における投票率の低さが関係している．たとえば，2000年の第8回人民議会選挙では，実際の投票率は都市圏では10% 以下，農村部では30% 以下と言われている(鈴木[2001 : 53])．投票率が低いということは，必然的に組織票が選挙結果を大きく左右することを意味している．与党は，国営企業，国立病院，農業協同組合，労働団体などといったさまざまな国営または準国営組織からの組織票を得ているが，農村部における組織票の獲得手段の1つが，議会家族などの名望家が，特権や金銭の授受と引き換えに集める組織票であった(Sadowski[1991 : 135])．農村部では，投票はあらかじめ地域の政治有力者との合議のうえで，集団で行われることが多いため，議会家族を軸とした集票は政府にとって比較的容易な票の獲得手段であった(Sadowski[1991 : 135])．

しかし，ムバーラク政権の思惑とは裏腹に，選挙結果が示す議会家族出身者の当選率の低下は，議会家族を通した集票が実際には必ずしも有効に機能していないことを示している．下エジプトでは，議会家族出身者の当選率が低迷するのとは対照的に，決選投票の前に行われる本選挙における，ムスリム同胞団(Jamā'a al-Ikhwān al-Muslimīn)系の候補者の躍進が目立っている(鈴木[2001 : 47-48])．一方の中部・上エジプト地域は，エジプトで選挙が実施されるようになって以来，議会家族のような有力家族による組織票のとりまとめが行われてきた地域であり(Hopkins and Westergaard [1998 : 9]), 国民民主党所属の議会家族出身者が比較的連続して議員職を占めてきた地域である. 近年は議会家族出身者の当選率は低下しているものの, 議席総数に占めるその割合は比較的高いため, 国民による支持の低下が著しいムバーラク政権の選挙では, 中部・上エジプトの議会家族の持つ集票力は, 政権に安定的な議席の確保と議会運営に寄与してきたと言える.

議会家族とムバーラク政権の関係が良好であることは先にも述べたが, そのなかでも, とくに中部・上エジプトの議会家族と政府の関係は密接であるように思われる. それを窺わせるものに, 1995年の第7回人民議会選挙がある. 図2-7では, 中部・上エジプトの議会家族出身の議員の当選者数が, 1995年の第7回人民議会選挙時に不自然とも思われる上昇を示している. この選挙は, 本選挙においてムスリム同胞団を中心とした反国民民主党勢力が大躍進を遂げたため, 政府が決選投票において敵対する立候補者の弾圧, 投票の妨害, 選挙結果の捏造などの行為によって選挙結果を操作したと言われ, 国内外から非難を浴びた選挙であった. この事実と, サーダート政権以来の政府と中部・上エジプトの議会家族の関係の深さを鑑みると, 中部・上エジプトの議会家族出身の議員をムスリム同胞団に対抗するために政府が故意に当選させたと考えることができるのである. 下エジプトではこのような現象が起きていないことも, この仮説の妥当性を裏づけるものと思われる.

とはいえ, 2000年から判事による投票の監視が導入されたことや, 選挙の不正に対する国外からの批判によって, これまでのような大規模な選挙結果の操作は容易に行える状況ではなくなりつつある. 2000年の第8回人民議会選挙では, これまで与党が圧倒的強さを誇ってきた中部・上エジプトにおいても, 議会家族出身の議員の落選が目立つなど, 議会家族を形成する有力家族に対する国民の支持に陰りが見られる. たとえば, スーハーグ県では7月革命以前から現在までの間, 議会家族が県内の議席をほぼ独占してきたが, 表2-1に掲載された議会家族のなかで2000年の第8回人民議会選挙で立候補者を出していないアブー・スティート家を除いた

9家族9名の立候補者のうち，5名が落選し，当選したのは4名のみであった．しかも，この落選した5名全員は国民民主党の公認資格を受けていた．またアスュート県では，4つの議会家族から3名が立候補しているが，その3名全員が国民民主党の公認資格を受けながら，2名が落選している．

このようにこれまで議会家族が権力基盤としてきた地域における，地域住民による支持の低下，議会家族の影響力の陰りは全国規模に及んでいることがわかる．議会家族出身者の当選率の低下は，近年の農村社会が直面している社会的政治的環境の変化が農村の社会構造全体に影響を与えたことによるものか，この問題を論じるには，現在のところ十分な分析材料があるとは言えない．この疑問についての考察は今後の課題としたい．

おわりに

本研究は，エジプトの議会において7月革命以前から現在まで国会議員を送り続けている一群の家族の存在を明らかにし，それを「議会家族」として特定し，エジプトの政治空間に占める意味づけを試みた．7月革命を行った自由将校団によって結成された革命評議会は，封建制打倒を標榜し社会政治改革を行った．しかし，ナセル政権によって封建制の象徴とされた議会家族は，時代の変化にもかかわらず，ほぼ同じ地域で政治的な権力基盤を持ち続けていた．この傾向は，とくに中部・上エジプト地域で強く見られた．自由将校団の一員であったサーダートは，その権力の掌握過程において，ナセルが政治領域からの排除を試みた7月革命以前の政治有力者を積極的に体制内に取り込んだ．複数政党制の導入後，サーダートが設立した国民民主党は，議会家族の出身者へ党の公認候補資格や金銭または特権を与え，議会家族はその見返りとして，農村を中心とした自らの地盤地域において党への票集めに尽力してきた．しかし，ムバーラク期になると議会家族出身者の当選率の低下が著しくなり，彼らを通した集票の限界が明らかとなった．

エジプトは農業国であるが，現在農村は変革期を迎えている．農業協同組合の影響力の低下に加え，これまで土地の借り手である農民の権利を保障してきた小作法が改正され，貸し手である地主に有利な新小作法（1992 年法律第 96 号）が制定されるなど，ナセル期に構築された国家体制の根幹が解体されつつある．農村を基盤とした議会家族が今後も政権とともに歩み続けるのか，それとも議会家族の存在そのものが消滅の過程にあるのか，その帰趨がエジプト政治の今後を左右する 1 つの重要な要素となると思われる．

〔参考文献〕

〔日本語文献〕

鈴木恵美[2001],「2000年エジプト人民議会選挙——無所属候補当選現象にみる与党・国民民主党批判」(『現代の中東』第31号, 7月), 38〜55ページ.

——[2003],「エジプトにおける政権政党・国民民主党の組織体系」(『現代の中東』第35号, 7月), 44〜55ページ.

長沢栄治[1994],「近代エジプトの村長職をめぐる権力関係」(伊能武次編『中東の国家と権力構造』研究双書445, アジア経済研究所), 187〜193ページ.

〔外国語文献〕

Abdel-Malek, Anouar[1968], *Egypt: Military Society*, New York: Random House.

al-Ahālī[1983], "Farīd 'Abd al-Karīm al-Rajul alladhī Ḥakam 'alay-hi al-Sādāt bi-al-I'dām Yaqūl," May 11.

Al-Ahram Weekly[1995], "A Strong Social Base," No. 242, October 12-18.

al-Aḥrār[1982], "Kayfa Dabbarat Marākiz al-Qūwāt li-al-Iṭāḥa bi-al-Sādāt?: Wa Kayfa Fashilat al-Mu'āmara?," May 17.

Ansari, Hamied[1986], *Egypt: The Stalled Society*, Cairo: The American University Press in Cairo.

Ayrout, Henry[1963], *The Egyptian Peasant*, Boston: Beacon Press.

Baer, Gabriel[1962], *A History of Landownership in Modern Egypt 1800-1950*, London, New York, Toronto: Oxford University Press.

Baraka, Magda[1998], *The Egyptian Upper Class between Revolutions 1919-1952*, Oxford: Ithaca Press.

Barakāt, 'Alī[1977], *Taṭawwur al-Milkīya al-Zirā'īya fī Miṣr: Wa Athar-hu 'alā al-Ḥaraka al-Siyāsīya (1813-1914)*, Cairo: Dār al-Thaqāfa al-Jadīda.

Beattie, Kirk J.[1994], *Egypt during the Nasser Years*, Boulder, San Francisco, Oxford: Weatview Press.

——[2000], *Egypt during the Sadat Years*, New York: Palgrave.

Binder, Leonard[1978], *In a Moment of Enthusiasm: Political Power and the Second Stratum in Egypt*, Chicago and London: University of Chicago Press.

Brown, Nathan J.[1990], "Peasants and Notable in Egyptian Politics," *Middle Eastern Studies*, Vol. 26, No. 2, January, pp. 145-160.

Cromer, The Earl of [1909], *Modern Egypt*, New York : Macmillan Co.

Cuno, Kenneth M. [1995], "Joint Family Households and Rural Notables in 19th-Century Egypt," *International Journal of Middle East Studies*, Vol. 27, No. 4, November, pp. 485–502.

al-Dasūqī, 'Āṣim [1975], *Kibār Mullāk al-Arāḍī al-Zirā'īya : Wa Dawr-hum fī al-Mujtama' al-Miṣrī (1914–1952)*, Cairo : Dār al-Thaqāfa al-Jadīda.

Dāwud, Ḍiyā' al-Dīn [1983], *Mā Ba'd al-Nāṣir, Ayyām al-Sādāt*, Cairo : Dār al-Mawqif al-'Arabī.

al-Dessouki, Assem [1984], "Land Tenure Policy in Egypt, 1952–1969, and its Effects on the Re-formation of the Peasantry," in Tarif Khalidi ed., *Land Tenure and Social Transformation in the Middle East*, Beirut: American University of Beirut.

Fahmy, Ninette S. [2002], *The Politics of Egypt : State-Society Relationship*, London : Routledge Curzon.

Gadalla, Saad M. [1962], *Land Reform in Relation to Social Development EGYPT*, Columbia : University of Missouri Press.

Heikal, Mohamed [1975], *The Road to Ramadan*, London : Times Newspapers Ltd.(時事通信社外信部訳『アラブの戦い——第四次中東戦争の内幕』時事通信社，1982年).

Hinnebusch, Raymond A. [1983], "From Nasir to Sadat : Elite Transformation in Egypt," *Journal of South Asian and Middle Eastern Studies*, Vol. 8, No. 1, Fall, pp. 24–49.

—— [1988], *Egyptian Politics under Sadat : The Post-Populist Development of an Authoritarian-Modernizing State*, updated edition, Boulder and London : Lynne Rienner Publishers.

Hopkins, Nicholas and Kirsten Westergaard [1998], *Direction of Change in Rural Egypt*, Cairo : The American University in Cairo Press.

Ḥusayn, Maḥmūd [1973], *Class Conflict in Egypt: 1945–1970*, New York: Monthly Review Press.

Maḍābiṭ Majlis al-Sha'b [1971], May 15.

Mar'ī, Sayyd [1979], *Awrāq Siyāsīya*, Vol. 2, Cairo : al-Maktab al-Miṣrī.

Mayfield, James [1971], *Rural Politics in Nasser's Egypt*, Austin : University of Texas Press.

Mubārak, 'Alī [1980], *Khiṭaṭ Tawfīqīya*, revised edition, Cairo : al-Hay'a al-

Miṣrīya al-ʻĀmma li-l-Kitāb.

Rashād, Muḥammad[1977], *Sirrī Jiddan min Milaffāt al-Lajna al-ʻUlyā li-Taṣfiya al-Iqṭāʻ*, Cairo : Dār al-Taʻāwun li-l-Ṭabʻ wa al-Nashr.

Sadowski, Yahya M.[1991], *Political Vegetables?: Businessman and Bureaucrat in the Development of Egyptian Agriculture*, Washington D.C. : Brookings Institution.

Springborg, Robert[1982], *Family, Power, and Politics in Egypt*, Philadelphia : University of Pennsylvania Press.

Waterbury, John[1983], *The Egypt of Nasser and Sadat : The Political Economy of Two Regimes*, New Jersey : Princeton University Press.

Wizāra al-Dākhilīya[1957], *Natīja al-Intikhābāt al-ʻĀmma li-ʻUḍwīya Majlis al-Umma*, Cairo : al-Maṭbaʻa al-Āmirīya bi-al-Qāhira.

〔未刊行文書〕

1952 年法律第 178 号(農地改革法)適用者リスト.

第3章

カザフスタンにおける地方政治エリート
(1992～2001年)

岡　奈津子

はじめに

本章は，カザフスタンの地方統治のありかたを，政治エリートの登用という観点から分析する．日本の7.2倍に相当する広大な領土に，多様なアイデンティティを持つ住民を抱えるカザフスタンでは，地方統治は国家の一体性にかかわる重要な意味を持つ．同国は中央集権的国家で，地方首長選挙も導入されていないため，地方統治においては州知事の任命が重要な位置を占めている．一般に，地元出身のエリートは現地の事情に精通しているが，地方の利益の代弁者となって中央に対抗する勢力を形成する可能性もある．他方，中央に忠実な「よそ者」を任命すれば，地元の人々の反発を買うおそれがある．

カザフスタンの中央・地方関係に注目した研究として，サリー・N.カミングス(Sally N. Cummings)およびポーリン・ジョーンズ・ルオン(Pauline Jones Luong)の研究がある．前者が中央による地方の支配という側面を，後者が地方の独自性をより強調しているという点で，この2つは対照的である．カミングスは独立後のカザフスタンについて，ヌルスルタン・ナザルバエフ(Nursultan Nazarbaev)[1)]大統領が，州知事の任命・解任権の行使，中央エリートの地方への任命と地方エリートの中央への登用，地方指導部の「カザフ化」などによって，中央と彼自身の権力を強化してきたと指摘する(Cummings[2000])．他方，カザフスタン，ウズベキスタン，クルグ

1)　文中で使用する固有名詞のローマ字表記は，ロシア語のキリル文字表記をアメリカ議会図書館(The Library of Congress)方式に従って転写する．本来は，カザフ人の名前やカザフ語起源の地名はカザフ語の表記に基づくべきであるが，主な一次資料である名士録に掲載された姓名がロシア語で記されていることから，ロシア語の表記を基にすることで統一した．

ズスタン(キルギス)における地域主義(regionalism)に注目したジョーンズ・ルオンは，ソ連時代，政治エリートの登用が州単位で行われ，そのトップに立つ共産党州委員会第一書記が州内のポストを自らに忠実な人物で固めたため，彼らの間で地域に対する帰属意識が育成されたと主張する．彼女は，ソ連崩壊後もこれらの国々では地元でリクルートされた州指導部が，政治的・経済的意思決定をめぐって中央と競争している，という(Jones Luong[2002])．

カミングスは，民族・氏族(ru)問題も視野に入れながら，1990年代のカザフスタンにおける中央・地方関係を総合的に分析し，地方エリートの登用パターンの変化についても興味深い指摘を行っているが，実証による裏付けをしていない．他方，ジョーンズ・ルオンの研究はソ連時代の制度的遺産に着目している点で貴重だが，行政区域に根差した地域主義を強調する一方で，民族や氏族に基づく帰属意識は政治的に重要ではないと断定している(カザフスタンについては，地域によって民族構成に違いがあり，地域的な利害の違いは民族問題と無関係ではないと断っているが，あくまでも地域主義を重視する立場に立っている)．また，1950年代から1995年までの共産党州委員会第一書記および州知事の実証分析も行っているが，前職が同じ州(あるいは隣接州)であるか否かしか調べておらず，情報そのものにも誤りがある[2)]．

そこで本章では，独立(1991年12月)後の10年間に地方のトップに就いた政治エリートについて，その属性および職歴を分析することにより，エリートの登用という観点から見たナザルバエフ政権の地方統治政策の特徴を明らかにしたい．カザフスタンにおける州知事の登用パターンは，ソ連時代といかなる連続性をもち，かつ独立後にどのように変化しているのだろうか．また，州知事人事の特徴としては，地方エリートの利益の反映と，中央による地方掌握という性格のうち，どちらがより強いのだろうか．

なお，ここでは州知事を分析の対象とするが，彼らのみが地方エリート

2)　ジョーンズ・ルオンが作成した表には，サラマチンおよびイスカリエフ(コクシェタウ州知事時代)の名前が欠落しており，チェルノフの替わりに別の人物が誤って挙げられている(Jones Luong[2002 : 283-288])．また地田によれば，1980年以降の党州第一書記のうち11人分が欠けているほか，明らかなデータの誤りも散見される(地田[2003 : 69])．注26も参照．

を構成すると主張しているわけではない．言うまでもなく，ある人物が有する権力や影響力は，その役職のみで測ることはできない[3]．また政界だけでなく，経済界，宗教界，学界などさまざまな分野のエリートもそれぞれ重要な役割を果たしている．しかし本章の目的は，地方エリートとは何かを問うことではなく，ナザルバエフ政権がいかなる戦略に基づいて，州行政を委ねる人物を登用しているのか，を明らかにすることにある．任命された知事がどのような行動をとっているのか，またその人事が地域社会にいかなる影響をもたらしているのかは，それぞれ重要なテーマではあるが，ここでは扱わない．

第1節　調査対象

本章は，1992年2月～2001年12月のおよそ10年間に，州および州と同格とされるアスタナ，アルマトゥ両市の行政のトップを務めた計58人(2001年末現在の現職州知事・市長を含む)を分析の対象とする．このうち11人は2つの，3人は3つのポストを歴任しているため，任命された州知事・市長の延べ人数は75人である．

以下では，調査項目の選定にあたって参考にした先行研究に言及したのち，カザフスタンにおける州と州知事の位置づけについて概観する．

1. 調査項目

ソ連時代の地方政治エリートとしては，地方の最高権力者であった共産党州委員会第一書記(以下，党州第一書記と略す)が取り上げられることが多い．ソ連共産党は，ロシアを除く14の連邦構成共和国にそれぞれの共産党組織を持ち(ロシア共産党はソ連末期の1990年6月に創設された)，さらに各共和国内では，州，市などの行政区域ごとに党委員会を設けていた．

ウィリアム・A. クラーク(William A. Clark)は1965～1987年のソ連の地

3)　Beissinger[1992]は，旧ソ連のエリートを対象とした研究の多くが，特定の公職にある人物の属性を調べることに終始していたが，そのようなアプローチには限界があると批判している．

方エリートを対象として，その政治的モビリティ(異動，昇進および降格)の要因の解明を試みている．彼はロシア，ベラルーシ，ウクライナおよび中央アジア5カ国の129州・地方(krai)の党州・地方第一書記について，出生年，民族，両親の社会的階層，学歴，ソ連共産党入党時の年齢，党州第一書記就任時の年齢，在任期間，着任州の民族構成と党州第一書記の出身民族の関係，ソ連共産党中央委員会候補および委員になった年齢，前職，その後の職歴などを調べている(Clark[1989 : 21, 82-84])．

カザフスタンに焦点をあてたものとしては，地田徹朗の研究がある(地田[2003])．地田は，連邦・共和国関係が大きく揺れ動いた1980〜1991年を対象に，カザフスタンにおける政治エリートの登用，および党の人事政策をめぐる連邦中央とカザフスタン指導部との関係を分析した．彼は共和国の「党エリート」を党中央委員会ビューロー員・ビューロー員候補[4]，および党州第一書記と定義し，その出生年，出生州，出生地区分(都市・農村)，民族，ジュズ(juz，後述)，学歴，職歴(前職と前々職)を調べ，さらに党州第一書記については，その出身民族と着任州の民族構成との関係，着任州と出生州，前職の勤務地および主にキャリアを積んだ州との関係にも言及している．

ソ連共産党は1991年9月に解散し，それに伴って「党＝国家」体制も崩壊したが，地方の実権を握るトップ・エリートという観点から，党州第一書記と独立後の知事を比較することは可能であろう(以下では，単に「党」と記した場合はカザフスタン共産党を指す)．本章では，独立前後の比較のため地田の調査項目をほぼ踏襲しつつ[5]，職歴については中央・地方関係を念頭に置きながら，前職・後職のほか，勤務地に注目した職歴の類型化を試みる．また，独立後のカザフスタンでは，若手の登用と頻繁な異動が見られるが，本章ではそれらを実証的に示すため，就任時の年齢と在任期間を調査する．

なお地田が取り上げたジュズは，確実な情報を入手するのが困難である

4)　「ビューロー」(biuro)はカザフスタン共産党の政策決定の中心機関で，1990年6月には「政治局」(politbiuro)に改称された(地田[2003 : 7])．

5)　紙幅の都合で出生地区分(都市・農村)は省略するが，地田の調査結果と同様に，独立後も農村出身者が多数派を占めている．

ため，本章の分析項目からは除外している．ジュズとは大規模な氏族連合体で，若干の例外を除き，すべてのカザフ人がいずれかのジュズに属している．大ジュズ，中ジュズ，小ジュズの3つがあり，それぞれおおむねカザフスタンの南東部，北部・東部・中部，西部を居住範囲とする．氏族およびジュズへの帰属意識と政治との関係，とくにそれが政治エリートの登用に及ぼす影響についてはさまざまな見方がある[6]．ジュズは地域主義とも密接な関係があり，興味深いテーマではあるが，名士録や人事関係の新聞記事では氏族やジュズはふつう言及されない．著名な政治家については，どのジュズ出身かはかなり知られているものの，憶測や噂に基づいた不完全な情報も少なくない[7]．

2. カザフスタンの行政単位

カザフスタンの行政単位には，州，州と同格とされる首都および「共和国的意義を持つ市」(以下「共和国直轄市」とする)，地区(raion)，市，市区(raion v gorode)，都市型集落(poselok)，村管区(aul'nyi okrug)，村(aul)がある．現在，共和国直轄市に指定されているのは前首都アルマトゥ市である[8]．地区は州の下に位置し，市には州直轄のものと，地区に属するものとがある．都市型集落と村管区は地区(および州直轄市)の，市区は規模が大きい市の下部行政単位である．村管区は複数の村を統合する．

各級の行政区域の長は「大統領と政府の代理人」であり，カザフ語で「統治者」を意味する「アキム」(akim)と呼ばれる(憲法第87条3項)．州，首都および共和国直轄市のアキムは，首相の推挙に基づき大統領が任命・解任する[9]．各行政区域の長は，現行憲法の採択(1995年8月)前は行政長

6)　たとえば，Institute for Development of Kazakhstan[1996]を参照．

7)　地田は，カザフスタンの研究者であるヌルブラト・マサノフ(Nurbulat Masanov)の見解に基づき，政治エリートのジュズへの帰属を判別している．地田自身が認めている通り，この分類方法は便宜的なものである(地田[2003：11])．

8)　かつては，バイコヌル宇宙基地のあるレニンスク(1995年12月，バイコヌルに改称)も共和国直轄市であった．レニンスク市は人口約6万人(1996年)の町で，住民の多くがロシア国籍を持つ．1992～1994年のレニンスク市長は，その後トルガイ州知事を務めたブルィンキンである．

9)　この他のアキムは直属のアキムが任命するとされていたが，1998年10月に憲法第87条4項が改正され，「大統領が定める方法に従って任命あるいは選出される」ことになった．

官(glava administratsii)と呼ばれていた．以下ではこの名称変更にかかわらず，一貫して「州知事」，「市長」という呼称を使用する．なお，州知事およびアスタナ，アルマトゥ両市長の総称としては「知事」という呼称を用いることにする．

1991年の独立時，カザフスタンには19の州があったが，1997年春，地方行政効率化の名の下に州の統廃合が行われ，その数は14に削減された．この州統廃合は，いくつかの州において住民の民族構成に変化をもたらした(表3-1)．カザフスタンでは，ロシア人を中心とする「ヨーロッパ系」住民は，北部，北東部および都市部において人口に占める割合が比較的高い．ソ連末期からロシア人とドイツ人を中心とする非カザフ人が大量に国外流出し，カザフ人の人口増加率が外来の諸民族よりも高いことなどもあって，全人口に占めるカザフ人の割合は39.7%(1989年ソ連国勢調査)から53.4%(1999年カザフスタン国勢調査)に増大した(岡[2003：455-457])．ただし州ごとの民族構成には，州統廃合も影響している．表3-1の「1989年(推計)」の列にある数字は，1989年当時の人口に現在の行政区域を当てはめた推計であるが[10]，これを見ると，1989年に北カザフスタン州と東カザフスタン州の人口に占めるロシア人の割合はそれぞれ6割を超えていたが，周辺の州との統合によって，それが50%強に抑えられたことがわかる．

また1997年12月には，アルマトゥからアクモラに首都が移され，アクモラは翌1998年5月，カザフ語で「首都」を意味するアスタナ(Astana)に改称された．遷都の理由として挙げられていたのは，アルマトゥの大気汚染，地震への懸念，人口過密，地形上の制約などであったが，首都は国家の中心部にあるのが望ましい，という理由も掲げられた(南東部にあるアルマトゥは，対中国・対クルグズスタン国境近くに位置している)．しかし，これらの説明は十分な説得力に欠けるため，遷都の「真の目的」についてさまざまな憶測が飛び交った．なかでも，ロシア人が多い北部への遷都は，ロシアと国境を接する北部の分離主義的傾向(後述)を抑えるのがねらいで

10) Agentstvo Respubliki Kazakhstan po statistike[2000]掲載のデータをそのまま引用した．なおこのデータは1989年(ソ連国勢調査)の数値とは必ずしも一致していない．とくに，統廃合に無関係であったと見られるクズルオルダ州の数値がかなり異なっている理由は不明．

表 3-1　カザフスタンの州別民族構成

<table>
<tr><th rowspan="2"></th><th rowspan="2">行政区域
(統廃合後)</th><th colspan="2">1999 年</th><th colspan="2">1989 年(推計)</th><th rowspan="2">行政区域
(統廃合前)</th><th colspan="2">1989 年</th></tr>
<tr><th>カザフ人</th><th>ロシア人</th><th>カザフ人</th><th>ロシア人</th><th>カザフ人</th><th>ロシア人</th></tr>
<tr><td rowspan="6">北部</td><td rowspan="2">北カザフスタン州</td><td rowspan="2">29.6</td><td rowspan="2">49.8</td><td rowspan="2">22.6</td><td rowspan="2">51.5</td><td>北カザフスタン州</td><td>18.6</td><td>62.1</td></tr>
<tr><td>コクシェタウ州</td><td>28.9</td><td>39.5</td></tr>
<tr><td>パヴロダール州</td><td>38.6</td><td>41.9</td><td>28.5</td><td>45.4</td><td>パヴロダール州</td><td>28.5</td><td>45.4</td></tr>
<tr><td>コスタナイ州</td><td>30.9</td><td>42.3</td><td>22.9</td><td>43.7</td><td>コスタナイ州</td><td>22.9</td><td>43.7</td></tr>
<tr><td>アクモラ州</td><td>37.5</td><td>39.4</td><td>25.1</td><td>43.2</td><td rowspan="2">ツェリノグラード州</td><td rowspan="2">22.4</td><td rowspan="2">44.7</td></tr>
<tr><td>アスタナ市(首都)</td><td>41.8</td><td>40.5</td><td>17.7</td><td>54.1</td></tr>
<tr><td rowspan="2">東部</td><td rowspan="2">東カザフスタン州</td><td rowspan="2">48.5</td><td rowspan="2">45.4</td><td rowspan="2">38.9</td><td rowspan="2">51.7</td><td>東カザフスタン州</td><td>27.2</td><td>65.9</td></tr>
<tr><td>セミパラチンスク州</td><td>51.9</td><td>36.0</td></tr>
<tr><td rowspan="2">中部</td><td rowspan="2">カラガンドゥ州</td><td rowspan="2">37.5</td><td rowspan="2">43.6</td><td rowspan="2">25.8</td><td rowspan="2">46.9</td><td>カラガンドゥ州</td><td>17.2</td><td>52.2</td></tr>
<tr><td>ジェズカズガン州</td><td>46.1</td><td>34.9</td></tr>
<tr><td rowspan="4">西部</td><td>西カザフスタン州</td><td>64.7</td><td>28.2</td><td>55.8</td><td>34.4</td><td>ウラリスク州</td><td>55.8</td><td>34.4</td></tr>
<tr><td>アトゥラウ州</td><td>89.0</td><td>8.6</td><td>79.8</td><td>15.0</td><td rowspan="2">グリエフ州</td><td rowspan="2">67.3</td><td rowspan="2">22.8</td></tr>
<tr><td>マングスタウ州</td><td>78.7</td><td>14.8</td><td>50.9</td><td>32.9</td></tr>
<tr><td>アクトベ州</td><td>70.7</td><td>16.8</td><td>55.6</td><td>23.7</td><td>アクトベ州</td><td>55.6</td><td>23.7</td></tr>
<tr><td rowspan="6">南部</td><td>クズルオルダ州</td><td>94.2</td><td>2.9</td><td>87.8</td><td>6.6</td><td>クズルオルダ州</td><td>79.4</td><td>13.3</td></tr>
<tr><td>南カザフスタン州</td><td>67.8</td><td>8.2</td><td>55.8</td><td>15.3</td><td>シュムケント州</td><td>55.7</td><td>15.3</td></tr>
<tr><td>ジャムブル州</td><td>64.8</td><td>18.1</td><td>48.8</td><td>26.5</td><td>ジャムブル州</td><td>48.8</td><td>26.5</td></tr>
<tr><td rowspan="2">アルマトゥ州</td><td rowspan="2">59.4</td><td rowspan="2">21.8</td><td rowspan="2">45.1</td><td rowspan="2">31.5</td><td>アルマトゥ州</td><td>41.6</td><td>30.1</td></tr>
<tr><td>タルドゥコルガン州</td><td>50.3</td><td>32.9</td></tr>
<tr><td>アルマトゥ市</td><td>38.5</td><td>45.2</td><td>23.8</td><td>57.4</td><td>アルマトゥ市(首都)</td><td>22.5</td><td>59.1</td></tr>
<tr><td>全国</td><td></td><td>53.4</td><td>30.0</td><td>40.1</td><td>37.4</td><td></td><td>39.7</td><td>37.8</td></tr>
</table>

注) 1988 年 7 月に一度廃止されたトルガイ州は，1990 年 8 月，アクモラ州およびコスタナイ州の一部から再び創設されたのち，1997 年 4 月，これら 2 州に分割・統合された．マンギシュラク州も 1988 年 7 月に廃止されていたが，1990 年 8 月にグリエフ州から分離され，マングスタウ州に改称された．1997 年 4～5 月，コクシェタウ州は北カザフスタン州，セミパラチンスク州は東カザフスタン州，ジェズカズガン州はカラガンドゥ州，タルドゥコルガン州はアルマトゥ州にそれぞれ編入された．さらに 1999 年 4 月，北カザフスタン州の 3 つの地区とコクシェタウ市がアクモラ州に編入された(Ashimbaev[1999 : 589-593])．本表では，1989 年の州および都市の名称は当時のものを使用したが，カザフ語起源の地名については，ソ連時代に使われていたロシア語風の表記を独立後の名称で統一した．

出所) Agentstvo Respubliki Kazakhstan po statistike[2000], Gosudarstvennyi komitet Kazakhskoi SSR po statistike i analizu[1991]より筆者作成.

ある，としばしば言われた[11]．アスタナは国土の中心というよりは，やや北寄りに位置している．遷都とともに移り住んできた官僚にはカザフ人が多いこともあって，首都移転後にはアスタナのカザフ人人口は大幅に増加した．

なお，カザフスタンでは独立後，行政区域の名称変更および表記の改正が行われたが，以下では混乱を避けるため，州，市および地区名については，一貫して現在（あるいは廃止された時点）の呼称を使用する．

第2節　知事のバックグラウンド(1)
――出生年，出生地，民族および学歴

本章が分析対象とする知事の名前とその属性の一部は，表3-2に示されている．独立後に出版されている名士録のうち，もっとも情報量が多いのはダニヤル・アシムバエフ(Daniiar Ashimbaev)の編集によるものである．本章の分析は，主にAshimbaev[2002a]に基づいているが，経歴の一部が抜け落ちている（あるいは意図的に公表されていない）など，その情報が不完全な可能性はある．なお，これに記載されていない民族的帰属についてはAsylbekov et al.[1995], Asylbekov[1997], Asylbekov[2001]および『カザフスタンスカヤ・プラヴダ』(*Kazakhstanskaia pravda*)紙の報道を参照した[12]．

本節では，知事のバックグラウンドのうち，出生年，出生地，民族および学歴を分析する．ちなみに，以下で明らかにされる特徴は，カザフスタンの政治エリート全体に共通する点が少なくない[13]．

知事の属性のうち，非常にはっきりしているのは性別である．独立後の

11）たとえば，遷都に関するカザフスタン国内の報道をまとめたMezhdistsiplinarnyi tsentr "Volkhonka, 14"[1998]を参照．

12）ただし，公表された民族名と実際の民族的帰属が一致していない場合もあり得る．

13）1998年初め，行政府，立法府，司法府などのうち，大統領令あるいは政令によって任命される重要な役職に就いている幹部320人について調べた調査によれば，それらの幹部の平均年齢は48.9歳であった．20.7%が国外出身（うちロシアが15.3%）で，州別ではアルマトゥ州（アルマトゥ市含む）生まれが絶対数でも人口比でももっとも多かった．99.7%が高等教育を受けており，うち71.9%が国内，28.1%が国外（うちロシアが24.1%）で学んでいる．31.6%が修士号ないし博士号を有する．民族別ではカザフ人が70.9%，ロシア人などスラヴ系が23.4%である．性別は男性が91.9%，女性が8.1%であった(Nysanbaev et al.[2001 : 503-517])．

カザフスタンでは，女性の閣僚や議員はいるが知事は皆無である．Jones Luong[2002 : 283-286]によれば，1950年代以降のカザフスタンの党州第一書記もすべて男性であった(データが得られなかった6人については不明)[14)]．また Clark[1989 : 6]の調査でも，(彼が対象とした時期に)党州第一書記を務めた人物に女性は1人もいなかった．

1. 出生年，就任時の年齢および在任期間

地田はソ連時代の政治エリートを，1901〜1920年生まれの「ブレジネフ世代」，1921〜1939年生まれの「ゴルバチョフ世代」，および1940年以降に生まれた「独立世代」に分類している[15)]．この方法だと各世代に含まれる年数がまちまちであるが，独立世代を1940年からとしたのは，この年に初代大統領のナザルバエフが誕生しているためである(地田[2003 : 10])．独立前の12年間に党州第一書記を務めた人物(計66人)のうち，ブレジネフ世代は全体の7.6%，ゴルバチョフ世代は65.2%，独立世代は27.3%を占めていた．また1990年初めの党エリート全体の世代分布(党州第一書記のみについては不明)を見ると，ブレジネフ世代は1人もおらず，ゴルバチョフ世代が58.6%，独立世代が41.4%となっている(地田[2003 : 72, 96])．

独立後，ナザルバエフ大統領が任命した知事の大多数は，彼とほぼ同年齢かそれよりも若い．1939年生まれの4人を含め，ゴルバチョフ世代は7人(12.1%)に過ぎない．出生年は最年長が1935年，最年少が1964年であるが，それらと1937年生まれ(2人)および1963年生まれを除くと，他の53人は1939〜1956年の幅に収まっている．なお，全体の平均値をとると1947年生まれとなる．

次に就任時の年齢を見てみよう．その平均は46.7歳(同じ人物が2回目,

---

14)　注2で述べたように，ジョーンズ・ルオンの分析では1980年以降の党州第一書記のうち11人分が欠けている．しかしいずれにせよ，地田が作成した党州第一書記のリスト(1980〜1991年)を見ると，姓から推測する限りほとんどが男性である(ここではファースト・ネームは省略されており，一部の姓は男性形・女性形の区別がないため特定できない)(地田[2003 : 90-91])．

15)　地田が参考にした Mawdsley and White[2000 : preface 12]は，ソ連の政治エリートを1900年までに生まれた第一世代，1901〜1920年生まれの第二世代，1921〜1940年生まれの第三世代，それ以降の第四世代に分類している．

表 3-2 カザフスタンの州知事(1992～2001 年)

州	在任期間	氏名	民族1)	出生州2)	勤務経験
北カザフスタン州	1992 年 2 月～1997 年 12 月	ヴラジーミル・ガルトマン(Vladimir Gartman)	ドイツ人	×	×
	1997 年 12 月～1999 年 10 月	ダニヤル・アフメトフ(Daniial Akhmetov)	カザフ人②	△	△
	1999 年 10 月～	カジュムラト・ナグマノフ(Kazhmurat Nagmanov)	カザフ人③	△(ロシア)	△
コクシェタウ州	1992 年 2 月～1993 年 1 月	ジャヌベク・カリブジャノフ(Zhanybek Karibzhanov)	カザフ人	△(ロシア)	△
	1993 年 1 月～1993 年 11 月	ナジャメデン・イスカリエフ(Nazhameden Iskaliev)	カザフ人②	×	×
	1993 年 11 月～1996 年 6 月	クズル・ジュマバエフ(Kyzyr Zhumabaev)	カザフ人	△(ロシア)	○
	1996 年 6 月～1997 年 5 月(廃止)	ドスボル・ジャンガロフ(Dosbol Zhangalov)	カザフ人	○	○
パヴロダール州	1992 年 2 月～1993 年 1 月	アスガト・ジャバギン(Asygat Zhabagin)	カザフ人	○	○
	1993 年 1 月～1997 年 12 月	ダニヤル・アフメトフ	カザフ人	○	○
	1997 年 12 月～2001 年 11 月	ガルムジャン・ジャキヤノフ(Galymzhan Zhakiianov)	カザフ人②	△	△
	2001 年 11 月～	ダニヤル・アフメトフ	カザフ人③	○	○
コスタナイ州	1992 年 2 月～1993 年 10 月	ケンジェベク・ウキン(Kenzhebek Ukin)	カザフ人	×	○
	1993 年 11 月～1995 年 9 月	バルタシュ・トゥルスムバエフ(Baltash Tursumbaev)	カザフ人	×	△
	1995 年 9 月～1998 年 8 月	トクタルバイ・カダムバエフ(Toktarbai Kadambaev)	カザフ人	○	○
	1998 年 8 月～	ウムルザク・シュケエフ(Umirzak Shukeev)	カザフ人	×	×
トルガイ州	1992 年 2 月～1993 年 6 月	セルゲイ・クラーギン(Sergei Kulagin)	ロシア人	△	○
	1993 年 6 月～1995 年 10 月	ジャカン・コサバエフ(Zhakan Kosabaev)	カザフ人	○	○
	1995 年 10 月～1997 年 4 月(廃止)	ヴィターリー・ブルィンキン(Vitalii Brynkin)	ロシア人	×	○
アクモラ州	1992 年 2 月～1997 年 7 月	アンドレイ・ブラウン(Andrei Braun)	ドイツ人	×	○
	1997 年 7 月～1997 年 12 月	ジャヌベク・カリブジャノフ	カザフ人②	×	△
	1997 年 12 月～1998 年 9 月	ヴラジーミル・ガルトマン	ドイツ人②	○	○
	1998 年 9 月～	セルゲイ・クラーギン	ロシア人②	○	○
アスタナ市	1997 年 12 月～	アドゥルベク・ジャクスベコフ(Adil'bek Dzhaksybekov)	カザフ人	△	○
東カザフスタン州	1992 年 2 月～1994 年 6 月	アマンゲルドゥ・ベクテミソフ(Amangel'dy Bektemisov)	カザフ人	×	×
	1994 年 6 月～1995 年 11 月	ユーリー・ラヴリネンコ(Iurii Lavrinenko)	ロシア人	×	×
	1995 年 11 月～1996 年 4 月	レオニード・デシャトニク(Leonid Desiatnik)	ウクライナ人	×	○

	1996年4月～1997年4月	カジュムラト・ナグマノフ	カザフ人②	×	△
	1997年4月	ヴェーラ・スホルコヴァ(Vera Sukhorukova)[3]			
	1997年4月～	ヴィターリー・メッテ(Vitalii Mette)	ドイツ人②	○	△・企業
セミパラチンスク州	1992年2月～1994年6月	ヴャチェスラフ・チェルノフ(Viacheslav Chernov)	ロシア人	×	×
	1994年6月～1997年3月	ガルムジャン・ジャキヤノフ	カザフ人	△	×・企業
	1997年3月～1997年4月	ヴィターリー・メッテ	ドイツ人	△	×
	1997年4月～1997年5月(廃止)	アドゥルガズ・ベルゲネフ(Adylgazy Bergenev)[4]			
カラガンドゥ州	1992年2月～1997年7月	ピョートル・ネフョードフ(Petr Nefedov)	ロシア人	×	×・企業
	1997年7月～1999年10月	マジト・エセンバエフ(Mazhit Esenbaev)	カザフ人	△	○
	1999年10月～	カマルチン・ムハメドジャノフ(Kamaltin Mukhamedzhanov)	不　明	△	○
ジェズカズガン州	1992年2月～1994年6月	グリゴーリー・ユルチェンコ(Grigorii Iurchenko)	ロシア人	×	○
	1994年6月～1994年8月	アリベルト・サラマチン(Al'bert Salamatin)	ロシア人	×	×
	1994年8月～1996年4月	カジュムラト・ナグマノフ	カザフ人	×	△
	1996年4月～1997年5月(廃止)	エルラン・スマイロフ(Erlan Smailov)	カザフ人	×	○
西カザフスタン州	1992年2月～1993年1月	ナジャメデン・イスカリエフ	カザフ人	△(ロシア)	○
	1993年1月～2000年12月	カビブラ・ジャクポフ(Kabibulla Dzhakupov)	カザフ人	○	○
	2000年12月～	クルムベク・クシェルバエフ(Krymbek Kusherbaev)	カザフ人	×	×
アトゥラウ州	1992年2月～1994年10月	サガト・トゥゲルバエフ(Sagat Tugel'baev)	カザフ人	○	○
	1994年10月～1999年2月	ラヴィリ・チェルダバエフ(Ravil' Cherdabaev)	カザフ人	○	○
	1999年2月～2000年12月	イマンガリ・タスマガムベトフ(Imangali Tasmagambetov)	カザフ人	○	○
	2000年12月～	セリクベク・ダウケエフ(Serikbek Daukeev)	カザフ人	×	×
マングスタウ州	1992年2月～1993年10月	フョードル・ノヴィコフ(Fedor Novikov)	ロシア人	×	○
	1993年11月～1995年9月	リャザット・キイノフ(Liazzat Kiinov)	カザフ人	△	○
	1995年9月～1997年12月	ヴャチェスラフ・レヴィチン(Viacheslav Levitin)	ロシア人	×	×・企業
	1997年12月～1999年2月	ニコライ・バーエフ(Nikolai Baev)	ロシア人	×	○
	1999年2月～	リャザット・キイノフ	カザフ人②	△	○
アクトベ州	1992年2月～1993年10月	シャルバイ・クルマハノフ(Shalbai Kulmakhanov)	カザフ人	×	×
	1993年11月～1995年9月	サヴェリー・パーチン(Savelii Pachin)	ロシア人	○	○
	1995年9月～	アスラン・ムーシン(Aslan Musin)	カザフ人	○	○

州	在任期間	氏名	民族1)	出生州2)	勤務経験
クズルオルダ州	1992年2月～1995年9月	セイルベク・シャウハマノフ(Seilbek Shaukhamanov)	カザフ人	○	○
	1995年9月～1999年7月	ベルドゥベク・サパルバエフ(Berdybek Saparbaev)	カザフ人	○	×
	1999年7月～	セリクバイ・ヌルギサエフ(Serikbai Nurgisaev)	カザフ人	×	○
南カザフスタン州	1992年2月～1993年12月	マルス・ウルクムバエフ(Mars Urkumbaev)	カザフ人	×	△
	1993年12月～1997年12月	ザウトベク・トゥリスベコフ(Zautbek Turisbekov)	カザフ人	○	○
	1997年12月～1999年7月	カルク・アブドゥラエフ(Kalyk Abdullaev)	カザフ人	○	×・企業
	1999年7月～	ベルドゥベク・サパルバエフ	カザフ人②	△	△
ジャムブル州	1992年2月～1995年10月	オムルベク・バイゲルドゥ(Omirbek Baigel'di)	カザフ人	○	○
	1995年10月～1998年1月	アマルベク・トゥシャン(Amalbek Tshan)	カザフ人	△	△
	1998年1月～1999年2月	サルバイ・カルムルザエフ(Sarybai Kalmurzaev)	カザフ人	○	×
	1999年2月～	セリク・ウムベトフ(Serik Umbetov)	カザフ人②	△	△
アルマトゥ州	1992年2月～1994年10月	アフメトジャン・エシモフ(Akhmetzhan Esimov)	カザフ人	○	○
	1994年10月～1996年3月	ウマルザク・ウズベコフ(Umarzak Uzbekov)	カザフ人	○	○
	1996年3月～1997年12月	セリク・ウムベトフ	カザフ人	○	○
	1997年12月～2001年5月	ザマンベク・ヌルカジロフ(Zamanbek Nurkadilov)	カザフ人②	○	○
	2001年5月～	シャルバイ・クルマハノフ	カザフ人③	○	△
タルドゥコルガン州	1992年2月～1993年4月	サグンベク・トゥルスノフ(Saginbek Tursunov)	カザフ人	×	○
	1993年4月～1996年3月	セリク・アフムベコフ(Serik Akhymbekov)	カザフ人	○	○
	1996年3月～1997年4月(廃止)	ウムルザク・ウズベコフ	カザフ人②	△	△
アルマトゥ市	1992年2月～1994年6月	ザマンベク・ヌルカジロフ	カザフ人	△	○
	1994年6月～1997年6月	シャルバイ・クルマハノフ	カザフ人②	△	○
	1997年6月～	ヴィクトル・フラプノフ(Viktor Khrapunov)	ロシア人	×	○

注) 1) ②は2度目，③は3度目の知事就任を意味する.
2) △(ロシア)は，出生したロシアの州が勤務地と隣接することを指す.
3) 知事代行. 東カザフスタン州へのセミパラチンスク州統合に伴う経過措置とみなされるため，本章の分析対象からは除外した.
4) 第一副知事・知事代行. 本章の分析対象からは除外した. 注3参照.

出所) Ashimbaev[2002a], Asylbekov et al.[1995], Asylbekov[1997], [2001], *Kazakhstanskaia pravda*(1992年2月11日, 1992年12月29日, 1995年11月30日)より筆者作成.

3回目に就任したケースも合わせると46.9歳)で，30代も5人いるが(31, 34, 38歳がそれぞれ1人，39歳が2人)，他はすべて40代と50代で，最高齢が57歳である．ちなみに1960〜1980年代のソ連においても，党州第一書記に初めて選ばれた人物の就任時の平均年齢は46歳で，9割以上が37歳以上53歳以下であった．なお，この時期の党州第一書記の在任期間にはかなりばらつきがあるが，その平均は約8年である(Clark[1989 : 85])．

独立後のカザフスタンにおいても知事の在任期間は差が大きく，1年以内が11人いる一方で，4年以上も11人いる(2001年末現在の現職を含む)．2001年末現在の現職を除くと，その平均は2年3カ月未満である．なお，地田は就任時の年齢および在任期間には言及していないが，独立前の12年間に党州第一書記を務めた延べ人数が72人であるのに対し(地田[2003 : 7])，独立後のおよそ10年間では，1997年の州統廃合によりポストの数が20から16に減っているにもかかわらず，知事の延べ人数は75人であるから，独立前に比べて在任期間は短縮傾向にある．

以上のことから，若い人材の登用はソ連時代にも行われていたが，独立後は知事がより頻繁に交代しているため，世代交代が進んだと考えられる．

2. 出生地

親の転勤等によって地縁・血縁関係が薄い土地で生まれたり，幼少時に別の土地へ移ったため，出生地で学んだり働いたりした経験がまったくない，というケースもあり得るが，多くの場合，ある人物とその出生地との間には，何らかのつながりがあるものと考えられる．表3-3は，知事の出生地および出身民族を示している．カザフスタン生まれは43人(全体の74.1%)，国外の生まれは15人(25.9%)である．カザフスタン以外の出身国では，ロシアがその大半を占めている[16]．

地田は党エリートの特徴の変化に注目し，対象とした12年間をコナエフ期後期(1980〜1984年)，コナエフ期末期(1985〜1986年12月)，コルビン

16)　ロシア出身者のうち8人が，カザフスタンと国境を接する諸州で生まれている．また国外出身者のうち5人がカザフ人であるが，彼らはみな，いずれもカザフスタンと隣接するロシアのオムスク州(4人)およびアストラハン州の生まれである．

期(1986年12月～1989年6月)，ナザルバエフ期(1989年6月～1991年9月)に分けている．四半世紀にわたってカザフスタン共産党第一書記を務めたジンムハメド・コナエフ(Dinmukhamed Kunaev，カザフ語ではQonaev)の下では，地元のカザフ人エリートが台頭したが，ミハイル・ゴルバチョフ(Mikhail Gorbachev)がソ連共産党書記長に就任するとコナエフ人脈の排除が始まった．1986年末，辞任に追い込まれたコナエフの後任として，カザフスタンでの勤務経験がないロシア人のゲンナージー・コルビン(Gennadii Kolbin)が送り込まれた．この人事に抗議するカザフ人学生・市民のデモは暴力的に鎮圧され，多数の死傷者を出す惨事となった(「アルマ・アタ事件」．「12月事件」ともいう)．このような連邦中央およびカザフスタンでの動きを背景に，コナエフ期末期からコルビン期にかけては，党エリートのなかで非カザフ人と共和国外の出身者が増加したが，ナザルバエフが党第一書記になると再びカザフ人とカザフスタン出身者が優位に立った．

独立前の12年間，党州第一書記に国外出身者が占める割合は37.9%であった．ただし時期的な変化が大きく，コナエフ後期には25.8%(延べ人数を基にした比率)であったのがコナエフ末期に53.8%(同)に倍増，その後はコルビン期に38.5%(同)，ナザルバエフ期に40.0%(同)であった(地田[2003: 73, 100])．独立前の平均と比較すると，独立後は国外出身者の割合が減ったと言えるが，コナエフ後期に限って言えばほぼ同じである．

独立後もソ連時代にも出生州にはばらつきがあり(地田[2003: 73])，はっきりした共通性や差異はほとんど認められない[17]．独立後，もっとも多くの知事(6人)を輩出しているのは，ナザルバエフ大統領の出生州であるアルマトゥ州である(なおアルマトゥ州知事の延べ人数は平均よりもやや多く，そのすべてが同州出身者によって占められている．表3-2参照)．ちなみにナザルバエフ大統領は，アルマトゥ市に隣接するカラサイ(Karasai)地区の生まれであるが，6人のうち大統領と同じ地区の出身にアフメトジャン・エシ

17)　唯一の顕著な違いは，独立前の12年間(2人は出生州不明)，北カザフスタン州が5人の党州第一書記(アクモラ州と並んで最多)を輩出しているのに対し，独立後は同州からは1人も知事が誕生していないという点である．なお，北カザフスタン州はロシア人人口の割合が高いが，独立前の北カザフスタン州出身者のうち4人はカザフ人である．

表3-3　カザフスタンの州知事(1992〜2001年)の出生地および民族

出生地		民族構成					小計
		カザフ人	ロシア人	ドイツ人	ウクライナ人	不明	
国内	北カザフスタン州	0	0	0	0	0	0
	コクシェタウ州	1	0	0	0	0	1
	パヴロダール州	4	0	0	0	0	4
	コスタナイ州	2	0	0	0	0	2
	トルガイ州	1	0	0	0	0	1
	アクモラ州	0	2	1	0	0	3
	東カザフスタン州	2	1	1	0	1	5
	セミパラチンスク州	1	0	0	0	0	1
	カラガンドゥ州	1	0	0	0	0	1
	ジェズカズガン州	0	0	0	0	0	0
	ウラリスク州	1	0	0	0	0	1
	西カザフスタン州	4	0	0	0	0	4
	アクトベ州	1	1	0	0	0	2
	クズルオルダ州	3	0	0	0	0	3
	シュムケント州	4	0	0	0	0	4
	ジャムブル州	2	0	0	0	0	2
	アルマトゥ州	6	0	0	0	0	6
	タルドゥコルガン州	2	0	0	0	0	2
	アルマトゥ市	1	0	0	0	0	1
	小計	36	4	2	0	1	43
国外	ロシア	5	7	0	1	0	13
	ウクライナ	0	0	1	0	0	1
	ベラルーシ	0	1	0	0	0	1
	小計	5	8	1	1	0	15
	合計	41	12	3	1	1	58

出所）表3-2に同じ.

モフ(Akhmetzhan Esimov)がいる．彼は中央でも重要な役職を歴任しており，大統領の側近中の側近である．さらに2人はカラサイ地区に隣接する地区の出身である.

出生州と着任州の関係については次節で論じる.

3. 民族

58人の知事のうち，民族的帰属が明らかなのは57人である[18]．カザフ人は41人(全体の70.7%)で，その他はロシア人が12人(20.7%)，ドイツ人が3人，ウクライナ人が1人である．1999年の国勢調査によれば，全人口に占める割合はカザフ人が53.4%，ロシア人が30.0%であるから，カザフ人の人口比に比べてカザフ人知事の割合はかなり高い．独立後の10年をさらに細かく見てみると，1992年2月に7人だった非カザフ人知事は，州統廃合後の1998年初めには4人に，2001年初めには3人に減っている．

一方，1980～1991年の党州第一書記の民族構成は，カザフ人35人(53.0%)，ロシア人26人(39.4%)，ウクライナ人3人，アルメニア人とドイツ人が1人ずつであった(地田[2003：74-75])[19]．1989年の人口比はカザフ人39.7%，ロシア人37.8%(ソ連国勢調査)で，当時もカザフ人はより多く代表されていたが，人口比との差は独立後さらに拡大している．

1980～1991年当時の19州1市のうち16州では，任命された人物の民族がカザフ人か非カザフ人かで一定しており，それぞれ8人で拮抗していた．また，これら16州のうち13州では州の民族構成と党州第一書記の出身民族とに相関関係があった．すなわち，カザフ人が多数派である州にはカザフ人が，それ以外の州では非カザフ人が第一書記として任命されていたのである．非カザフ人が常時トップに就いていたのは，コスタナイ，北カザフスタン，東カザフスタン，アクトベ，アクモラ，カラガンドゥ，ジェズカズガン，パヴロダールの各州であった(地田[2003：15, 90-91])．しかし独立後には，もはやこの慣行は残されていない．非カザフ人が常に知事を務める州は1つもなく，10州の知事は常にカザフ人で(このうち7州では州の民族構成もカザフ人が多数派である)，1997年に首都となり州と同格とされたアスタナ市でも市長はカザフ人である．

上述のように，独立前後から非カザフ人の国外移住が増えているが，非カザフ人知事の退職後の動静はこのような人口流出を象徴している．アンドレイ・ブラウン(Andrei Braun)元アクモラ州知事はドイツに，グリゴー

18)　民族的帰属を確認できなかったのはムハメドジャノフであるが，姓から判断するとカザフ人である可能性が高い．

19)　コナエフ後期には58.1%(延べ人数を基にした比率)であったカザフ人の割合は，同末期には53.8%(同)に減少し，コルビン期にはさらに46.2%(同)まで落ち込んでいたが，ナザルバエフ期に53.3%(同)に回復した(地田[2003：100])．

リー・ユルチェンコ(Grigorii Iurchenko)元ジェズカズガン州知事，サヴェリー・パーチン(Savelii Pachin)元アクトベ州知事，およびヴャチェスラフ・レヴィチン(Viacheslav Levitin)元マングスタウ州知事はそれぞれロシアに移住した．またレオニード・デシャトニク(Leonid Desiatnik)元東カザフスタン州知事とアリベルト・サラマチン(Al'bert Salamatin)元ジェズカズガン州知事は，移住後ロシアの官庁に勤務している[20]．非カザフ人の元知事は，3人に1人以上の割合で国外に出ていることになるが，これらの「移住組」のうちパーチン以外はみな国外(旧ソ連諸国)出身である．なおデシャトニクは移住後，カザフスタン政府の民族政策を批判するスラヴ系の民族団体「ロシアへのカザフスタン移民」(Pereselentsy iz Kazakhstana v Rossiiu)議長を務めているが，その活動はロシアが拠点である．非カザフ人の知事経験者からは，国内で活動する民族運動のリーダーは生まれていない．

ソ連時代にしろ，独立後にしろ，地方エリートは民族の代表として選ばれているわけではない．民族を問わず，彼らに求められているのは，かつては党，現在は大統領を頂点とする現体制への忠誠である．大統領に忠実なエリートは非カザフ人のなかにも存在する．しかし，かつてのソ連共産党エリートが一転して民族独立の旗手としてふるまったように，ロシア人エリートが分離主義的な動きに乗じることに利益を見出す潜在的可能性はある．ロシア人など非カザフ人の登用が減っている理由の1つは，政権側がそのような可能性を危惧していることにあると考えられる．

なかでもセンシティヴなのが，北カザフスタン州と東カザフスタン州である．これらの州は，ロシアの民族主義的な知識人や政治家がロシアへの併合を主張する地域で，独立後間もない時期にはロシア人の民族運動がもっともさかんであった(岡[2003：464])．ロシア人，ウクライナ人などスラヴ系民族出身[21]の知事は，東カザフスタン州においては2人のみで，北カ

20)　デシャトニクは独立国家共同体(Commonwealth of Independent States，略称 CIS)協力省，CIS 省同胞関係人権局長，経済発展貿易省局長(局名は不明)を歴任し，サラマチンは燃料エネルギー省石炭産業委員会に勤めた．

21)　カザフスタンではソ連時代に言語的・文化的なロシア化が進行したが，もともとロシア人と民族的に近いウクライナ人およびベラルーシ人のあいだではそれがより顕著で，ロシア人との結婚も頻繁に行われている．そのため，これらスラヴ系民族のあいだの境界線

ザフスタン州には1人もいない．また，これらの州の間に位置し，同様にロシアと国境を接するパヴロダール州では，知事に任命されているのはすべてカザフ人である．

4. 学　歴

地田によれば，カザフスタンの党エリートの圧倒的多数は「技術系の大学で高等教育を受け，まずは労働者としてキャリアを始めた，いわゆる「テクノクラート」」によって占められていた．とくに党州第一書記の間でその割合は極めて高く，合計66人のうち3人を除いて全員がテクノクラートであった(地田[2003：17])．クラークも，地方エリートの学歴について同様の指摘をしている．彼によれば党州第一書記の86％が少なくとも大学を修了しており，専門分野が判明した人のうち，農業がその38.8％，工業が24.7％，工学が15.3％を占め，あわせて78.8％にのぼっていた(Clark[1989：88-90])．

独立後のカザフスタンでは，知事58人のうち56人が大卒で(通信教育3人を含む)，他の2人も大学と同レベルの高等教育機関を修了している[22]．専門分野では，農業系(獣医科，土地改良を含む)が21人，工業系(工科を含む)が29人で，全体の83.3％がこれらの技術系大学を卒業している[23]．なかでも卒業者が比較的多いのは，カザフ工業大学(8人)とカザフ農業大学(5人)である．教育を受けた地域では，カザフスタン国内が37人，ロシアが21人，ウクライナおよびウズベキスタンが1人ずつである．

独立後に顕著なのが学位取得者の多さである．23人が修士号を，11人

は非常にあいまいである．なお，上述のデシャトニクはロシア生まれのウクライナ人である．

22)　ジャキヤノフはモスクワ高等技術学校卒，メッテはセヴァストポリ高等海軍技術学校卒である．

23)　大卒者のうち2人は2つの大学を卒業しているため(通信教育1人を含む)，延べ人数は60人である(大学院を除く)．なお，環境生物資源大臣在任中にカザフ国立大学を卒業したバーエフ(1969年モスクワ地質調査大学卒)と，コスタナイ州知事在任中にコスタナイ国立大学の通信教育を終えたカダムバエフ(1980年コスタナイ農業大学卒)については，これらの学歴はキャリア形成にほとんど影響を与えていないと考えられるため，分析対象から除外した．なお，人文・社会科学系の単科大学および総合大学を卒業した人の出生年の平均は1955年で，全体の平均(1947年生まれ)よりもやや若く，将来的には非技術系大学出身者が増える可能性もある．

が博士号を持っており，あわせて34人(全体の58.6%)にものぼっている．大多数が大学での専門教育とは異なる分野で学位を取っており，なかでも経済学の人気が圧倒的に高い．取得時期が判明した22人(修士15人，博士7人)のうち，8人が知事在任中(修士5人，博士3人)に，6人が大臣などその他の要職に就いている間に学位を取得している[24]．学位は，それが知事になるために必要というよりは，要職に就いた人間が「箔をつける」ためのものとみなされているようだ[25]．

第3節　知事のバックグラウンド(2)――職歴

上述のように，ジョーンズ・ルオンは1950年代から1995年までの党州第一書記および州知事の前職に注目している．調査しているのは，ソ連時代については，前職が同じ州あるいは隣接州か否か，独立後については，知事を務める「州から昇進した」(promoted from within Oblast)か否かと，その州の前職である(Jones Luong[2002：283-288])．しかし，ルオンが挙げている前職は，必ずしも党州第一書記ないし知事に就任する直前の職ではないため，「前職」の定義がはっきりしない．また，いかなる場合に「州から昇進した」とみなすのか，判断基準が示されていない[26]．

知事として着任した州で過去に働いたことがあるという事実は，その人物のキャリアの中心がその州にあるということを必ずしも意味しない．中央や他の州で，より長い期間，もっと重要な役職に就いていた可能性もある．ある人物と特定の地域との関係を調べる場合には，前職だけを見るのでなく，より総合的に判断する必要がある．そこで以下では，就任直前お

24)　取得時の役職と取得した学位は，それぞれ大臣(博士2人)，大統領第一補佐官(博士1人)，上院・下院議員(修士2人)，大使(修士1人)である．これらはすべて独立後であるが，ソ連時代にはアブドゥラエフが，カザフスタン・ゴスプラン議長在職中に修士号を取得している．なお博士号保持者がいつ修士号を取ったのかは，ほとんどの場合，Ashimbaev[2002a]には記載されていない．

25)　独立後には，修士・博士論文の代筆業がさかんであるとしばしば言われる．筆者の知り合いの研究者にも，政治家の論文の代筆を数百ドルで請け負ったという人がいる．

26)　たとえば，前職がマングスタウ州ソビエト議長，前々職が同州党委第一書記であるノヴィコフ同州知事は，州から昇進したのではないとされている．ソ連時代については，地田[2003：69-70]参照．

よび退任直後の役職，着任州と出生地との関係および着任州における勤務経験の有無，さらに過去の勤務地(地方か中央か，特定の州か複数の州か)について分析する．なお職歴については，特定のポストとそれに就任した人物との関係を調べるため，延べ人数(75人)を母数とする．

1. 前　職

表3-4は，知事に就任する直前の役職を示している．75の前職のうち，20がソ連時代(ソ連崩壊は1991年12月であるが，ここでは1992年2月までの役職を「ソ連時代」に分類している)，55が独立後のものである．ソ連時代の役職でもっとも多いのは，州(市)ソビエト(Sovet)議長(9人)で，それに州執行委員会議長(3人)が続いている．これにそれぞれの副議長も加えると，独立直後に任命された知事の前職は，その7割が地方のソビエト職によって占められている．ちなみに，これらの州(市)ソビエト議長および副議長は1人を除いてみな同じ州(市)で知事に任命されたが，州執行委員会議長および副議長の4人は，他の州で知事になっている．

ソ連時代，人民の代表機関としてのソビエトは，立法・行政の機能を併せ持つ国家機関として位置づけられていた．連邦中央および共和国には最高ソビエト(最高会議)が，それより下の行政区域にはそれぞれ人民代議員ソビエトがおかれていた(これらは総称して地方ソビエトと呼ばれた)．地方ソビエトの執行委員会は，その執行・運営機関として代議員のなかから選出された．ソビエトは，ソ連共産党の一党制の下で党の決定を満場一致で形式的に追認する場となり，その活動は形骸化していたが，ソ連末期，ゴルバチョフ政権下で行われた改革により，その活性化と権限の強化がめざされた．年に数回開かれるに過ぎなかったソビエトは常設機関化され，実質的には信任投票であった選挙も，複数候補によって行われるようになった．これによってソビエトは議会に近いものになった(下斗米[1990 : 89-94, 185-186]；森下[1994 : 62-65, 69-71])．

ただしカザフスタンでは，このような改革のもとで実施された州(および当時の首都アルマトゥ市)ソビエト議長選挙(1990年1月)において，全州(およびアルマトゥ市)で党州(市)第一書記が州(市)ソビエト議長に選出された．

表 3-4　カザフスタンの州知事(1992〜2001 年)の前職

ソ　連　時　代		
地　　方	州ソビエト議長(アルマトゥ市含む)	9
	州ソビエト第一副議長(州執行委員会議長兼任)	1
	州執行委員会議長	3
	州執行委員会副議長	1
共和国中央	国家委員会議長	1
	大統領・内閣府部長	1
	省 局 長	1
そ の 他	共和国最高会議委員会副議長	1
	州労働組合連合評議会議長	1
	企 業 幹 部	1
計		20

独　立　後		
地　　方	知　　事	7
	第一副知事および副知事	12
	市長(アルマトゥ市除く)	2
	地 区 長	2
	省 州 局 長	1
大 統 領 府	長　　官	1
	副 長 官	1
	大統領第一補佐官	1
	大統領顧問(うち非常勤 1)	2
	副 局 長	1
	部国家監督官	1
中 央 政 府	第一副首相および副首相	2
	国 家 顧 問	1
	内閣府長官	1
	大　　臣	10
	省委員会議長	1
	首 相 顧 問	1
そ の 他	最高会議委員会議長	1
	下 院 議 員	1
	企 業 幹 部	6
計		55

注)　役職名は就任当時.
出所)　Ashimbaev[2002a]より筆者作成.

1991年9月のカザフスタン共産党解散時にも，2州を除きすべての州(およびアルマトゥ市)で党州(市)第一書記による州(市)ソビエト議長の兼任が見られた(ただしアルマトゥ州では州ソビエト議長が交代し，党州第一書記ではなかった人物が新たに就任した，Ashimbaev[2002b]，[2002c])[27]．

一方，独立後の前職はより多様である．もっとも多いのは，第一副知事(知事直近で，副知事よりも上位の役職)および副知事(12人)と知事(7人)[28]であるが，中央政府および大統領府の要職に就いていた者も少なくない．なかでも大臣が10人，第一副首相および副首相が2人，国家顧問(1990年に導入された役職で副首相に相当する，Ashimbaev[2002b])が1人，大統領府長官と副長官がそれぞれ1人ずつ いる．ソ連時代の前職の多くが地方のポストであったのに対し，独立後は地方と中央とでその数は拮抗している．

2. 後　職

表3-5は，知事を辞めた直後の職について調べたものである．延べ75人のうち，2001年末の時点で16人は現職の知事であるため，後職の合計は59である．

表からわかるように，全体のおよそ半分が，知事退任後に中央政府あるいは大統領府に登用されている．その役職はさまざまであるが，もっとも多いのが副首相とそれに相当する国家顧問(計8人)，次に大臣(7人)で，それに第一副大臣および副大臣(3人)，大使(3人)が続いている．大統領府長官および安全保障委員会書記にもそれぞれ1人ずつ登用されている．なお，表3-5には反映されていないが，独立後の知事経験者は2人の首相を輩出している．イマンガリ・タスマガムベトフ(Imangali Tasmagambetov)元アトゥラウ州知事は副首相を経て2002年1月に，ダニヤル・アフメトフ(Daniial Akhmetov)元パヴロダール州知事は2003年6月に，それぞれ首

---

27)　独立後の1992年1月，地方ソビエト執行委員会の活動は停止され，大統領が任命する行政長官職が導入された．これに伴い，地方ソビエトはそこから執行権力が分離され，純粋な代議機関となった．なおこの地方ソビエトは1993年冬に解散し，同年12月に採択された地方代表・執行機関法は，地方代表機関の名称を，カザフ語で「会議」を意味するマスリハト(maslikhat)と改めている．

28)　この7人のうち，メッテはセミパラチンスク州の廃止直前に同州知事となり，翌月には東カザフスタン州知事に就任している．

表 3-5　カザフスタンの州知事（1992～2001 年）の後職

地　　方	知　　事	7
	第一副知事	2
	省州局長	2
大統領府	長　　官	1
	安全保障委員会書記	1
	大統領顧問	2
	部国家監督官	1
中央政府	副首相	7
	国家顧問	1
	大　　臣	7
	第一副大臣および副大臣	3
	大　　使	3
	公　　使	1
	首相顧問	3
その他	議員（最高会議および上院）	2
	企業幹部	12
	科学アカデミー州支部長	1
	ロシアへ移住	2
	逮　　捕	1
計		59

注）　役職名は就任当時.
出所）　Ashimbaev[2002a]より筆者作成.

相に就任している.

「その他」にあるように，知事退任後にロシアへ移住したのは 2 人であるが，最終的に国外に移住した元知事はこれよりも多い（前節「3. 民族」参照）．なお，「逮捕」とあるのは，パヴロダール州知事を務めたガルムジャン・ジャキヤノフ（Galymzhan Zhakiianov）を指している．ジャキヤノフは 2001 年 11 月，政治改革を求める若手リーダーのグループ「カザフスタンの民主的選択」（Demokraticheskii vybor Kazakhstana）を結成した中心人物であったが，翌 2002 年春に逮捕され，職権乱用などの罪で 7 年の刑を宣告された（岡[2003 : 479]）.

3. 出生地との関係および公職勤務経験の有無

次に，着任州と出生地との関係，および着任州における知事就任前の公職勤務経験の有無を見てみよう．考慮する勤務経験は党・ソビエト職(ソ連時代)と行政職(ソ連時代および独立後)に限定する．表3-2の記号は，着任州で出生したか，勤務経験を有する場合は○，着任州に隣接する州で出生したか，勤務経験を有する場合は△，それ以外を×で表している(なお○以外のケースについて，国有・私有を問わず，同じ州内の企業の幹部を務めたことがある場合は「企業」と記した)．なおアルマトゥ市についてはアルマトゥ州と区別するため，便宜上同州と「隣接」するとみなしている[29]．また隣接しているか否かの判断は，就任当時の行政区域に基づいている．

延べ75人のうち，27人(全体の36.0%)が出生州で，20人(26.7%)が出生州に隣接する州(ロシア領内の隣接州で生まれた4人を含む)で知事を務めている．同じ州の出身者ですべて占められているのはアルマトゥ州のみだが，パヴロダール州，アトゥラウ州，アクトベ州，クズルオルダ州の知事も，それぞれ1人を除いてみな地元出身者である．他方，すべて「よそ者」(異なる州の出身者)で占められているのは，北カザフスタン州，セミパラチンスク州，カラガンドゥ州，ジェズカズガン州とマングスタウ州である．コクシェタウ州，コスタナイ州，東カザフスタン州も「よそ者」の割合が高い(地元出身者は1人)．なお歴代のアルマトゥ市長には同市出身者はいないが，ザマンベク・ヌルカジロフ(Zamanbek Nurkadilov)とシャルバイ・クルマハノフ(Shalbai Kulmakhanov)はアルマトゥ州の生まれである．

知事になった州で過去に勤務経験がある者は43人で，全体の半分以上(57.3%)を占めている．隣接する州で働いたことがあるのは15人(20.0%)である．アルマトゥ市長はすべて同市での勤務経験があり，アルマトゥ州知事も4人は同州で，クルマハノフはアルマトゥ市で勤めた経験を持つ．公職の勤務経験という観点から見て，地元と関係の薄い人物が知事に多く任命されているのは，北カザフスタン州，東カザフスタン州，セミパラチンスク州，南カザフスタン州，およびジャムブル州である．

以上を総合すると，地元に関係の深い人物が任命されているのは，アル

---

29) 1997年にアクモラ州から行政上分離されたアスタナ市(当時はアクモラ市)の市長は，本章の調査対象期間中，ジャクスベコフ1人である．コスタナイ州出身で，アクモラ州第一副知事から初代アスタナ市長に就任したジャクスベコフについては，勤務地と出生州が隣接し，かつ勤務地で過去に勤務経験があるとみなしている．

マトゥ州，アルマトゥ市，アトゥラウ州およびパヴロダール州である．これに対し，北カザフスタン州，東カザフスタン州，およびセミパラチンスク州では，同じ州の出身者と公職勤務経験者が少ない[30]．ただし，ヴィターリー・メッテ(Vitalii Mette)とジャキヤノフは，それぞれ東カザフスタン州とセミパラチンスク州で企業幹部や州議会議員を務めるなど，着任州との関係が深い．

このように，何らかの形で地元に縁のある人物が登用される傾向は確かに認められる．知事として着任した州で出生したか，公職を務めた経験のある者は48人で，全体の64％にのぼっている[31]．同じ州で過去に企業幹部を務めた人を含めれば，この割合はさらに高くなる．ただし，知事を任命する際に地元との関係の深さをどのくらい重視するかは，州によって異なっている．

4. 職歴パターン

上で見た前職に関する情報は，職歴の一部しか語っていない．また，知事として着任した州での勤務経験については，過去にその州で働いたことがあれば，たとえ短期間であっても経験ありとみなしている．

そこで以下では，知事に就任する以前の職歴によって，いくつかのグループに分けることとする(ここでは出生州は問わない)．まず，中央のみでキャリアを積んだ人物が知事に任命されるケースは，カミングスに倣って「落下傘」(parachuting)と名付ける(Cummings[2000 : 42])[32]．他方，知事に任命される以前に，中央と地方の両方でキャリアを積んでいる場合は，中央と地方を行ったり来たりしているという意味を込めて，「ピストン」と

30)　東カザフスタン州の場合，知事代行のスホルコヴァを除く5人の知事のうち，同州出身者はメッテ1人である．ただし，メッテの在任期間は他の4人のそれの合計に匹敵する．

31)　ソ連時代の党州第一書記の勤務地について地田は，出生州，「前職での着任州」および「主にキャリアを積んだ州」との関係を調べている．過去の勤務経験すべてを考慮に入れた本章の調査とは分析方法が異なるため単純に比較することはできないが，地田によれば，これらのいずれかが党州第一書記を務めた州と同じあるいは隣接しているケースは，全体の3分の2に相当する(地田[2003 : 69, 100])．

32)　カリブジャノフはソ連時代，トルガイ州農工委員会第一副議長を務めた経験があるが，その後はコクシェタウ州知事に就任するまで一貫して中央の重要な役職を歴任しているため，彼の1度目の知事職は「ピストン」ではなく「落下傘」に分類した．

呼ぶことにする．中央での勤務経験がないケースについては，知事を務めた州以外での勤務経験がない人物を「生え抜き」(着任州での党・ソビエト職および行政職の経験が短い者も含む)，着任地を含む・含まないにかかわらず，複数の州でキャリアを積んでいるケースを「巡業」と呼ぶ[33]．

それぞれの具体例を挙げてみよう．「落下傘」の代表的なケースは，セリクベク・ダウケエフ(Serikbek Daukeev)である．彼は物理学・鉱物学の専門家で，独立後すぐに資源・環境関係の閣僚に抜擢され，天然資源環境保護大臣を務めたのち，アトゥラウ州知事に任命された．これに対し，ヴィクトル・フラプノフ(Viktor Khrapunov)のケースは「ピストン」型に分類できる．彼はアルマトゥ市党第二書記，同市ソビエト第一副議長を経てアルマトゥ第一副市長となり，その後中央に抜擢されエネルギー石炭産業大臣とエネルギー天然資源大臣を歴任したのち，アルマトゥ市長に就任している．他方，同じく「ピストン」型だが，複数の州に勤務している例としてクルムベク・クシェルバエフ(Krymbek Kusherbaev)がいる．ソ連時代にクズルオルダ市党第一書記であった彼は，独立後，副首相補佐官を務めたあとアルマトゥ市カリーニン(Kalinin)地区長となる．その後，教育関係の大臣職を歴任してから，西カザフスタン州知事に任命されている．

「生え抜き」の典型はザウトベク・トゥリスベコフ(Zautbek Turisbekov)である．彼は南カザフスタン州チュリクバス(Tiul'kubas)地区党第二書記，党第一書記，ソビエト議長を経て，独立後に同地区長に就任し，その後南カザフスタン州副知事，同第一副知事を経て，同州の知事に任命されている．「巡業」の例としては，ナジャメデン・イスカリエフ(Nazhameden Iskaliev)を挙げることができる．彼は東南部に位置するタルドゥコルガン州執行委員会第一副議長を務めたのち，西カザフスタン州で党州第一書記，州ソビエト議長を歴任したのち知事となるが，その後，北部のコクシェタウ州知事に就任している(このケースは，延べ2人の「巡業」型が存在したとみ

33)　2度目以降の知事職の場合，中央の役職を経ずに異なる州で知事になっていれば「巡業」に分類する．また，知事職を離れてから，2度目(あるいは3度目)に知事に任命されるまでの間に中央で勤務している場合には「ピストン」型とみなす．ただし「落下傘」ないし「ピストン」型に分類された人物が，A州からB州へ知事として直接異動した場合や，知事を辞めてから再任されるまでの間に行政職に就いていない場合，2度目以降は「落下傘」「ピストン」「巡業」のいずれにも数えない．

なしている).

さて，全体を分類すると，「落下傘」は8人，「ピストン」は30人(そのうち，地方の勤務経験が知事を務めた州のみであるケースが8人，それ以外が22人)である．他方，「生え抜き」は17人，「巡業」は12人である[34]．なお，「巡業」は互いに隣接する州のみで行われる場合もあるが(6人)[35]，そうではないケースも同数観察された．すなわち，中央での役職を経験した人物を知事に任命するケースは「落下傘」と「ピストン」をあわせて38人で，全体のほぼ半分に相当する．他方，中央や他の州での勤務経験がない「生え抜き」の知事は全体の5分の1程度である．ジョーンズ・ルオンは，カザフスタンの政治エリートは，「同じ民族や部族のメンバー，あるいは特定の政党よりも，自らの出身地域および(あるいは)もっとも最近勤務していた地域が，政治的支持を得る主要な源泉であると考えていた」(Jones Luong[2002 : 56-57, 217])と述べている[36]．しかし，前項で述べたように，自分が生まれた州で知事を務めているのは全体の36% に過ぎない．また，職歴パターンを調べた結果に照らし合わせても，この主張はやや説得力に欠ける．中央や他の州でキャリアを積んできた人物が，知事に就任する前に勤務していた州のみに，強い帰属意識を持つとは考えにくいからである．

これに対し，ナザルバエフ政権は，中央と地方を行き来させることにより中央・地方の政治エリートの区別を薄めようとした，というカミングスの主張は，ここでの調査結果と一致する(Cummings[2000 : 43])．しかし，それが1997年以降の特徴であるという指摘は必ずしも正確ではない．中央の要職を務めた人物の知事への任命や，知事の中央の要職への登用は

34)　合計が75に満たないのは，党・ソビエト職あるいは行政職の経験がない者がいることと，注33で挙げた理由による．なお，「巡業」に分類した知事のうち，党アクモラ州第一書記，同州ソビエト議長を経てアクモラ州知事になったブラウンは，第一書記になる前の数カ月間，コクシェタウ州執行委員会議長代行を務めているが，それまでの職歴はすべてアクモラ州内のものであった．また，カラガンドゥ州知事のムハメドジャノフは，北カザフスタン州コクシェタウ市長を務めたことがあるが，その他の職歴はすべてカラガンドゥ州内のものである．

35)　3つ以上の州でキャリアを積んでいる場合は，それらすべてが互いに隣接していない限り，これに含めていない．第3節3. で定めた「隣接」の定義に基づき，アルマトゥ州，アルマトゥ市，およびクズルオルダ州で勤務した経験があるヌルギサエフは，「隣接型」とはみなしていない．

36)　ジョーンズ・ルオンは，中央・地方のリーダーに対して行ったインタビューを根拠に，このような結論を出している．なお彼女自身は知事の出生地は調べていない．

1997年以前にも行われている[37]．またカミングスは，独立間もない時期には継続性が優先され，地元のエリートが知事にリクルートされたが，その後実力主義に基づき，テクノクラートや企業家がときおり登用されたと指摘し，カジュムラト・ナグマノフ(Kazhmurat Nagmanov)，ジャキヤノフ，デシャトニク，およびパーチンの名を挙げている(Cummings[2000:43])．この4人は確かに企業幹部を務めた経歴を持つが，ナグマノフはソ連時代，地方の党・ソビエト職を歴任しており，その職歴は例外というよりむしろ典型である．パーチンは省庁の州出先機関に勤めた経歴を持ち，デシャトニクは知事就任前には副知事であった．彼ら以外にも，職歴の1つが企業幹部である元知事は少なくない．筆者が調べた限りでは，地方・中央を問わず党・ソビエト職あるいは行政職の経験がない元企業幹部は，ジャキヤノフ[38]と，上述のレヴィチン元マングスタウ州知事，ピョートル・ネフョードフ(Petr Nefedov)元カラガンドゥ州知事の3人のみであった．

おわりに

ナザルバエフ政権下の地方統治政策においては，大統領および中央政府に忠実な地方エリートの登用・育成，および中央でキャリアを積んだ人物の地方への派遣を通じて，現体制の支配を強化しつつ，国内の分離主義的傾向を予防することが重視されている．

地方エリートの登用では，テクノクラート重視というソ連時代の方針が継承される一方，世代交代が進んでいる．独立後に任命された知事のほとんどは，ナザルバエフ大統領とほぼ同年代かそれよりも若い．このような

37) 「落下傘」型人事は1992～1996年に4件，1997～2001年に4件行われている．また前職のなかでもとくに重要なポスト(大統領府長官および副長官，大統領第一補佐官，内閣府長官，第一副首相，副首相，国家顧問および大臣)計17について，それらの職にあった人物がいつ知事に就任したかを見ると，1992～1996年が7人，1997～2001年が10人である．後職では，大統領府長官，安全保障委員会書記，副首相，国家顧問および大臣に登用された計17人のうち，1996年までが8人，1997年以降が9人であった．

38) ただしジャキヤノフは1989～1990年に，カザフスタン・コムソモール(レーニン青年共産主義同盟)セミパラチンスク州委員会傘下の青年センター「マクサト」(Maksat)代表を務めた．

若手の登用は，新しい時代の要請に適応できる人材が求められているからだけではなく，「年長者が尊重されるカザフ社会の特性」(宇山[1999：84])から見て，大統領にとって彼らが御しやすい，という側面もあろう．

知事の半数以上は，過去に党・ソビエト職ないし行政職の勤務経験を持つ州で任命されているが，それと同時に，中央の要職を経験してから知事に任命されるケースもほぼ半数にのぼっている．さらに，知事の半数近くは複数の州でキャリアを積んでいる．すなわち，地元の事情に通じた人物を優先的に登用しつつも，地方エリートが特定の州に利害関係を持たないような人材配置が行われているのである．また，地方エリートの中央への登用だけでなく，中央エリートの知事任命も行われているが，これらの人事は地方エリートの中央に対する忠誠をチェックするだけでなく，中央エリート集団対地方エリート集団という対立の構図を生じにくくさせる効果があろう．このことは換言すれば，カザフスタンにおける中央・地方人事の連動性を示唆している．知事職は，中央でポストを得られなかった人物にあてがわれる場合もあるが，首相を輩出することもある．その意味でも，中央エリートと地方エリートの間には明確な境界線はない．

民族という点においては，時期によって変動はあったものの，全体としてバランスを重視したソ連時代とは異なり，独立後はカザフ人が知事の大半を占めるようになっている．また，ロシアと隣接する州のうち，カザフ人人口の割合が高い西部を除く北部諸州では，独立後一貫してカザフ人が登用されるか(パヴロダール州，コクシェタウ州，およびコスタナイ州)，非スラヴ系民族出身者や，地元とつながりの薄い人物が任命される傾向にある(東カザフスタン州および北カザフスタン州)．東カザフスタン州と北カザフスタン州は，州人口に占めるロシア人の割合がもっとも高い地域で，ソ連末期には6割を超えていた．しかし1997年に実施された州統廃合により，東カザフスタン州にセミパラチンスク州が，北カザフスタン州にコクシェタウ州が編入された結果，その割合は減少した．カザフスタンでは州知事選挙は導入されていないが，いずれにせよ各州でどの民族が人口的に優位であるかは政治的に重要な意味を持つ．このような人事および行政区域の変更は，潜在的にロシア系住民の分離主義が懸念される北東部および北部に対して，中央が講じた予防策という性格を有している．

以上のように，カザフスタンにおける地方エリートの属性およびその登用パターンは，ソ連時代と部分的に連続性を保ちつつも，独立後の10年間で変化している．独立前にも，民族や出身地にかかわらず，党エリートの多くがカザフスタン国内でキャリアを築いていたことから，共和国エリートとしての紐帯がすでに育まれていた(地田[2003 : 66-68])．しかしそれはあくまで，ソ連という存在を前提としていた．共和国中央からの遠心的な傾向にどう対処するかという問題は，独立後に生じたものである．本章の分析結果は，独立後，中央・地方および異なる地方間の異動と，非カザフ人の一定の排除によって，政治エリートの一体性の強化が目指されたことを示唆している．

〔謝辞〕

本章執筆にあたり，宇山智彦氏から数々の重要な指摘を頂いた．また地田徹朗氏，吉田世津子氏，坂井弘紀氏からも貴重な助言を得た．記して感謝したい．なお言うまでもなく，文中の誤り等のすべては筆者の責任である．

〔参考文献〕

〔日本語文献〕

宇山智彦[1999],「カザフスタン政治の特質について(覚書)」(木村喜博編『現代中央アジアの社会変容』東北大学学際科学研究センター), 69〜92ページ.

岡奈津子[2003],「カザフスタンにおける民族運動の翼賛化——予想された紛争はなぜ起きなかったのか」(武内進一編『国家・暴力・政治——アジア・アフリカの紛争をめぐって』アジア経済研究所), 451〜492ページ.

下斗米伸夫[1990],『ソ連現代政治』第2版, 東京大学出版会.

地田徹朗[2003],「カザフスタン共産党人事政策の変遷(1980-1991)——党エリートの特徴と連邦中央・共和国関係」(東京大学大学院総合文化研究科修士学位論文).

——[2004],「ソ連邦中央＝カザフスタン関係の変遷(1980-1991)——党エリート人事動向を素材として」(『スラヴ研究』第51号, 5月), 29〜61ページ.

森下敏男[1994],「立法と司法のメカニズム」(木戸蓊・皆川修吾編『スラブの政治』講座スラブの世界 第5巻, 弘文堂), 61〜90ページ.

〔外国語文献〕

Agentstvo Respubliki Kazakhstan po statistike[2000], *Natsional'nyi sostav naseleniia Respubliki Kazakhstan, vol. 1 : Itogi perepisi naseleniia 1999 goda v Respublike Kazakhstan*, Almaty : Agentstvo Respubliki Kazakhstan po statistike.

Ashimbaev, Daniiar[1999], *Kto est' kto v Kazakhstane*, Almaty : Credo.

——[2002a], *Kto est' kto v Kazakhstane : Biograficheskaia entsiklopediia*, Almaty : Credo.

——[2002b], "Kadry reshaiut vse. Chast' 1. Tak vse nachinalos'," *Kontinent*, No. 4 (www.continent.kz).

——[2002c], "Kadry reshaiut vse. Chast' 2. Nakanune nezavisimosti," *Kontinent*, No. 5 (www.continent.kz).

Asylbekov, Askhat[1997], *Kto est' kto v Respublike Kazakhstan. 1996-1997. Spravochnik*, Almaty.

——[2001], *Kto est' kto v Republike Kazakhstan. 1998-2001. Spravochnik*, Almaty.

Asylbekov, A. Z., V. N. Voloshin and V. N. Khliupin [1995], *Kto est' kto v Respublike Kazakhstan. 1994-1995. Spravochnik*, Almaty : Mezhdunarodnyi issledovatel'skii tsentr "Evraziia-polis."

Beissinger, Mark R. [1992], "Elites and Ethnic Identities in Soviet and Post-Soviet Politics," in Alexander J. Motyl ed., *The Post Soviet Nations : Perspectives on the Demise of the USSR*, New York : Columbia University Press, pp. 141-169.

Clark, William A. [1989], *Soviet Regional Elite Mobility after Khrushchev*, New York : Praeger.

Cummings, Sally N. [2000], *Kazakhstan : Centre-Periphery Relations*, London : Royal Institute of International Affairs.

Gosudarstvennyi komitet Kazakhskoi SSR po statistike i analizu [1991], *Itogi vsesoiuznoi perepisi naseleniia 1989 goda : Natsional'nyi sostav naseleniia Kazakhskoi SSR, oblastei i g. Alma-Aty*, Alma-Ata : Respublikanskii informatsionno-izdatel'skii tsentr.

Institute for Development of Kazakhstan [1996], *Kazakh Tribalizm* [*sic*] *Today, Its Characteristics and Possible Solutions* (*Analytical Report*), Almaty : Institute for Development of Kazakhstan.

Jones Luong, Pauline [2002], *Institutional Change and Political Continuity in Post-Soviet Central Asia : Power, Perceptions, and Pacts*, Cambridge : Cambridge University Press.

Mawdsley, Evan and Stephen White [2000], *The Soviet Elite from Lenin to Gorbachev : The Central Committee and its Members, 1917-1991*, Oxford : Oxford University Press.

Mezhdistsiplinarnyi tsentr "Volkhonka, 14" [1998], *Perenos stolitsy Kazakhstana v zerkale pressy i kommentariiakh analitikov*, Moscow : Dialog-MGU.

Nysanbaev, A., M. Mashan, Zh. Murzalin and A. Tulegulov [2001], *Evoliutsiia politicheskoi sistemy Kazakhstana*, Vol. 2, Almaty : Glavnaia redaktsiia "Qazaq entsiklopediasī."

第II部

政治参加

——開かない門，壊れた扉——

第4章

体制内改革の「失敗」と
イラン・イスラーム共和国体制基盤

松永泰行

はじめに——問題の所在

2003年4月9日，バグダードのフィルドゥース(Firdūs)広場で，群衆の一部と侵攻してきた米国の海兵隊員がサッダーム・フサイン(Ṣaddām Ḥusayn，以下フセイン)大統領の銅像を引き倒した事件は，24年間にわたって国家権力を握ってきたフセイン体制の崩壊を全世界に印象づけた．イラン国内で「統治者たち」(hākemān)と呼ばれているイラン・イスラーム共和国の体制指導部にとって，米国の軍事侵攻による隣国イラクのフセイン・アラブ社会主義バアス党(Ḥizb al-Ba‘th al-‘Arabī al-Ishtirākī，以下バアス党)体制の「転覆」は，さまざまな感慨を呼び起こすものであったであろうことは，想像に難くない．

1979年2月のイランにおける反王政「イスラーム」革命とほぼ前後する，同年7月に国家の全権を掌握したフセイン大統領のイラク・バアス党体制は，イランのイスラーム体制にとっては，単にペルシャ湾北岸地域における地政学的・政治的ライバルであっただけではなかった．フセイン体制が世俗民族主義(バアス主義)に基づいており，またイラク国内のシーア派運動・聖職者を繰り返し弾圧してきた経緯から，体制イデオロギー的・宗教的にも敵対関係にあり，軍事的・感情的にも1980年9月から1988年8月まで8年間にわたった「強いられた戦争」(jang-e tahmīlī)を戦った「宿敵」とみなす関係にあった．したがって，これらの文脈においては，イランの体制指導部にとってフセイン政権の終焉は歓迎されるものであったことは事実である．たとえば，2003年4月9日にフセイン政権が崩壊する以前から予定されていた同月11日のテヘラン金曜礼拝での説教(khotbeh)において，イランのアリー・ハーメネイー(Seyyed ‘Alī Khāmeneh’ī)最高指導者兼テヘラン金曜礼拝導師は，「イラン国民もイラン政府も，サッダームと米国占領軍との間の戦争に対して完全に中立の立場をとっている」と述べながらも，「イラン国民は，イラク国民同様，サッダームの権力からの失墜(soqūt-e Saddām)をうれしく感じる」と言明した(*Jomhūrī-ye Eslāmī*［2003］).

むろん，反応はそれだけではなかった．イランの体制指導部にとって，フセイン体制の終焉を単純に喜んでばかりいられないことは明らかであった．それは1つには，フセイン体制を転覆させたのが冷戦終結後の唯一の軍事超大国として「意のままに」行動するジョージ・W. ブッシュ(George W. Bush)米国政権であり，そのブッシュ政権がジミー・カーター(Jimmy Carter)政権以来これまでの歴代米国政権がとってきた対イラン「敵視」政策を，少なくともレトリックのレベルにおいては一段と強め，イランのイスラーム共和国体制をイラクのフセイン体制と同じカテゴリー――「大量破壊兵器」の開発・配備をめざし，「テロ支援」を行う「ならず者国家」(rogue states)，「悪の枢軸」(axis of evil)――に入れて，非難してきていたからであった(たとえばBush［2002］,［2004］)．フセイン政権崩壊直後の欧米メディアの報道も，米国が同政権をわずか21日間の戦争で転覆させることができたことは，隣国イランの体制に対して多大な圧力をかけるものであると論じるものが少なくなかった(たとえば*Reuters*［2003a］).

しかしながら，イラクに対する米国主導の「体制転覆」戦争(以下「イラク戦争」)をめぐる出来事のなかで，イラン・イスラーム共和国体制のいわゆる「統治者たち」の背筋を凍らせるような恐怖心を呼び起こすものがあったとすれば，それは(それらの論調が前提としていた)米国の圧倒的な軍事力の「誇示」ではなかったと推測される．むしろそれは，イランと同じく強く中央集権的で権威主義体制であったイラクのフセイン・バアス党体制が，4月9日バグダード陥落前後の一両日であっという間に「自壊」してしまったことであったであろう．なぜならば，その事態は，後述するイラン国外の一部の「イラン体制崩壊必至」論者が予告していた事態に，きわめて類似していたからであった．

もっとも，イラクのバアス党国家の「自壊」を目の当たりにしたイランの国内外の論者の間には，さまざまないわゆる「イラン例外説」を唱えるものが少なくなかった．それらには，「近代・領域主権国家としてのイラクというものを核とするナショナリズムが，国民レベルで根づいていなかったイラクと，（それが根づいている）イランとは比較にならない」，「ナショナリズムの強いイランでは，国民は侵攻してくる外国軍に対してもっと執拗に戦い続ける」という国民レベルでの国家や祖国防衛に対する姿勢の違いに基づいた議論から，「イランは宗教体制であり，その体制を護持するための戦いは信仰心に訴えかけるものであるから，（近代的な）世俗的ナショナリズムに基づいていたイラクとは違う（はずだ）」という体制の性格の違いに求めるものまでが，見受けられた．

その一方で，これらといわば正反対の議論も，イランの国内外の論者の間で見受けられた．たとえばそれらには，「イランの体制は国民多数の支持をとうに失っているから，イラクよりも短期間で倒れる」というものや，「イラン国民の多数派を占める革命後世代の若者は，抵抗するどころか，侵攻してくる米国軍を，両手を挙げて歓迎する」などというものまでが含まれていた．

確かに，「イラク戦争」が戦われた直後から，イラン社会において顕在化してきた新たな政治や体制のあり方をめぐる議論や政治的対立の展開を踏まえると，1979年2月のイラン・イスラーム革命から四半世紀を経た現在のイランの体制基盤について，それが強固で安定していると論じることは容易ではない．その一方で，米国の言論・政策サークルやアカデミアの研究者の一部において見られる，イラン・イスラーム共和制の「正当性の危機（legitimacy crisis）論」や「体制崩壊必至論」についても，以下において議論する通り，にわかにその議論の結論を受け入れることは難しい．

したがって，本章においては，まず，外から見た視点に基づく議論である「体制崩壊必至論」の内容を批判的に検証する．次に，「イラク戦争」後の約半年間（2003年4月〜2003年9月）の時期における，「改革派」の動向と，彼らの間での争点の深化および立場の分極化の過程を検証する．そのうえで，1997年5月の大統領選挙でのモハンマド・ハータミー（Seyyed Mohammad Khātamī）師の勝利とともに誕生した「ホルダード（Khordād）

月2日改革運動」[1]が，その誕生から6年余を経て，誕生し盛衰する1つの政治運動としては，すでに「失敗」し「終焉」を迎えたことが明らかになっている(後述)との前提に基づき，その事態が，イラン・イスラーム共和国体制基盤へいかなるインパクトを持つものであるのかについて検討する.

第1節　「イラン体制崩壊必至論」の検証

イラン・イスラーム共和国体制が「正当性の危機」(legitimacy crisis)[2]に直面しているとの分析や議論は，1990年代初めから，米国内外の在外イラン研究者の間で繰り返しなされてきていた(Banuazizi[1995]; Bakhash[1995]; Hashim[1995]; Chehabi[1996]; Roy[1999]). これらの議論は，1997年のハータミー政権の成立後に，内発的な「改革」(reform)——あるいは在外の論者が望む「自由化，民主化」(liberalization, democratization)——の可能性が出現したように見えたため，いったんは下火になっていた.

しかし，2002年1月にブッシュ米国大統領がイランを，いわゆる「悪の枢軸」国に含めて以来，とくに米国内の言論・政策サークルの一部において，イラン・イスラーム共和国体制の「崩壊」あるいは「体制転換」は「時間の問題」であるとの論調が，より声高に主張されるようになった(たとえば Ledeen[2002g]; Pipes[2002]).

本節においては，「イラク戦争」後にイランの国内政治プロセスにおいて実際に顕在化してきた変化を検証する前準備として，同戦争前の時期における米国の言論・政策サークルでのイラン体制「危機・崩壊必至論」の

1)　本章では，1997年5月23日(イラン暦で，1376年ホルダード月2日)の第7期大統領選挙でダークホース候補であったハータミー候補が，いわば国民多数の「反逆」によって当選したことで誕生した，有権者としての国民や在野の改革派プレスを含むもっとも広い意味の運動体を「ホルダード月2日改革運動」(Jonbesh-e Eslāhāt-e Dovvom-e Khordād)と呼び，それがめざした国民の基本的権利や市民社会的活動の「制度化」(すなわち社会的に根づかせること)を最優先の政治課題とする政治的スタンスを「ホルダード月2日改革路線」と呼ぶ.

2)　統治者などについて出自および手続き的正しさを示す「正統性」に対して，政治体制としてのイスラーム体制の legitimacy(ペルシャ語では mashrūʻīyat)に「正当性」という訳語を充てることについては，松永[2001b : 88-90]を参照.

内容を検証する.

1. パフラヴィー(Pahlavi[2001], [2002])の議論

最初に検証する論者のレザー・パフラヴィー(Rezā Pahlavī)は1960年生まれで，1979年2月のイラン・イスラーム革命が倒した旧体制の国王(Shāh)であったモハンマド=レザー・パフラヴィー(Mohammad-Rezā Pahlavī)の嫡子である．現在は米国に在住し，在外からイラン国内の政治変化を「支援する」活動を行っている3).

パフラヴィーは，2001年10月の『ワシントン・タイムズ』(*Washington Times*)紙での意見コラム(Pahlavi[2001])において，さらに2002年1月にワシントンDCの保守系出版社のレグナリー(Regnery)から出版された『改革の風――イランにおけるデモクラシーの将来』という小冊子(Pahlavi[2002 : 8-9, 25, 35-45, 103-145])において，以下のようなイラン体制の「危機および崩壊必至」論を展開している.

- 現「イスラーム共和国」体制は，深い「危機」のなかにあり，「衰退」過程にある.
- 現在の政治システム全体が「信頼性と正当性」(credibility and legitimacy)を失っている.
- 現在(ハータミー政権下)のイランにおける対立の構図は，よく言われる「改革派」(reformist)と「強硬保守派」(radical conservatives)間のものではなく，「国家的専制(state despotism)・テロの勢力」と「民主制を要求し，武闘派原理主義を拒否し，「神与の権利」に基づく「絶対統治」(supreme rule)を否定する民衆運動」(popular movement)との間のものである.
- この「民衆運動」とその「爆発的潜在能力」は，イランの大多数が若者である(7000万の人口の7割近くが30歳以下)という事実に根ざしている.
- 現体制は，まもなく人口の4分の3をも占めることになる，1979年

3) 彼の近年の活動の一端はwww.rezapahlavi.orgにおいて参照できる.

の混乱の後に成長したこれらのイランの若者の世代からの高まる「憤り」と「要求」に直面している．

- 今日のイランの「ジレンマ」は，服装の規制(などイスラーム的な諸規制)だけではなく，まともな雇用と住宅，より高い医療や教育水準，持てる者と持たざる者の間の乖離の縮小など「まっとうな暮らし」にかかわるものである．
- 意味のある「経済改革」と「政治的自由化」を拒み続けてきたイラン・イスラーム共和国は，政治システムとして「行き詰まり」(impasse)状態に至っている．
- これらの「危機」や「衰退」や「行き詰まり」は，小手先の改革では対処できない．必要なものは，「非民主的な政治システムにとって代わる，真に包含的(all-inclusive)で代表的な政府」である．
- そのような「変貌」を拒み続けている聖職者体制が権力の座にとどまりつづけることは，単純に不可能であり，「内側への崩壊」(implosion)は不可避である．
- もっとも可能性があり，また比較的望ましい「崩壊」のシナリオは，欲求不満が高まり，憤った「民衆運動」の側が，「体制側の自己変革」の可能性に見切りをつけ，既存の諸規制に公然と挑み始めた際に，体制側から離脱者が多数でてくることによるものである．このシナリオでは，治安部隊との衝突の多発などで犠牲を伴うことが予想され，また全体的な無秩序状態へ陥る危険性もはらんでいる．しかし，現体制にとって代わる「世俗的で民主的な政体」が現れる可能性を，(内戦を含む)他のシナリオと比べてもっとも含むものである．

2. ゲレクト(Gerecht[2002b])の議論

次に，ワシントンDCにあるシンクタンクのアメリカン・エンタープライズ公共政策研究所(American Enterprise Institute for Public Policy Research)の研究員を務めるルーエル・マーク・ゲレクト(Reuel Marc Gerecht)[4]の議

4)　ゲレクトは，元CIAの対イラン情報提供者獲得工作員をロナルド・レーガン(Ronald Reagan)政権中期からビル・クリントン(Bill Clinton)政権初期まで10年間に亘り務めた，

論を取り上げる．ゲレクトは，新保守系の『ウィークリー・スタンダード』(*Weekly Standard*)誌の2002年8月5日号で，次のようなイランにおける「体制転換」論を展開している．

● 2002年7月12日のブッシュ大統領のイランに関する声明(「イラン国民は世界中の人々と同じ自由，人権ならびに機会を欲している」，「米国は囚われの身にある諸国民がデモクラシーを獲得するのを助けることへのコミットメントを……確認する」)は，イラン人の耳には，アメリカ大統領の発言としては「真に革命的な」ものとして響くものである．

● イランにおいて，ハータミー大統領ら「穏健派」もハーメネイー最高指導者ら「強硬派」のどちらも，このブッシュ大統領の声明に対して激怒したのは，イラン国民の大多数が現在の「聖職者支配」体制を根本的に「正当性を欠くもの」(illegitimate)とみなしていることを，彼らが知っているからである．

● 現体制下のイランでは，「azadi」(自由)という言葉は，(革命のスローガンから)「個人の自由」(personal liberty)を意味するように意味合いが変わってしまったことを，体制派の聖職者たちは理解している．そして，この場合の「azadi」という概念は，「個人の自由」を広めるエンジンである「米国」と不可分的に関連している．

● ハータミー大統領ら「穏健派」聖職者との「対話」路線と決別したブッシュ大統領のこの新しい姿勢は，「普通のイラン人」(the "Iranian street")の間でアメリカの「尊敬度」(stature)を増すものである．これは，アメリカとの関係において自己を規定している現体制にとって，苦痛なほど不面目なことである．

● このことはブッシュ大統領，またより重要なことに，イランの「政権転換」(regime change)を「疑いなく求めている」イラン国民にとっての，重要な勝利である．

イラン専門家である．1994年にCIAを離れ，アメリカン・エンタープライズ公共政策研究所に所属する傍ら，文筆・コンサルタント業を営む．2001年からは，「新しいアメリカの世紀プロジェクト」(The Project for the New American Century，略称PNAC)の中東イニシアティブ部長を兼任．著書に自らのイラン不法入国体験を偽名(Edward Shirley)で記した*Know Thine Enemy: A Spy's Journey into Revolutionary Iran*(New York: Farrar Straus and Giroux, 1997)がある．Shirley[1995]をも参照．

●CNN その他の各種メディアの(それと反対の)報道にもかかわらず，中東におけるアメリカの地位(position)は，「9. 11」以来，大幅に確固たるものと(enormously strengthened)なってきている．(それは)「ブッシュ大統領が〈対テロ戦争〉，〈悪の枢軸諸演説〉，さらに〈先制的戦争ドクトリン〉を通じて，中東におけるモメンタムを逆行させ，アメリカの敵を押し込んでいる(putting America's foes on the defensive)」からである．

●ブッシュ政権も「有言無実行」になる危険はあるが，同時に中東地域において「変化の見込みと可能性」(the promise and possibilities of change)がこれほど高まったことはかつてない．

●イラクとの戦争は，中東地域に巨大なインパクトを与えるであろう．イランでは，米兵が近くに来ると，国民の不満が高まる傾向があり，アメリカの「イラク侵攻」が，イラン国内における「暴動」(riots)，とりわけ治安組織の制御可能範囲を超える，主要都市における同時多発的な暴動，を引き起こさせる可能性がある．聖職者体制は，国軍にも革命ガード(Islamic Revolution Guard Corps)にも真に頼ることができないとの不安があり，「大規模な路上での衝突」を恐れている．

●もしアメリカのイラク侵攻が「都市暴動」(urban unrest)を引き起こさない場合は，「民主的なイラク」の創成がおそらく(それを引き起こす)であろう．イラクが「民主国家」となる暁には，その多数派のシーア派がイラク国家を率いることになり，同じシーア派の隣国イラン国民に語りかけることになる．(それを受けての)イラン国内の「集団的議論」は，聖職者にとって「容赦のない」(brutal)ものになる．

●ブッシュ政権は，イランの都市に現れるどのようなデモにも，すばやくまた声高に支持を表明すべきである．アメリカの支持は，現体制側の武装勢力に挑戦する反体制勢力の「息の根を止める」ものになるどころか，そのような「心理的支援」こそが，体制側に大きく不利な方向にサイが投げられたことを人々に示す努力において，死活的に重要となる可能性がある．

●したがってブッシュ大統領はただ，「自由がムスリムの生まれながらの権利である」と語り続けることだけが必要である.

3. アームゼギャル(Amuzegar[2003])の議論

『フォーリン・アフェアーズ』(*Foreign Affairs*)誌の2003年1-2月号に掲載された,「イランの崩れ落ちつつある革命」と題された論文(Amuzegar[2003])において,王制下で蔵相を務めたこともあるエコノミストのジャハーンギール・アームゼギャル(Jahangir Amuzegar)は,以下のような「体制崩壊必至論」を展開している.

- 1979年革命体制は現在,「第三勢力」("the Third Force")と呼ばれる「新興かつ幻滅した世代」からの深刻な挑戦に直面している. この革命後世代にとって,(ルーホッラー・ムーサヴィー=)ホメイニー(Seyyed Rūhollāh Mūsavī-Khomeinī)師の「公正で自由なイスラーム的社会」(を実現する)との約束は,「偽り」(sham)であったことが判明している.
- 25年間の聖職者支配を経てイランは,誰に聞いても,「政治的に抑圧され,経済的困難に直面し,社会不安を抱えている」. そして,支配層を寡占している聖職者たちは,これらの社会問題(social ills)に対する有効な解決法を欠いている.
- 「第三勢力」は,保守派の「イスラーム法学者の統治」(velāyat-e faqīh)も,ハータミー大統領の「イスラーム民主制」のどちらも,イランが現在抱えている「苦境」(predicament)に対する回答であると考えていない.
- この世代は,1979年の革命も8年にわたった「聖戦」も記憶していない一方で,「よりよい将来」に対する「実現されていない大望」(frustrated ambitions)に関心を集中させている.
- 「第三勢力」は権力に与していないすべての者と権力側の一部を含み,イラン社会の大多数を代表している. これらの雑多なグループ(の若者たち)の共通項は,革命とその後に対する「幻滅」(disenchantment)および聖職者のイランの数多くの問題を処理する能力に対する「不信」(distrust)である.
- 「第三勢力」は,指導部も具体的な綱領も持ち合わせていないが,「法の支配の恩恵の下で，(外国から)独立して，自由で，繁栄したイラン」という共通の目標で結ばれている．

- イラン・イスラーム共和国体制は，「イデオロギー的破産」(ホメイニー師による政治と宗教の合体が約束された社会正義をもたらすことに失敗したこと)と「経済の失敗」が合わさり，これまでで最悪の「正当性に対する挑戦」に直面している．
- このような状況下でイランの聖職者階層は，なす術もなく，「緩やかながら確実な民主化への流れ」を見守っている．政治的取締りや法案の制定阻止，またクーデタの噂など(に訴えた対応)にもかかわらず，「市民社会の拡大と市民的不服従の行使」と「経済的自由化」の2つの同時並行的な展開の結果，現体制は「最終的な崩壊」へと向かっている．
- イラン国内のこのような展開は，(中東・湾岸)地域の情勢や事件に影響されることも事実である．とくに，イラクに「自由かつ民主的な体制」が生まれることは，「第三勢力」の改革努力を勢いづけることになるであろう．しかし，ワシントンがイランの「政治的動乱」(political ferment)の結果に影響を与えたり，決定したりすることはできない．米国政府が，距離をおいて「見守る」こと以外の行動に出ると，かえって逆効果(backfire)となる．
- 現在進行中の「政治的行き詰まり」，「経済的苦境」，「社会混乱」(さらにイラク侵攻)などすべてが，イランのイスラーム国家の存続を脅威に曝している．とくに，「第三勢力」の不満が，(体制転換に対する)「止めることが不可能であるように見えるモメンタム」をすでに創り出している．革命後の時期において，今ほど政治的に分極化し，イデオロギー的に分断された状態になったことはない．
- イランの聖職者体制の残された日々は数少ない．イラン国内の流れがこれを確かなものとしている．

4. 中間検証

これらの3人の論者が共通して指摘している点は，① イランの現体制が一般国民多数へ対して「閉ざされた」性格を持っていること，② 国民多数の不満は，政治的なもの(政治プロセス開放要求の拒絶)と経済的なもの(開かれた経済活動の機会の不整備)に集約されること，③ 現体制は，国民多数派，とくに革命後世代の若者の「要求」に答える用意がなく，したがって国民の側から見ると状況は「閉塞状態」に陥っていること，の3点に要約できる．これらの点に関する彼らの分析は，おおむねイラン社会および政治状況の「現実」の一部をうまく捉えていると言える．

ここで考察すべき重要な問いは，彼らの言う「閉塞状況」がどう変化する，あるいは変化しつつあると彼らが論じているか，というものである．これについて，㋑パフラヴィーは，「国民多数派が求めている変化を体制側が拒み続けることは，単純に不可能」とだけ述べ，㋺ゲレクトは，「イラク戦争」を契機として，国民が「暴動」などの直接行動に出ることで変化がもたらされると主張し，㋩アームゼギャルは，具体的な経路は明示していないものの，「国民の側からの現状維持への非協力と変化を求めるモメンタムの両者が増加した結果，変化がもたらされる」と示唆している．

しかしながら，国民レベルでいくらそのような「不満」が蔓延しているとしても，必要であれば，体制側が持ち合わせている「暴力装置」や各種の動員メカニズムを用いて，それらを短期的に封じ込めることが可能であることは自明である．したがって，これらの論者が示唆あるいは主張している変化(体制崩壊あるいは体制変換)が現実化するためには，単に国民の側の行動レベルでの変化だけでなく，そのような変化のプロセスにおける国民との相関関係において，体制側が権力主体としての「凝集性」(cohesion)を維持できるかどうかという点が重要になる，との仮説を立てることができる．

その意味では，現実にはゲレクトが主張していたように，「イラク戦争」はイラン国内での「暴動」の発生を誘発するものとはならなかった一方で，冒頭で述べた通り，フセイン体制の「自壊」の例は，権力主体としてのフセイン体制がその「凝集性」の維持に失敗した可能性を示唆したものとして注目に値する．次節では，このような外からの視点に基づく議論をひとまず脇に置き，「イラク戦争」後のイラン国内政治プロセスにおいて，政治主体間の関係および政治的争点の変化が，実際にはどのような展開を見せたかを検証する．

第2節　「イラク戦争」後に顕在化したイラン社会からの「イスラーム共和国体制」への強い疑義

「イラク戦争」後，イラン国内の政治・社会情勢において，ある「危機」が急速に顕在化した．イランの現体制のあり方への根本的な疑義および反対として表面化したこの「危機」が，「イラク戦争」を含む地域・国際情勢を背景として現出していることや，またそれによって少なくない影響を受けていることは否定できない．しかしながら，その顕在化は，根本的には内発的なダイナミクスを持つものであった．本節では，その内容と背景，さらにそのインパクトについて，分析を試みる．

1.「危機」の背景

「イラク戦争」後にイラン国内で急速に表面化した「危機」は，ハータミー内閣が国会へ提出し，国会が審議・可決後に護憲評議会へ送っていた2つの法案の成否を直接の契機として顕在化した．しかしながら，それが2003年4月初めから3カ月にわたって「危機」へと展開した背景には，現在のイラン・イスラーム共和国下における政治勢力・党派間における根本的な「対立」が背景にあった．

「危機」の発端となったのは，国会におけるすべての立法措置が法律として発布される前にその適正を審査する監督者評議会(Shourā-ye Negahbān)が，国会がイラク戦争中の4月8日に可決し付託していた「大統領義務権限法」改正法案を，5月9日に違反として却下したことにあった[5)]．この法案は，2003年9月にハータミー大統領が，「改革停滞打破」を図る(あるいはその姿勢を見せる)ための第2期目の主要案件として「国会選挙法」改正案と併せて国会へ提出していたものであった．

ハータミー政府が「国会選挙法」改正案において変更をめざしたのは，

5)　イラン・イスラーム共和国の中央政府機構と監督者評議会など各国家機関の憲法上の役割については，松永[2003: 28-30]を参照．

監督者評議会による各種選挙の「監督」権の内容，とくに監督者評議会が行う立候補資格審査の性格に関するものであった．この問題は，1997年のハータミー政権が成立する前の，1992年の第4期国会選挙から，ハータミー派改革勢力の前身である「イスラーム左派」勢力が問題視してきたものであった[6]．

そこで争点となっていたのは，現行の1995年改正の国会選挙法において，監督者評議会の立候補事前審査が「審認的」(estesvābī)，すなわち監督者評議会が各々の立候補申込者の経歴，過去の言動や評判を審査し，立候補者としてふさわしいとして承認しなければ，立候補資格はないとされている部分である[7]．これを，「確証的」(estetlā'ī)な審査，すなわち「無資格」と判定せざるを得ない法的文書等がある場合を除いて，原則的に立候補を認める事前審査へと変更することが，憲法下での国民の被選挙権の「制度化」をめざす「改革派」(および「ホルダード月2日改革路線」)の立場であった．

ハータミー政権が，監督者評議会の立候補資格審査をめぐって法改正を準備し始めたのは，2000年の第6期国会選挙でハータミー大統領支持の改革派[8]が多数派を占めることになった後に行われた，2001年12月の欠員補充のための補欠選挙の直後であった．したがって，2002年9月の時点では，政府(内務省)が国会選挙法改正案を，閣議決定を経て国会に提出する準備をしていたことは，周知の事実であった．

それと対照的に，2002年8月28日に，年に1度の政府週間の記者会見でハータミー大統領が提出を発表した「大統領義務権限法」改正案は，その1年前の2001年8月に成立していた第2期ハータミー政権の，いわば新機軸と言えるものであった．「大統領義務権限法」(全19条)は，現最高指

6) 革命後イランの選挙制度と，そのなかでの監督者評議会の役割については，松永[2002a : 4-19]を参照．「イスラーム左派」，「改革派」や抵抗勢力としての「保守派」など，ハータミー政権下の各政治勢力の利害と対立構造については，松永[2000 : 2-12]，[2001a : 30-33]を参照．

7) より広く，監督者評議会による選挙の「審認的監督」とは，「選挙にかかわるあらゆるプロセスにおいて，監督者評議会が設置する選挙監督委員会が承認していないものはすべて無効」との意味である，とされている．松永[2002a : 10]を参照．

8) 第6期国会召集後，約160議席を占めるこの勢力は，「ホルダード月2日会派」という緩やかな会派連合を組織した．

導者のハーメネイー師が大統領であった1986年11月に制定されたもので，その改正案は，同法の憲法執行に関する責務を扱う第3章(第13条から16条)に補足修正を加えるものであった．修正の趣旨は，国家機関による憲法違反の事例に対して，憲法第113条によって「憲法執行の責任者」とされている大統領の取り得る措置(手続き)を明確にし，そのような措置に対する各国家機関や，司法府・立法府の長の協力義務を明確にし，さらに違反者に対する罰則規定を明示する，とのものであった．

これらの措置は，1997年8月のハータミー政権成立から1年を経ずして始まった，イスラーム革命裁判所(Dādgāh-e Enqelāb-e Eslāmī)やプレス法廷(Dādgāh-e Matbū‘āt)など司法府による改革派系の新聞・雑誌などの発行禁止処分や，ジャーナリスト，政治活動家，イスラーム学者の逮捕・投獄や，一部の活動家の被選挙権の制限など，改革派の視点からは，憲法で保障されている言論の自由や被選挙権など政治・社会的権利の「不当かつ非合法的な侵害」の事例に対して，ハータミー政権が，大統領の「介入」の不在を非難する「国民世論」に応える姿勢を見せたものと，解釈できるものであった．

もっとも，法案の条文を詳細に検討すると，大統領府側の担当機関として明示されている，ハータミー政権下で設置された「憲法執行フォローアップ・監督委員会」(Hei’at-e Peigīrī va Nezārat bar Ejrā-ye Qānūn-e Asāsī)が，ある国家機関によって憲法違反が犯されたと判断しても，それを関係する法廷(たとえば行政裁判所〔Dīvān-e ‘Edālat-e Edārī〕)に送致することができるだけであり，その後，該当する関係者が憲法違反を行ったかどうか，また行ったと判断した場合に罰則を科すのは，あくまでも司法府の側(たとえば行政裁判所)である．したがって，保守派のみで占められている司法府と，ハータミー大統領側の改革派の間の，ゼロ・サム的な政治対立の現状を踏まえると，仮に同法の改正案が法律となっても，現実の「憲法侵害」行為をそれに基づいて大統領府側から働きかけて是正させる可能性は，ほとんどないと判断されるものであった．

2. 「改革派」国会と大統領の「差異」の顕在化

2002年9月以降，290の定数のうちの125から160議席を，ハータミー大統領支持の改革派(「ホルダード月2日会派」〔Feraksion-e Dovvom-e Khordād〕)が占める，第6期国会(2000年5月〜2004年5月)は，政府提出の国会選挙法改正案と大統領義務権限法改正案に加えて，国会自らが発案し法案化した，「拷問禁止法案」，「政治犯罪規定法案」，「衛星テレビ受信装置設置法案」なども可決していた．そして，これらの法案もことごとく，監督者評議会によって却下され，法律として成立してはいなかった．

しかしながら，上述の通り，2002年8月にハータミー大統領自身が記者会見で国会選挙法改正案と大統領義務権限法改正案の国会提出を宣言し，同政権の第2期目の「主要案件」と政治的に位置づけており，161名の国会議員がそのイニシアティブを支持する声明を出していたため，両法案の行方は，「ホルダード月2日改革運動」全体の政治的命運を左右するものであるとの言説が構築されていた．したがって，イラク戦後の2003年5月9日に「大統領義務権限法」改正法案が却下されたことは，監督者評議会が4月1日に「選挙法」改正法案をすでに却下していたため，ハータミー大統領をはじめとする「ホルダード月2日改革運動」の担い手に，重大な「政治的決断」を迫るものであった[9]．

それにもかかわらず，ハータミー大統領は，態度を明確にしないまま，5月12日にレバノン，シリアなどアラブ4カ国歴訪に出発した．その間に，残された「ホルダード月2日改革運動」の活動家たちはきわめて大胆な行動に出た．まず，数日後に迫った預言者ムハンマド(Muḥammad)の生誕祝日を機に，現職の国会議員9名を含む116名の政治活動家，ジャーナリスト，ウラマー，大学教授などが，5月14日付で連名で署名した，外

---

9) たとえば，5月11日の「イラン・イスラーム参加戦線党」系の『ヤーセ・ノウ』紙は，「ハータミーはどうするのか？」という一面見出しを掲げた．10日にアブドッラーフ・ラマザーンザーデ(‘Abdollāh Ramazānzādeh)内閣報道官は，「ハータミー大統領が(監督者評議会による大統領義務権限法改正案の却下に)どう対処するかわからない．しかし，大統領は繰り返し，この法案は国民に奉仕するために必要な(保守派に対する)最低限の要求である，と述べてきた」と語っていた(同日，イラン・イスラーム共和国通信〔Iran Republic News Agency，略称IRNA〕電)．

からの脅威に対して国力を強化する方策に関する「統治者たちへの助言と警告」(nasīhat-o-hoshdār beh hākemān)と銘打った声明文を発表した(*Yās-e Nou*[2003b]).この声明文の署名者リストは,「イスラーム法学者の絶対統治」(velāyat-e motlaqeh-ye faqīh)を早くから批判し，政治プロセスから事実上締め出され「部外者，アウトサイダー」(gheir-e khodī)と呼ばれてきた,「イラン自由運動」(Nehzat-e Āzādī-ye Īrān)などのリベラル派(自称「宗教的ナショナリスト」〔mellī-mazhabīyūn〕)と,「ホルダード月2日改革運動」の中核を担ってきたイスラーム左派系の「体制内改革派」の要人たちを中心としながら，係争中で獄中にいたハーシェム・アーガージェリー(Hāshem Āqājerī),刑期を終えて釈放されて間もないエマーデッディーン・バーギー(Emādeddīn Bāqī),さらに2003年1月末に5年振りに自宅軟禁を解かれたアーヤトッラー・ホセイン=アリー・モンタゼリー(Hossein-'Alī Montazerī)の息子やモフセン・キャディーヴァル(Mohsen Kadīvar)などのイスラーム法学者などを同時に含むという，イラン・イスラーム共和国体制下では前代未聞の構成から成っていた[10].

署名者たちはその声明文のなかで，最高指導者の任免下にある司法府や監督者評議会などの保守派機関が,「改革」をめざす試みにことごとく抵抗し，憲法で保障されている国民の権利を蹂躙しているとの現状を,「政治権力の維持の目的での宗教の悪用」すなわち「宗教的独裁」(estebdād-e dīnī)であると批判した．署名者はさらに，その現状に「強い不満と懸念」を表明し，外からの脅威に曝されている現状でイランを救う唯一の途は,「民意を受け入れる」ことであると断じる一方で，現状の継続は「改革不能なポイント」へと国を押しやるものである，と警告していた.

続いて，この声明文に追い討ちをかけるように，5月21日には，127名の改革派国会議員が連名で，ハーメネイー最高指導者への長文の書簡を発表した(Ārmīn et al.[2003]).そのなかで改革派議員は，国内の政治・社会的亀裂の存在と外からの脅威が重なった現在を，近代以降のイランにおけ

---

10) 実はこれらの署名者は，ほぼ同じ顔ぶれですでに1回，イラクのバアス党政権が崩壊しバグダードが陥落した4月9日の翌日に,「地域情勢に関するイランの政治勢力の声明文」と題された2ページの文書に署名し発表していた(*Yās-e Nou*[2003a]).

る「未曾有の国難」と位置づけ，その背景をハータミー政権成立で国民が求めた「改革」の実現をことごとく阻止してきた保守派の「破壊」活動の結果，国民は，「イランでは何も変わらない」，また現体制下では「民意はまったく影響力を持たない」と確信するに至ったことにある，と断言した．そのうえで，「残された時間は少ない」とし，体制の要人は国民に対し謝罪すべきであると明言した．それは「国民に対して頭を垂れ，国内の団結を強めることは，(それを拒否していくら独裁を強めても，国の独立を失い)外国人に対し頭を垂れる(結果になる)事態を防ぐこと」につながるからである．したがって，イスラーム革命の成果を無に帰させないためには，憲法下で特権を与えられている最高指導者が「毒杯を飲む」気概で，民意を受け入れるとの「英断」をすべきである，と迫るものであった．

「外からの脅威」と「国民からの不満」を表向きの理由としながらも，自らの中核的な支持者を含む著名な政治活動家や言論人たちが，現状を「宗教的独裁」と断罪し「体制存亡の危機」を煽る声明文を発表したことや，自分の頭越しに最高指導者に対して事実上の「最後通牒」を送りつけたことは，ハータミー大統領を守勢へと追い込むことになった．改革派国会議員の最高指導者に対しての書簡は，国内的には国家安全保障評議会(Shourā-ye ‘Ālī-ye Amnīyat-e Mellī)事務局の命令で一切の報道が禁止されたが，インターネット等を通じて出回り，イラン内外で周知の事実となった[11)]．

ところが，この事態を受けてハータミー大統領が，6年前の大統領選挙記念日である5月23日(ホルダード月2日)に発表した声明文は，ハータミー大統領と改革派の間の「ずれ」を浮き出させるものとなった(*Yās-e Nou* [2003c])．その声明文でハータミー大統領は，「6年前の熱気や情熱が冷めてしまった」ことを認める一方で，「ホルダード月2日改革路線」の強調点であった，国民主権の原則や法的権利や自由の保障という「約束」やそれへの「決意」を，「我々は今日も見失っていない」としながらも，数々の失敗があったとすれば，それに対して謝罪をする，との姿勢を示していた．

---

11) たとえば news.gooya.com/2003/05/24/2405-h-25.php.

しかし同時に大統領は，国民が「ホルダード月2日」において求めていた自由や民主主義や独立や進歩は，「イスラーム共和国」という現体制の枠組みのもとでのみ可能である，と言い張った．その理由は，まず「イスラーム共和制」が，革命や戦争を通じた多大な犠牲を払ってイラン国民が手に入れたものであること．さらに，「イスラーム共和制」の「精神」(rūh)は，宗教的価値の精神性・倫理性と，国民主権・自由の両者をバランスよく実現するイスラーム体制の構築にあり，「ホルダード月2日改革運動」が求めたものも，まさにそれであったからである，としていた．したがって，ハータミー大統領は，改革派も保守派も含めたすべてのイラン国民に対して，革命と憲法の本来の「精神」に則ることによって「イスラーム共和国体制」(nezām-e Jomhūrī-ye Eslāmī)を強化するよう懇願することで，声明文を結んでいた．

3.「改革派」学生勢力のラディカル化

しかしその後の展開は，いったん要求を「最後通牒」化させた改革派が，ハータミー大統領の懇願を聞き入れるような状態にはもはやないということだけでなく，何を「改革」(eslāh)すべきだとしているのか，という根本的な問題において両者の間に重大な違いが出てきていることを露呈させることになった．

改革派議員からの書簡の報道を禁じることで，最高指導者や保守派が「黙殺」を決め込んでいた時に起こったのが，テヘラン市内や地方都市で6月10日から1週間を越えて毎晩続いた，学生や一般の若者が通りで抗議行動や騒動を繰り返すという事態であった．これらは，1999年7月の襲撃事件とそれに続く騒擾事件でも発端となった，テヘラン大学のアミールアーバード(Amīrābād)寮で，国立大学の「民営化」が決定されたという報道に対する抗議として始まった集会が，在米の反体制ペルシャ語衛星テレビ放送の「教唆」も影響し，小規模ながら幅広い若年層の参加者や野次馬がいり乱れた「反秩序・嫌体制」騒乱へと発展したものであった．

これらの騒乱では，確かに叫ばれていたスローガン(「ハーメネイー師を処刑せよ」，「ハータミー大統領は辞任せよ」など)はこれまでになく「過激」であり，一般の若者が右派の「民兵組織」(アンサーレ・ヘズボッラー〔Ansār-e Hezbollāh〕)の若者を襲うという「逆暴力」行為など，新しい要素も見受けられた．しかしこのような，何の背後組織も指導者も存在しないかたちの騒乱だけでは，「体制の危機」につながるものではなかった．

そのような状況を変えたのは，騒乱が続いていた最中の6月14日に，前月14日に声明文を出した活動家らのグループが，国会議員の最高指導者に対する書簡を支持するとの新たな声明文を，248名の連名でインターネット上で発表し[12]，それが2日後に改革派の『ヤーセ・ノウ』(*Yās-e Nou*)紙でも堂々と報道されたことであった(*Yās-e Nou*[2003d])[13]．その内容は，「絶対統治権」(qodrat-e motlaqeh)の主張は，今日の世界の民主主義(mardomsālārī)の原則に反するだけでなく，イスラームの伝統においても神に対する「多神崇拝」(sherk)であり，尊厳を持つ人間に対する「不正」(zolm)であると断言したものであった．またイスラームの伝統においては，市民やその民主的な代表者である国会議員が統治者に進言書を送ることは，認められた「慣習」(sonnat)であるとして，保守派の「批判」を痛烈に反批判したものであった．

さらに毎晩続いていた小騒乱をようやく「封じ込め」た政府が，1999年の学生寮襲撃事件の記念日である7月9日(ティール〔Tīr〕月18日)の前後での「再発」を防ぐために，学期末試験を休暇後に延期し，前倒しで大学を夏季休暇に持ち込み，キャンパス内外での集会の開催を禁止する措置をとった．すると，かつてはハータミー大統領支持の「ホルダード月2日改革運動」の担い手の一翼を担いでいた，各大学の学生イスラーム協会の上部組織である「統一強化事務所(アッラーメ派)」(Daftar-e Tahkīm-e Vahdat〔Teif-e ‘Allāmeh〕)の106名が，6月26日にハータミー大統領に対する辞任を求める公開書簡を発表した(*Emruz.org*[2003a])．そのなかで彼ら「学生運動活動家たち」は，今後イスラーム共和国「体制派」(hākemīyat-e jomhūrī-ye Eslāmī)のなかで，最高指導者とその「任免者」(hākem-e entesābī)と，大統領や国会議員などの「民選」の指導者(hākem-e entekhābī)とを区

12) www.emrooz.org/pages/date/82-03/25/tribune11.htm.
13) 『ヤーセ・ノウ』紙掲載時には，署名者数は252名に増えていた．

別しないと宣言した[14]．さらにこれらの学生活動家は，その書簡を「イスラーム共和国体制派との最後の対話」と銘打ち，「正当性が地に落ちている」イラン・イスラーム体制と学生運動との対決は，前者をどのような「終焉」(farjām)へと導くものかを，ハータミー大統領はよく知っているだろう，との警告で結んでいた[15]．

それでも，事前の治安対策が功を奏し，比較的「平穏」裏に7月9日を通過したと思うやいなや，止めを刺すかのように，上述の「ホルダード月2日改革運動」の活動家グループが，今度は350名の連名で，最高指導者に宛てた書簡を発表した(*Emruz.org*[2003b])．その内容は，樹立後25年を経て「イスラーム共和国は現在，運命を決する岐路」に直面しており，民意を踏みにじり，国民の「憤懣の嵐」を引き起こしている「イスラームと憲法の独裁的解釈」(qarā'atī estebdādī az Eslām va Qānūn-e Asāsī)に基づく体制を貫くか，「憲法の国民主権的な解釈」(qarā'at-e mardomsālārāneh az Qānūn-e Asāsī)[16]を選択し，国を救い，外からの脅威を撃退するかを選択しなくてはならない，と断ずるものであった．さらに，署名者たちは，ハーメネイー最高指導者に対して，①司法府の幹部の一掃，②監督者評議会や公益(体制益)判別評議会(majma'-e tashkhīs-e maslahat-e nezām)など，「任免」機関(nahād-hā-ye entesābī)のメンバーの改編，③ハータミー大統領の改革2法案の認証，④国内の政治環境の平穏化，という4つの具体的な行動を危急に求めていた[17]．

---

14)　www.emrooz.org/pages/date/82-04/05/tribune01.htm.

15)　この学生運動活動家たちの公開書簡の背景については，その指導者で署名者の一人であるラザヴィー＝ファギーフの米国ワシントンDCの『ミドル・イースト・リポート』(*Middle East Report*)とのインタビューがきわめて示唆的である(*Middle East Report Online*[2003])．なお，ラザヴィー＝ファギーフはこのインタビュー(7月8日)の2日後に私服の治安要員によって銃口下で連れ去られ，同月下旬まで所在さえも未発表のまま拘束を受けた．

16)　すなわち，現行のイラン・イスラーム共和国憲法(1989年改正)は「イスラーム法学者の絶対統治権」を認めている，との保守強硬派の解釈とは異なる，「国民主権」を中心に据えた現行憲法の解釈という意味．

17)　この声明文は，『ヤーセ・ノウ』紙にも掲載されなかったが，国外ではロイターやAFPなどを通じて報道された(*Reuters*[2003b]; *AFP*[2003]; *BBC Persian*[2003])．

4.「改革運動」の死

2003年9月初め，元ハータミー大統領政治顧問・テヘラン市議で，「イラン・イスラーム参加戦線党」(Hezb-b Jebheh-ye Moshārekat-e Īrān-e Eslāmī, 英語名 Islamic Iran Participation Front，略称 IIPF)のサイード・ハッジャーリアーン(Sa'īd Hajjāriān)中央評議会委員が，同党青年部夏季集会に対する演説で，レオン・トロツキー(Leon Trotsky)の革命についての同様の発言を引きながら，「改革運動は死んだ，改革運動万歳」("Eslāhāt mord, zendeh bād Eslāhāt")と宣言した(*ISNA*[2003])．これは，「ホルダード月2日改革運動」の頭脳の一人であるハッジャーリアーン自身が，同「運動」は「失敗」し，「終焉」を迎えたことを公式に宣言したものであった．もっとも，彼の発言は，イラン・イスラーム体制下において次なる「改革運動」を立ち上げるためには，過去(既存の失敗した運動)と決別する必要があるとの前提からなされたものであった．しかし，その2カ月前まで，「ホルダード月2日改革運動」の活動家が連続公開書簡というかたちでいわば攻勢に出ていた直後であっただけに，同発言は「ホルダード月2日改革運動」の担い手の間に衝撃を与えるものであった．

しかしながら，視点を「改革運動」の担い手としての活動家のレベルから，運動の基盤を構成するはずの国民多数派へと移すと，そのような発言がある意味では「遅きに失する」ものであったとも言える．そのもっとも象徴的な兆候は，その半年前の同年2月28日に行われた第2期地方評議会選挙の結果に見ることができた．同選挙においては，1996年以来国民の選挙時における政治参加の拡大傾向に終止符が打たれ，とりわけ都市部で投票率の大幅な低下が見られていた．さらに，その4年前の第1期地方評議会選挙と打って変わり，テヘラン，エスファハーン，マシュハドの3都市において，「改革派」候補が1議席も獲得できない完全敗退を喫していた[18]．首都テヘラン市において，改革派の最大政党「イラン・イスラー

---

18) 第2期地方評議会選挙の全国平均投票率は49.96％であったが，都市部ではテヘラン市とエスファハーン市で12％，ゴム市でも28％と低迷した(内務省統計；*Yās-e Nou*, March 9, 2003, p. 2；*ibid.*, March 15, 2003, p. 3)．1996年以来の政治参加の拡大傾向については，松永[2002a]，[2002b]を参照．

ム参加戦線党」は，モスタファー・タージュザーデ(Mostafā Tājzādeh)前内務省政治担当次官を筆頭に据えた候補者リストで臨んでいたが，有権者の反応は「投票に行かない」というものであった．テヘラン市の投票率の11.97% は，国会選挙等の補欠選挙に比べると多いとはいえ，政治参加の拡大とともに(すなわち浮動票の獲得でもって)議席を獲得してきた改革派勢力にとっては，致命的な結果をもたらすものであった．

したがって，2003年2月の地方評議会選挙において，大都市部で「改革派」候補がほぼ全面的に敗退した時点で，国民の側から改革派に対しすでに「ホルダード月2日改革運動」の「死亡宣告」が出されていたとみなすことも可能である．その意味では，選挙での敗退から半年を経てから「改革運動の死」の宣言がなされたことは，「ホルダード月2日改革運動」の担い手としては，活動家よりも一般有権者が「現状認識」において「先に進んでいた」ことを示していたと解釈することもできる．

いずれにしても，2003年9月にこうした「ホルダード月2日改革運動」の「死亡宣告」というかたちでの「失敗」の確認を受けて，もともと寄り合い所帯であった同運動の狭義の担い手(すなわち政治グループのレベルでの「ホルダード月2日」改革派)は，異なる立場へと分極化が進んだ．

後述する「体制構造改革派」のイデオローグのアリー＝レザー・アラヴィータバール(‘Alīrezā ‘Alavītabār)の議論を借りると，そもそも「ホルダード月2日改革運動」の内部には，① 権力維持(hefz-e qodrat)のために「ホルダード月2日戦線」に参加した勢力(アクバル・ハーシェミー＝ラフサンジャーニー〔Akbar Hāshemī-Rafsanjānī〕前大統領派の「建設の幹部党」〔Hezb-e Kārgozarān-e Sāzandegī〕など)，② 権力獲得(kasb-e qodrat)のために参加した勢力(メフディー・キャッルービー〔Mehdī Karrūbī〕現国会議長が率いる「闘う聖職者集団」〔Majma‘-e Rouhānīyūn-e Mobārez，略称 MRM〕に属するイスラーム左派系聖職者など)，③ 権力変革(taghyīr-e qodrat)のために参加した勢力(「イスラーム革命モジャーヘディーン機構」〔Sāzmān-e Mojāhedīn-e Enqelāb-e Eslāmī〕および「イラン・イスラーム参加戦線党」に属するハータミー派国会議員など)が含まれていた(Ahmadī-Amū'ī[2003])．

アラヴィータバールによれば，改革路線の「失敗」を受けて，この3種類の勢力が，4つの異なる立場へと分極化した．そのうち，第1グループは「改革中断派」で，「闘う聖職者集団」などからなる．彼らは，現在のイラン・イスラーム共和国が「体制転覆」を画策する国外勢力・敵対国家からのきわめて深刻な危機に曝されており，したがって改革に反対する国内の保守派とも団結して国難を乗り切ることを優先すべきであり，改革努力は将来時機を見て再開すればよい，と考えているとされる．

第2グループは「改革放棄派」で，「建設の幹部党」などからなる．彼らは，改革の失敗の原因を，抵抗勢力の力のみならず改革派自身の現状認識や戦略・戦術が誤っていたことに見出し，改革努力の根本的な再生を図るためにも政治の舞台から一旦完全に身を引くべきであると考えている勢力である．言い換えると，これは，「既存の政治力の温存」のための戦術的対応を図る者たちであると言える．

第3グループは「改革継続派」で，「イスラーム革命モジャーヘディーン機構」，「イラン・イスラーム参加戦線党」の一部などからなる．このグループは，6年間の努力にもかかわらず「改革運動」がほとんどまったく成果を挙げていないことは認めるものの，改革が必要であることにおいては変化はなく，したがって従来からの路線を継続する以外に方途はないと考える．国民の関心が低下していることについても，これまで以上に改革の必要性を説き続けるしかない，と考える．

第4グループは「構造改革派」であり，「イラン・イスラーム参加戦線党」の一部や，自称「宗教的ナショナリスト」(「イラン自由運動」など)からなる．彼らは，6年間の努力にもかかわらず，「改革運動」が成果を挙げることができなかったことは，同「運動」の担い手の側の認識に誤りがあったためであると考える．そのなかでも最大の誤りは，国民の圧倒的な支持がある以上，右派・保守派の側も譲歩をするであろうと想定し，したがって現在の政治システムを通常の政治プロセスに則り「改革」することが可能である，と考えたことであるとされる．また改革派は，右派・保守派の側が，法律にも宗教的倫理にももとる暴力やテロという手段や，司法権などの乱用に訴えることを，予想していなかったことも誤算であったと考えている．したがって，これらを踏まえると，これまでと同じ方法での改革努力は無益であり，結果を出すためには改革目標を深化('amīqtar-kardan)あるいはラディカル化(bonyādtar-kardan)させなければならないと考えているとされる(Ahmadī-Amū'ī[2003])．具体的には「構造改革派」は，①体制の統率者である統治イスラーム法学者(valī-ye faqīh)の「裁定」(hokum-e hokūmatī)に最終的には従わなければいけないとされる「イスラーム法学者の絶対統治」システムの解体，②直接選挙で選ばれる公職に実権を与える完全な共和制，③そのための憲法改正，を目標として議論するまでに至っている．

おわりに――批判的議論に代えて

前節で検証した変化の数々，具体的には，2003年の「イラク戦争」後の6カ月前後の間にイラン国内で顕在化した，イラン・イスラーム共和国の「統治者たち」への政治的要求の数々や，同年6月10日以降の一部の若者などによる騒擾行為などに見られる社会情勢は，国内からイランのイスラーム共和国体制基盤に対する「揺さぶり」が起きつつあることを意味すると解釈できるもの，またそうすべきもの，であろうか．

まず，「イラク戦争後」のイラン国内情勢の展開において明らかになったことの1つは，1997年5月の大統領選挙においてハータミー候補が勝利するとともに誕生した「ホルダード月2日改革運動」が，いくつかの意味合いで「失敗」し，終焉に達しつつあるということであった．さらに，等しく重要な点として，同運動の担い手が言うところの「改革」の意味する内容，すなわち「ホルダード月改革路線」自体へ内発的な変容が加わり始めていることであった．

これまでハータミー大統領やその取り巻きの改革派が言うところの「改革」，すなわち「ホルダード月2日改革路線」とは，「体制内改革」の意味であり，それは，1979年のイスラーム革命の成果物である「イスラーム共和国体制」を，その内実を保障する憲法の通りに「実現」するとのものであった．前節で検討した2003年5月23日のハータミー大統領の声明にも現れている通り，それは，「イスラーム共和制」の「理想」には何ら問題はなく，その実現を拒んできた諸々の「障害」を排することが「改革」の目的および内容である，との立場であった．

それに対して，「イラク戦争」後の6カ月前後の間に顕在化してきた主張は，抵抗勢力としての保守派の意図と彼らの実際の行動を踏まえると，「体制内改革」路線に基づく運動から成果が生み出される可能性は乏しく，より根本的な「体制構造改革」が不可避であるとのものである．このことをもっとも明らかに宣言している改革派言論人は，『バフマン』(*Bahman*)および『ラーヘ・ノウ』(*Rāh-e Nou*)誌，さらに『ソブヘ・エムルーズ』(*Sobh-e Emrūz*)紙の編集委員などを歴任してきた，アリー＝レザー・アラヴィータバールである．アラヴィータバールは，本章で検討した2003年の半年間においては，インターネット・ベースの『エムルーズ』サイト(www.emrooz.com)の主幹を務めており，4月14日以来の4つの声明文・書簡のすべてに署名していた[19]．

アラヴィータバール以外で，4つともに署名しているこの「体制構造改革運動」の担い手には，キャディーヴァル，アフマド・モンタゼリー(Ahmad Montazerī)，ファズロッラーフ・サラーヴァティー(Fazlollāh Salāvatī)，ハミード＝レザー・ジャラーイープール(Hamīd-Rezā Jalā'īpūr)，マーシャッラー・シャムソルヴァーエズィーン(Māshā'allāh Shamsol-Vā'ezīn)，イーサー・サハルヒーズ('Īsā Sakharkhīz)，サイード・ラザヴィー＝ファギーフ(Sa'īd Razavī-Faqīh)がいる．このうち，第1期ハータミー政権でイスラーム文化省国内プレス課長を務め，月刊誌『アーフターブ』(*Āftāb*)の発行人を務めていたサハルヒーズは7月15日に，またラザヴィー＝ファギーフもその直前の7月10日に拘束された[20]．

それ以外の著名な署名者には，上述のハッジャーリアーン，サイード・シャリーアティー(Sa'īd Sharī'atī)，タージュザーデ，ハーディ・ガーベル(Hādi Qābel)，アブドルキャリーム・ソルーシュ('Abdol-Karīm Sorūsh)などが含まれていた．

---

19) 彼自身の言葉による「構造改革派」の立場の説明については，たとえば，アフシン・モーラヴィー(Afshin Molavi)による次のインタビュー記事を参照(*Washington Post*[2003]; *EurasiaNet*[2003])．

20) サハルヒーズは，同月19日に保釈金を払い仮釈放された．

より根本的な改革としての「体制構造改革」が必要であるとのこの新しい主張の背後に，これだけ広範な「ホルダード月2日改革」の当初からの担い手の数々が集結した背景には，「イスラーム統治」(hokūmat-e Eslāmī)の強要と，国民主権の原則や現実の「民意」の間に大きな齟齬が生じた場合にどちらを優先させるのか，との問題をもはや避けることはできない，との認識が広く共有されてきたことがある．したがって，そのような主張が「ホルダード月2日」改革路線の「生みの親」である，これらの政治活動家・言論人から出てきたことは，注目に値する動きではあった[21)]．

しかしながら，これらの活動家たちが「改革」(eslāh)という言葉で表現する内容が質的に変化(より具体的には，深化あるいはラディカル化)してきたとしても，実際に「構造」(すなわち現体制下における権力配分のあり方やそれを正当化するドクトリンなど)を変革するための「有効な手段」を欠いている点では，これまでのハータミー大統領らの「体制内改革派」と同様である．したがって，「体制構造改革派」の誰も，暴力や超法規的手段による「体制構造」の改革を唱えているわけではないため，その代わりとして，現憲法下で「大権」を与えられている最高指導者に「英断」あるいは「苦渋の選択」を迫るとの方途に訴えたのであった(2003年7月の書簡)．しかしながら，単に国家権力を握っているだけでなく，それを「イスラーム法学者の絶対統治権」を盛り込んだ憲法によって合法化している最高指導者側からは，何ら呼応する動きは見られなかった[22)]．

したがって，「ホルダード月2日改革運動」の一部の担い手による同運動の失敗の確認と，新たな「体制構造改革」への深化というダイナミクスが，本章で検証した期間において直面しているものは，現実の政治プロセスおよび権力関係においては，「閉塞状況」にほかならなかった．その背景の一端は，そもそも「ホルダード月2日改革路線」の中心的担い手であ

21)　しかしながら，2003年9月の筆者の現地調査(於テヘラン)では，これらが一般国民の間においても，何らかの目に見える変化をもたらしているようには見えなかった．

22)　第7期国会選挙の投票日の3日前の2004年2月17日，それに先立つ2月1日に一斉抗議辞任をしていた改革派国会議員(100余名)は，再び最高指導者に「警告」書簡を送付した．保守派からの最初の反応は，2月19日(投票日の前日)に，辞職議員のほとんどを出した「イラン・イスラーム参加戦線党」が(事実上)編集発行している『ヤーセ・ノウ』紙の発行禁止というかたちで表れた．

った非聖職者で若手の「イスラーム左派」勢力は，1990年代半ばに「法の支配」を訴えて登場してきた者たちであり，その流れを汲む「体制構造改革派」も，超法規的なかたちで憲法を変えることをめざしていないことにある．したがって，「イラク戦争」後の半年間で彼らは路線的にはラディカル化が進んだものの，実際の行動は従前と変わらず，したがってその言動のインパクトにも限界がある，との分析も可能である．その意味では，「体制構造改革派」も，彼ら単独で体制基盤を揺るがすようなインパクトを生み出す可能性は，現在のところほとんどないと言わざるを得ない．

以上の簡単な分析が的を射たものであるならば，「ホルダード月2日改革運動」の誕生から丸6年を経て明らかになったその「終焉」と「死去」は，イラン・イスラーム共和国体制の体制基盤を「揺るがす」ことなしにその生涯を終え，その後続となる「体制構造改革路線」も同様である可能性を多分に持っていることになる[23]．

23) もっとも，イラン・イスラーム共和国体制基盤の包括的な分析のためには，本章で分析の対象としていない，国家権力を握っている側および一般国民多数派の動向を分析対象に含める必要があることは，言うまでもない．

〔参考文献〕

〔日本語文献〕

松永泰行[2000],「第六期国会選挙後のイラン内政の現状と今後の展望」(『中東研究』第460号, 3月), 2〜12ページ.

——[2001a],「ハータミー・イラン大統領再選と「改革」の行方」(『世界』第691号, 8月), 30〜33ページ.

——[2001b],「イスラーム政体における「統治の正当性」の問題に関する現代イラン的展開」(『オリエント』第44巻第2号), 87〜103ページ.

——[2002a],「イラン・イスラーム共和国における選挙制度と政党」(日本国際問題研究所編『中東諸国の選挙制度と政党』日本国際問題研究所), 4〜19ページ.

——[2002b],「イスラーム体制下における宗教と政党——イラン・イスラーム共和国の場合」(日本比較政治学会編『現代の宗教と政党——比較のなかのイスラーム』早稲田大学出版部), 67〜95ページ.

——[2003],「イランの地方行政制度と新州設立をめぐる政治プロセスの動態」(伊能武次・松本弘編『現代中東の国家と地方(II)』日本国際問題研究所), 28〜30ページ.

〔外国語文献〕

AFP [2003], "Iranian Dissidents Seek to Apply More Pressure on Supreme Leader," July 15.

Ahmadī-Amū'ī, Bahman [2003], "Mosāhebeh bā 'Alīrezā 'Alavītabār," *Yās-e Nou*, October 6, p. 8, and October 7, p. 9.

Amuzegar, Jahangir [2003], "Iran's Crumbling Revolution," *Foreign Affairs*, Vol. 82, No. 1, January-February, pp. 44-57.

Ārmīn, Mohsen et al. [2003], *Nāmeh-ye 127 Namāyandeh-ye Majles-e Shourā-ye Eslāmī beh Maqām-e Rahbarī*, 1382 Ordībehesht 31.

Bakhash, Shaul [1995], "Iran : The Crisis of Legitimacy," *Middle East Lectures*, No. 1, Tel Aviv : Moshe Dayan Center for Middle Eastern and African Studies, pp. 99-118.

Banuazizi, Ali [1994], "Iran's Revolutionary Impasse : Political Factionalism and Societal Resistance," *Middle East Report*, Vol. 24, No. 6, November-December, pp. 2-8.

——[1995], "Faltering Legitimacy : The Ruling Clerics and Civil Society in Contemporary Iran," *International Journal of Politics, Culture and Society*, Vol. 8, No. 4, pp. 563-577.

BBC Persian [2003], "Nāmeh-ye Dīgar beh Rahbar-e Īrān," July 15.

Bush, George W. [2002], "The President's State of Union Address," The White House, January 29.

——[2004], "State of Union Address," The White House, January 20.

Chehabi, H. E. [1996], "The Impossible Republic : Contradictions of Iran's Islamic State," *Contention*, Vol. 5, No. 3, pp. 135-154.

Emruz.org [2003a], "Nāmeh-ye Sargoshādeh-ye Jam'ī az Fa"ālān-e Jonbesh-e Dāneshjū'ī beh Ra'īs-e Jomhūr beh Monāsebat-e Havādeth-e Akhīr va dar Āstān-e 18 Tir-māh," June 26.

——[2003b], "Nāmeh-ye 350 Shakhsīyat-e Siyāsī, Farhangī va Dāneshgāhī-ye Īrān beh Maqām-e Rahbarī," July 15.

EurasiaNet [2003], "Iran's Reformists Make Last-Ditch Attempt to Thwart Conservative Foes," July 16.

Fairbanks, Stephen C. [2003], "Iran's Distant 'Second Revolution,'" *RFE/RL Iran Report*, Vol. 6, No. 6, February 10.

Gerecht, Reuel Marc [2000], "Iran : Fundamentalism and Reform," in Robert Kagan and William Kristol eds., *Present Dangers : Crisis and Opportunity in American Foreign and Defense Policy*, San Francisco : Encounter Books, pp. 111-144.

——[2001], "God and Man in Iran," *Wall Street Journal* op-ed., June 7.

——[2002a], "On to Iran ! Checkmating the Clerics," *Weekly Standard*, Vol. 7, No. 22, February 18.

——[2002b], "Regime Change in Iran ?" *Weekly Standard*, Vol. 7, No. 45, August 5, pp. 30-33.

Ghoreishi, Ahmad and Dariush Zahedi [1997], "Prospects for Regime Change in Iran," *Middle East Policy*, Vol. 5, No. 1, January, pp. 85-101.

Hashim, Ahmed [1995], *The Crisis of the Iranian State* (Adelphi Paper No. 296), London : Oxford University Press.

ISNA [2003], "Ba'd az Eslāhāt Cheh Bāyad Kard ? Sokhanān-e Sa'īd-e Hajjāriān dar Panjomīn Ordū-ye Shākheh-ye Javānān-e Jebheh-ye Moshārekat," September 10.

Jomhūrī-ye Eslāmī [2003], "Rahbar-e Enqelāb : Mellat-e 'Erāq zīr-e Bār-e Yek Diktātour-e Āmrīkā'ī Nemī-Ravad," April 12.

Khajehpour, Bijan [2002], "Protest and Regime Resilience in Iran," *MERIP Press Information Note*, No. 114, December 11.

Ledeen, Michael [2002a], "The Great Iranian Hoax," *National Review Online*, February 12.

――[2002b], "Iran and the Axis of Evil," *National Review Online*, March 4.

――[2002c], "Iran Simmers Still," *National Review Online*, March 15.

――[2002d], "The Revolution Continues : What's Brewing in Iran," *National Review Online*, March 25.

――[2002e], "Iran on the Brink," *National Review Online*, April 29.

――[2002f], "The Iranian Time Bomb," *National Review Online*, July 3.

――[2002g], "The State Department Goes Mute," *National Review Online*, July 11.

――[2002h], "Can You Keep a Secret ? The Media Silence on Iran," *National Review Online*, August 7.

――[2002i], "The Temperature Rises : We Should Liberate Iran First—Now," *National Review Online*, November 12.

Middle East Report Online [2003], "'Our Letter to Khatami Was a Farewell,' An Interview with Saeed Razavi-Faqih," July 15.

Pahlavi, Reza [2001], "Iran : Rhetoric or Real Reform ?" *Washington Times* op-ed., October 7.

――[2002], *Winds of Change : The Future of Democracy in Iran*, Washington DC : Regnery Publishing.

Pipes, Daniel [2002], "Iran in Crisis," *New York Post* op-ed., July 23.

Rahnema, Saeed and Sohrab Behdad eds. [1995], *Iran after the Revolution : Crisis of an Islamic State*, London : I. B. Tauris.

Reuters [2003a], "Quick Iraq War May Presage More Pressure on Iran," April 9.

――[2003b], "Reformers : Iran Must Choose Democracy or Despotism," July 15.

Roy, Olivier [1999], "The Crisis of Religious Legitimacy in Iran," *Middle East Journal*, Vol. 53, No. 2, Spring, pp. 201-216.

Shirley Edward G. [1995], "Is Iran's Present Algeria's Future ?" *Foreign Af-*

fairs, Vol. 74, No. 3, May-June, pp. 28-44.

Takeyh, Ray [2002], "Iran as Part of the Axis of Evil : Reforms Stagnate," *Policywatch*, No. 600, February 4, Washington DC : Washington Institute for Near East Policy.

Tenet, George [2003], "DCI's Worldwide Threat Briefing(Prepared Remarks before the Senate Select Intelligence Committee)," *Washington File*, February 11.

Washington Post [2003], "Backers of Iranian Reform Fight Tide of Frustration-Critics Say Movement Has Become Irrelevant," July 13.

Wright, Robin [1996], "Dateline Tehran : A Revolution Implodes," *Foreign Policy*, No. 103 (Summer), pp. 161-174.

Yās-e Nou [2003a], "Bayānīyeh-ye 182 tan az Fa"ālān-e Siyāsī dar E'terāz beh Jang va Zarūrat-e Hambastegī-ye Mellī," April 12, p. 12.

——[2003b], "Bayānīyeh-ye 116 Fa"āl-e Siyāsī-o-Farhangī darbāreh-ye Sharā'et-e Hessās-e Keshvar," May 20, p. 12.

——[2003c], "Payām-e Khātamī beh Mellat-e Īrān," May 24, p. 2.

——[2003d], "Hemāyat-e 252 tan az Fa"ālān-e Siyāsī, Farhangī az Nāmeh-ye 135 Namāyandeh-ye Majles," June 16, p. 16.

Zahedi, Dariush [2000], *The Iranian Revolution Then and Now : Indicators of Regime Instability*, Boulder : Westview Press.

第5章

トルコにおける社会的亀裂と政党制の定着

間　寧

はじめに

本書の主題は中東・中央アジア諸国の政権権力基盤であるが，これら諸国では政権のほとんどが権威主義的政権であるため，政権と体制が一体化している．つまりこれら諸国の政権基盤とは体制基盤でもある．しかしトルコでは「上からの民主化」で1946年に複数政党制に移行して以来，政権は選挙を通じて頻繁に交代してきた(表5-1)．国家は社会の要求を政党政治を通して取り込もうとしてきた．トルコでこれまでに成立した多様な政権(中道右派，中道左派，親イスラーム政権など)ごとの政権基盤もまちまちであり，議論することの意義は小さい．むしろ，議会制民主主義体制の根幹をなす政党制の定着ないし制度化(以下では両者を同義的に用いる)を議論する方が，トルコの政治体制の基盤を考察するうえで有益と思われる．ところでトルコの政党制は上述のように確かに競争的ではあるものの，1960年と1980年の2度の軍事クーデタで，中断されてきた[1]．また，宗教，宗派，民族，階級を擁護する政党を禁止する厳しい憲法・政党法規定がある[2]．本章の目的は，トルコの政党制が，このような政治的制約のもとでどの程度定着，制度化したのかを検討することである．

政党制の制度化は，その制度が社会的に(あるいは有権者に)どの程度受容されているかを総合的に判断しなければならず，単一の基準はない．ただし，制度化が「組織や手続きが価値と安定を得る過程」(Huntington[1968:12])であるとすると，政党制の制度化の外形的要件としてその安定性を挙げることができる[3]．政党制の安定性の指標として(政治学で)広く用いら

---

1) 1960～1961年，1980～1983年は軍事政権が統治した．ただし，他国の例に比べれば軍事政権の期間は短い．
2) 1982年憲法69条，政党法(法律第2820号，1983年4月22日成立)．
3) 欧米の政党制の制度化過程では，政党・有権者支持関係の再編成(realignment)により

表 5-1　総選挙直後の政権与党

総選挙年	総選挙直後の政権与党	第 1 党[†] ○：連続勝利 ●：返り咲き又は初勝利
1946	共和人民党(Cumhuriyet Halk Partisi，略称 CHP)	○
1950	民主党(Demokrat Parti，略称 DP)	●
1954	民主党	○
1957	民主党	○
1961*	共和人民党，公正党(Adalet Partisi，略称 AP)	●
1965	公正党	●
1969	公正党	○
1973	共和人民党，国民救済党(Milli Selamet Partisi，略称 MSP)	●
1977	共和人民党	○
1983*	祖国党(Anavatan Partisi，略称 ANAP)	●
1987	祖国党	○
1991	正道党(Doğru Yol Partisi，略称 DYP)	●
1995	祖国党，正道党	●
1999	民主左派党(Demokratik Sol Parti，略称 DSP)	●
2002	公正発展党(Adalet ve Kalkınma Partisi，略称 AKP)	●

注)　＊ 軍事政権後(1960～1961 年，1980～1983 年)の民政移管選挙.
　　　† 第 1 党は総選挙直後の与党第 1 党と同じ．ただし 1995 年総選挙の第 1 党は福祉党.

出所)　筆者作成.

れているのが投票流動性である．投票流動性とは，2 つの連続した選挙の間での政党得票率変化(絶対値)の総和の 2 分の 1 と定義される(Pedersen [1979]，計算方法については表 5-2 参照)．これは選挙ごとに有権者が支持政党を代える傾向を測る尺度である．政党鞍替え傾向を調べるためには，本来は個々の有権者に対して調査すべきところだが，多大な費用がかかるために，政党ごとの集計値が使われるのである.

トルコの投票流動性の特徴は，それが一貫して高く，下がる兆しを見せないことにある．その水準は，ほとんどの選挙で 20% 近くで，近年はむしろ高まる傾向さえある(図 5-1)．西欧 13 カ国の 1885～1985 年の投票流動性の平均は 8.6% だった(Bartolini and Mair[1990 : 68])．1990 年代に西欧で投票流動性が高まったと言われても，その水準は 1990～1994 年の 18 カ国平均で 12.7% にとどまっていた(Ersson and Lane[1998 : 30, Table 2. 4])．ト

一時的に安定を欠いても，その後再び安定を取り戻してきた(Campbell et al.[1960]; Lipset and Rokkan[1967]; Bartolini and Mair[1990]).

表 5-2　投票流動性の計算方法

政　党	今回得票率(1)	前回得票率(2)	差：「揺れ」(1−2)	絶対差|1−2|
A	40	30	10	10
B	30	40	−10	10
C	20	25	−5	5
D	10	5	5	5
合　計	100	100	0	**30**

注）この場合，投票流動性は 30(太字)を 2 で除した 15 になる．
出所）筆者作成．

ルコとともに「民主化の第 3 の波」(Huntington[1991])に含まれる諸国では，民主主義移行直後は投票流動性が高いものの，その後の選挙では下がっている．たとえばスペインでは 1993 年に 10.6%，ポルトガルでは 1991 年に 9.5%，ギリシャでは 1990 年に 3.3% に落ち着いた(Gunther and Montero [2001])．

トルコにおいて投票流動性が依然として下がらないことは，政党制の定着の遅れを意味するのだろうか．それとも指標自体に問題があるのだろうか．Özbudun[1981]はかつて，トルコに関しては政党制の制度化の指標として，投票流動性よりも主要 2 政党の合計得票率の方が適切であると主張した．その理由として彼は，投票流動性が政党間の票移動の多様な原因を必ずしも識別できないことを挙げた．トルコの場合，投票流動性の高さは，① 開発の遅れた地域の有力者が地元民を誘導する「動員的投票」，② 小政党の台頭と衰退，③ 政党・有権者支持関係の変化などに起因しているが，①と②は制度化の遅れを示しているのに対し，③は長期的には制度化に貢献するというのである．

Özbudun[1981]の指摘は説得的であるものの，1990 年代以降，彼の議論の前提 3 つのうち 2 つが崩れつつある．第 1 に，1980 年以降の選挙データは，「動員的投票」仮説をもはや裏づけていない．1983 年から 1999 年までの総選挙での投票率が高かったのは，開発の遅れた県よりも進んだ県だった(間[2000])．第 2 に，1983 年 6 月 10 日成立の国会議員選挙法(法律第 2839 号)は，国内 10% の得票率を議席獲得要件としたため，小政党は国会選挙に参加しづらくなった．つまり，現在のトルコの投票流動性は，

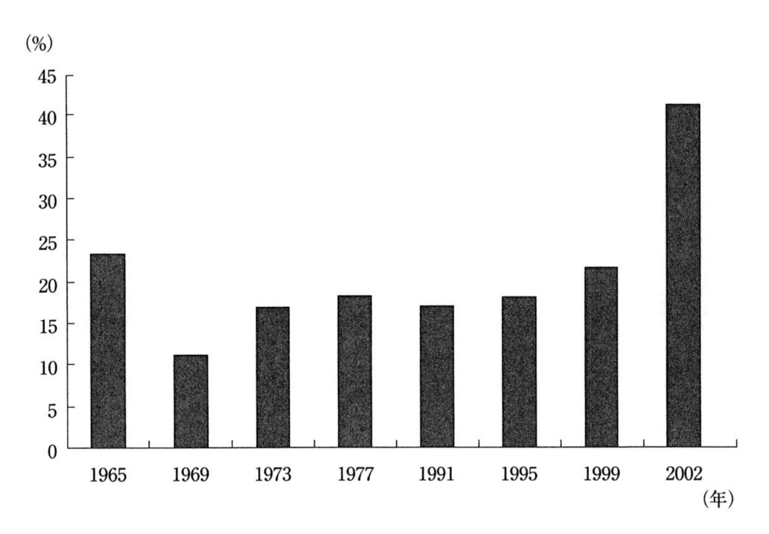

注）1960年と1980年の軍事クーデタのそれぞれ直後の総選挙(1961年と1983年)での投票流動性は計算できなかった．1960年クーデタでは与党公正党が，1980年クーデタではすべての政党が解散させられているためである．また，1983年の民政移管選挙には3政党しか参加が認められなかったため，1987年の投票流動性も計算できなかった．

出所）SIS[1998a]，[1998b]，[2000]，[2003]より筆者作成.

図5-1 トルコにおける投票流動性(1965〜2002年)

Özbudun[1981]が指摘した制度化の遅れを示す最初の2つの要因によるものではなく，むしろ有権者の意志により生じている．今日のトルコにおいて，投票流動性は有権者の支持を測る尺度として認められると考えるのが妥当である．

ただし，有権者の何に対する支持かが重要である[4]．投票流動性は有権者の(自発的ではあっても)さまざまな意志を体現している．それは大きく言って，①有権者が属する社会集団を代弁できる政党の模索と，②与党に対する懲罰から成っている．政党制の定着を議論する場合は，まず①に着目すべきであろう．というのは，政党制は歴史的には体制の主流派に異議を唱えるさまざまな社会集団をまず野党として内包しながら発展，定着して

4) この点では，投票流動性が政党間の票移動の多様な原因を必ずしも区別できないというÖzbudun[1981]の指摘は依然有効である．

きたからである(Lipset and Rokkan[1967]; Daalder and Mair[1983]). すなわち，政党制の定着は，政党制度への社会的亀裂(cleavages)の反映として捉えることができる[5]. また，政党制に対する信頼と政府に対する信頼は別物である. 世界的に見ても，民主主義体制および政党制に対する信頼が高まるのに対し，政府・与党に対する信頼は低まる傾向にある(Nye, Zelikow and King[1997]; Norris[1999]).

これらのことから，本章はトルコにおける社会的亀裂が政党制にどの程度反映されているかを分析することを主要な目的としている. 以下では，まず第1節で投票流動性を2つに分解して分析し，投票流動性のうち社会的亀裂に起因する部分が(相対的のみならず絶対的にも)低下していることを示す. 次に第2節で，社会的亀裂がかつては投票流動性を高める効果を持っていたのに対し，近年では投票流動性を下げる効果を及ぼすようになってきたことを明らかにする. さらに第3節で，今後の分析課題である，与党懲罰に起因する投票流動性について，経済的要因の存在を指摘する. 最後に「おわりに」で，本章のまとめを行う.

第1節　投票流動性

一般に投票流動性という場合，それは2つの連続した選挙の間での政党得票率変化(絶対値)をすべての政党について足し上げた総和と定義され[6]，厳密には総投票流動性(total electoral volatility)を意味する(以下では投票流動性と記す). ところで投票流動性は，政党制の不安定性を示すものの，不安定性の理由を特定できない. 選挙ごとの政党間の票移動(vote swings)の

5)　本章はcleavagesを社会的亀裂と訳し，階級，民族，宗教・宗派，言語，地域，文化などの社会的属性が価値観や組織と結びついて形成する社会区分軸と定義する(Bartolini and Mair[1990]参照). 社会に存在する亀裂という意味で，あえて「社会的」と形容した. Lipset and Rokkan[1967]の先駆的研究は，西欧の政党制度が中央・周辺，世俗・宗教，都市・農村，資本・労働という社会的亀裂を順番に内包していったことを示した. なお，social cleavages(Dalton, Flanagan and Beck[1984])やpolitical cleavages(Rae and Taylor[1970])という表現もあるが，これらはcleavagesとほとんど同義に用いられてきた.

6)　本来は票の総移動を測るべきであるが，パネル調査を必要とするため，ここでは便宜的に票の純移動を扱う. 分裂・合併した政党は1つの政党として計算したため，分裂・合併による得票率の変化は除外されている.

組み合わせはさまざまな次元の投票流動性を表している．Bartolini and Mair[1990]は投票流動性をブロック間流動性(inter-bloc volatility)とブロック内流動性(within-bloc volatility)に分解した．彼らの言うブロックとは，左派政党ないし右派政党のことである(トルコにおける左派・右派の定義は後述する．トルコにおける政党区分については表5-3および表5-4参照)．ただし，ブロックという概念は左右次元に限られるわけではない．本章はブロック概念の適用範囲を広げ，4種類のブロック間流動性を分析する(表5-5)．最初の2つのブロック間流動性は，「左派・右派」流動性と「穏健・急進」流動性である．これらは社会的亀裂構造を反映している(たとえば「左派・右派」流動性は「労働対資本」,「市場経済対国家主導経済」,「世俗主義対宗教主義」を,「穏健・急進」流動性は「中道右派・中道左派対社会主義・民族主義・宗教原理主義」を反映している)ため，まとめて亀裂的流動性と呼ぶ．残りの2つのブロック間流動性は,「与党・野党」流動性と「既与党・未与党」流動性である．これらは，単に与党・野党という区別を基準にした投票行動であり，与党を罰する投票行動を反映しているため，まとめて懲罰的流動性と呼ぶ．

4つのブロック流動性は，より詳しく以下のように定義できる．第1に,「左派・右派」流動性は左派政党と右派政党の間の票の純移動である．連続した2つの選挙の間のすべての左派(またはすべての右派)政党票の変化の絶対値として計算できる．トルコにおいて左派政党は右派政党に比べてより世俗主義的で，国家の経済的役割をより支持する(Mango[1991: 171-179]，なおRubin and Heper[2002]も参照)．右派政党は左派政党に比べてより宗教的で，市場経済をより支持する[7]．宗教性が左派・右派区分のもっとも重要な要素であることは，トルコに限らない．Inglehart[1984 : 53-57]やLijphart[1979]によれば，左派・右派指標での位置づけでは，社会階級よりも宗教性がより強い決定力を持つ．第2に,「穏健・急進」流動性は，すべての穏健政党とすべての急進政党の間の票の純移動である．穏健政党とは(現体制を擁護する)体制政党で，民主主義，世俗主義，国民国家という

7)　ただし，極右政党は中道右派政党に比べると市場経済への支持はやや弱い．

表 5-3　1961〜1977 年総選挙に参加した政党

党　　名	設立年(分派元)／継承年	解散年[a](合併先)	イデオロギー：L＝左，R＝右 P＝穏健，A＝急進	与党だった選挙年[b]
共和人民党	1923		L-P(中道左派)	1965
共和主義農民国民党(Cumhuriyetçi Köylü Millet Partisi，略称 CKMP)／民族主義行動党(Milliyetçi Hareket Partisi，略称 MHP)	1958／1969		R-A(民族主義)	1977
公正党	1961		R-P(中道右派)	1969, 1973[c], 1977
新トルコ党(Yeni Türkiye Partisi，略称 YTP)	1961	1973(AP)	R-P(中道右派)	
トルコ労働党(Türkiye İşçi Partisi，略称 TİP)	1961／1975	1971	L-A(マルクス主義)	
国民党(Millet Partisi，略称 MP)	1962(CKMP)		R-P(伝統保守)	
トルコ統一党(Türkiye Birlik Partisi，略称 TBP)	1966		L-A(親アレヴィー派)	
信頼党(Güven Partisi，略称 GP)／共和信頼党(Cumhuriyetçi Güven Partisi，略称 CGP)	1967(CHP)／1973		R-P(中道右派)	1977
国民秩序党(Milli Nizam Partisi，略称 MNP)／国民救済党	1970／1972	1971	R-A(親イスラーム)	1977
民主党	1973(AP)		R-P(中道右派)	

注）a. 憲法裁判所により解党.
　　b. 当該政党がその後 1 年以上与党.
　　c. 1971〜1973 年の超党派内閣期を除く.

出所）Tachau[1994]などより筆者作成.

表 5-4　1987〜2002 年総選挙に参加した政党

党　名	設立年(分派元)／継承年	解散年[a](合併先)	イデオロギー：L＝左，R＝右 P＝穏健，A＝急進	与党だった選挙年[b]
祖国党	1983		R-P(中道右派)	1987, 1991, 1999, 2002
正道党	1983		R-P(中道右派)	1995
民族主義労働党(Milliyetçi Çalişma Partisi, 略称 MÇP)／民族主義行動党	1983／1993[c]		R-A(民族主義)	2002
福祉党(Refah Partisi, 略称 RP)／美徳党(Fazilet Partisi, 略称 FP)	1983／1997	1998, 2001	R-A(親イスラーム)	1999
民主左派党	1985		L-P(中道左派)	2002
社会民主人民党(Sosyal Demokratik Halkçı Parti, 略称 SHP)／共和人民党	1985／1992		L-P(中道左派)	1995
人民民主党(Halkın Demokrasi Partisi, 略称 HADEP)／民主人民党(Demokratik Halk Partisi, 略称 DEHAP)	1995／1997[d]		L-A(親クルド)	
至福党(Saadet Partisi, 略称 SP)	2001(VP)		R-A(親イスラーム)	
公正発展党	2001(VP)		R-A(親イスラーム)	
青年党(Genç Parti, 略称 GP)	2002		R-A(民族主義)	

注)　得票率が 2% 以下の小政党を除く.
a. 憲法裁判所により解党. なお, 軍事クーデタ翌年の 1981 年にはすべての政党が解党された.
b. 当該政党がその後 1 年以上与党.
c. 党名変更.
d. 民主人民党は人民民主党の解党を予期して 1997 年に結党されたが, 人民民主党は 2003 年まで存続した. このため, 人民民主党は 1995 年と 1999 年の総選挙に参加した. 2002 年総選挙には, 解党の危険性が高いことから参加しなかった(ムラット・ボズラック〔Murat Bozlak〕党首とのインタビュー参照〔*Milliyet*[2002]〕). その代わりに, 民主人民党が 2 つの小政党(左派と中道左派)と選挙連合を組んで参加した.

出所)　Tachau[1994]などより筆者作成.

表 5-5　亀裂的流動性と懲罰的流動性

類　型	ブロック間流動性	定　　　義
亀裂的流動性	「左派・右派」流動性* 「穏健・急進」流動性	(全左派政党の得票率変化†＋全右派政党の得票率変化)/2 (全穏健政党の得票率変化＋全急進政党の得票率変化)/2
懲罰的流動性	「与党・野党」流動性 「既・未与党」流動性	(全与党の得票率変化＋全野党の得票率変化)/2 (全既与党の得票率変化＋全未与党の得票率変化)/2

注）投票流動性は，政党得票率絶対変化の総和の 1/2＝($\Sigma|party_t - party_{t-1}|/2$).
　* 世俗主義，公共部門／宗教保守，市場経済.
　† 得票率変化は絶対値.

出所）筆者作成.

トルコ国家の原則を支持する政党を意味する．急進政党とは(現体制に異議を唱える)反体制政党で，親イスラーム政党(世俗主義体制を所与としながらもイスラーム的価値を擁護する政党)，民族主義政党(トルコ民族主義を至上に掲げる政党)，親クルド政党(トルコ国民国家を所与としながらもクルド人を基盤とする政党)が含まれるものとする．ただし，これらの政党は法の順守を謳っているのでその反体制性および急進性は潜在的にとどまる．第3に，「与党・野党」流動性は，すべての与党とすべての野党の間の票の純移動である．ここでは与党を，総選挙前に1年以上政権の座にあった政党と定義する．これにより，選挙管理内閣の与党を除く．第4に，「既与党・未与党」流動性は，与党を経験したことのあるすべての政党と，そうでないすべての政党の間の票の純移動である(与党の定義は上記と同じ).

亀裂的流動性と懲罰的流動性では有権者の政党選択基準が違う．亀裂的流動性は，自己の社会集団をより良く代弁する政党を模索する過程で生じるのに対し，懲罰的流動性は与党の過去の政策成果に対する有権者の評価を表している．そのため，これら2種類のブロック間流動性は，必ずしも同じ趨勢を示すとは限らない．事実，1980年以前は亀裂的流動性は懲罰的流動性と同程度の規模であったが，1980年以後は亀裂的流動性は懲罰的流動性よりはるかに小さくなった(図5-2)．すなわち投票流動性は1980年以後になるとそれ以前に比べて，亀裂的流動性よりも懲罰的流動性をより強く反映するようになったのである．ところで亀裂的流動性は1990年代に絶対水準では増加したように見えるが，この増加は亀裂的流動性と懲罰的流動性の重複によるところが大きい．両者の重複部分を差し引いた亀

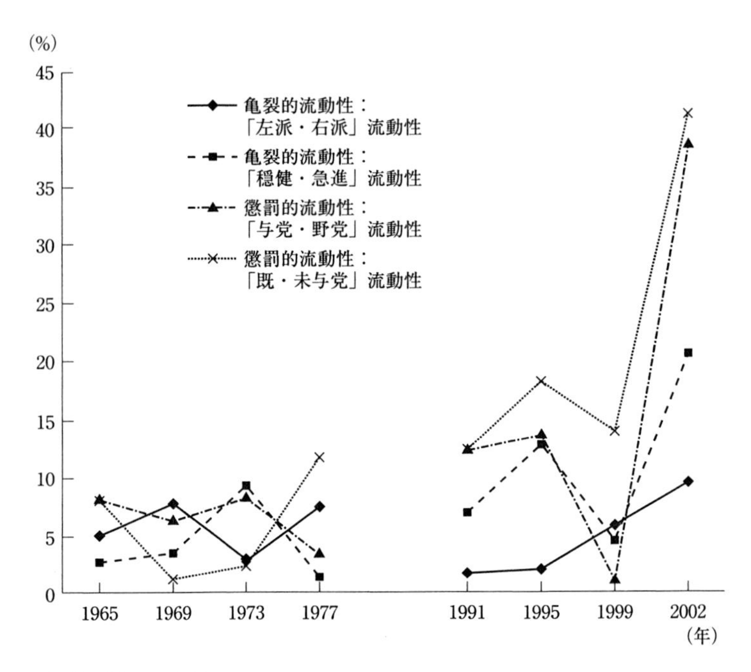

出所） 図 5-1 に同じ.

図 5-2 亀裂的・懲罰的流動性(1965〜2002 年, $N=67$)

裂的流動性(純亀裂的流動性指標に示される)は，1980 年以前よりもそれ以後の方が小さい(図 5-3).

以上の概観から，投票流動性のうち社会的亀裂に起因する部分は(相対的のみならず絶対的にも)低下していることがわかった．ところでこれは，単に懲罰的流動性が高まったことの結果なのか，それともトルコにおいて社会的亀裂と政党制の間の関係が変化しているからなのだろうか．以下では，この問いを扱う．

第 2 節 社会的亀裂と亀裂的流動性

本節は，社会的亀裂と亀裂的流動性の関係を 1961〜2002 年の県レベルのデータを用いて分析する．第 1 に，所与の社会的亀裂を前提とするので

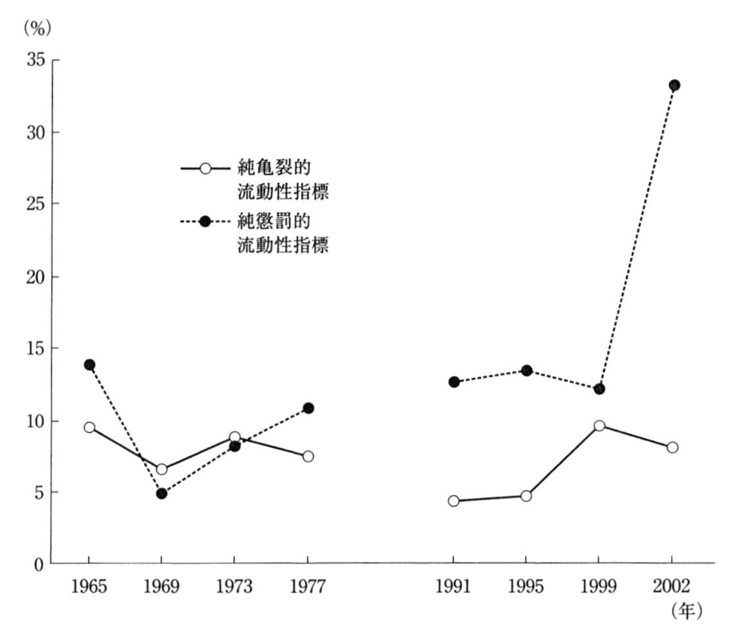

注）純亀裂的流動性指標は，Aを「「左派・右派」流動性と「穏健・急進」流動性の平均値」，Bを「与党・野党流動性と既与党・未与党流動性の平均値」，Cを「投票流動性」とした場合，AからAとBの重複部分の半分を差し引いた値，すなわちA−(A+B−C)/2と定義される．

出所）図5-1に同じ．

図5-3 純亀裂的流動性指標と純懲罰的流動性指標

はなく，投票様式を因子分析することにより主要な社会的亀裂を反映する因子を抽出する．第2に，これら因子に対応する社会・人口データを社会的亀裂の指標とする．第3に，社会的亀裂と亀裂的流動性の間の関係を，静態的(長期平均)および動態的(選挙ごと)に重回帰分析する．

1. どの社会的亀裂か

どの社会的亀裂を独立変数にすべきだろうか．社会的亀裂は広く，階級性，民族性，宗教・宗派性，言語，地域性，文化などに及ぶ．本章に関して言えば，トルコ社会におけるあらゆる社会的亀裂を列挙するよりも，主要な社会的亀裂を見極める方が重要である．すなわち，どの社会的亀裂を選ぶかは分析の仮説的前提に依拠すべきで，選択結果の妥当性はその社会的亀裂の説明力により判断されるべき(Lane and Ersson[1999：43-44])であろう．本章は，県別政党支持率をもっとも実質的に規定している社会的亀裂を選んだ．県別データを用いて社会的亀裂の深さと亀裂的流動性の関係を分析することが本節の目的だからである．ただし，ここではあえて明示的仮説を掲げなかった．先進国の研究では社会的亀裂が深ければ(「深さ」は少数派の国内人口比で測られる)投票流動性が低いことが確認されているが(Bartolini and Mair[1990])，それには政党制度が社会的亀裂を強く反映していることが前提となっている．これに対し，多様な社会集団の声を反映する政党が必ずしもそろっていない途上国の場合，少数派の票の行く先が安定しないため，社会的亀裂の深さはむしろ投票流動性を高めるであろう．ここではむしろ，社会的亀裂の深さと亀裂的流動性の関係が正か負かを見極めることにより社会的亀裂の政党制度への反映の状況を判断したい．

各国横断的研究と比べて，一国の県別社会的亀裂を測ることは難しい．それは実際的，理論的理由による．実際的には，社会集団の帰属意識の強さが県別にどのように異なるかについての情報は入手が著しく困難である．理論的には，集団帰属意識を社会・人口的変数で近似するとしても，どのような社会・人口的特性が社会的亀裂を強めるかは明らかでない．そして，実際的かつ理論的に，社会的亀裂の深さについての既存の指標である分節化(segmentation，全少数派の人口比率，Bartolini and Mair[1990：226])は，国全体よりも県に適用することの方がより難しい．なぜなら分節化は，県における多数派が国全体における多数派に一致しているといないとでは，社会的亀裂に対する作用が全く逆になり得る．もし県の多数派が国では少数派であり，かつ既存の政党制が県の多数派を過小にしか代弁していないと，県の多数派の人口比率が高く(分節化が低く)ても，投票行動はむしろ不安定になる．県内多数派の票が政党帰属意識を欠くことになるからである．

このため，県別の主要な社会的亀裂の深さを測るためには，国内の主要な少数派の県別人口比率を用いるのがより適当である．ここでの仮定は，(1)県別の各社会的亀裂は，①国内の主要少数派の1つと②その他の社会集団(国内多数派および他の国内少数派)の間に形成されること，および(2)県別の各社会的亀裂は，①の県別人口比率が高いほど，深いことである．

主要な国内少数派を客観的に特定するために，1980年以前と以後の時期について県別政党支持率を因子分析した．表5-6は1980年以後(ただし競争的な総選挙が再開された1987年以降)についての結果を示している．それによれば，世俗・宗教，トルコ人・クルド人，アレヴィー派という3つの因子(投票様式)が確認できる(アレヴィー派は，一極因子)．1980年以前についてはすでにErgüder and Hofferbert[1988]による分析(時期は本章の対象よりやや短い1965〜1977年)があり，中央・周辺，左派・右派，反体制の3つの因子が抽出されている．ここで周辺とはクルド地域，左派とは世俗主義のアレヴィー派の多い地域，反体制とは(極右の)トルコ民族主義あるいは(世俗主義に不満を持つ)政治的イスラームが強い地域に代表されており，1980年以後の投票様式にほぼ対応している．

つまり，表現は多少異なるものの，1980年以前および以後において，敬虔なスンナ派，クルド民族，アレヴィー派という主要な国内少数派が，トルコにおける主要な社会的亀裂を形成していることが窺える．第1に，トルコにおける圧倒的多数派はイスラーム教スンナ派であるが，そのなかで国内法体系へのイスラーム法導入を支持する人々は非常に少ない．Toprak and Çarkoğlu[2000]が1999年にトルコ国内16県の3054名について行った聞き取り調査によれば，「イスラーム国家を支持する」という回答は21.2%に限られていた．質問がより具体的になると，イスラーム法体系への支持はさらに下がった．たとえば，イスラーム法に基づく離婚(14.0%)，息子よりも娘の相続比率が低いこと(13.9%)，一夫多妻制(10.7%)，姦通刑(1.4%)などへの支持は弱い(括弧内は支持率)．第2に，クルド人はトルコにおける最大の少数民族集団である．そのほとんどがイスラーム教徒だが，トルコ人の場合と同様，スンナ派とアレヴィー派に分かれている．公式統計は1965年以降とられていないが，1990年時点でクルド語を母語とする人々の比率は全人口の約12.6%であるとする推計もある(Mutlu[1996])．第3に，アレヴィー派は多様な非正統イスラーム教徒からなる．第4代カリフ・アリー(‘Alī)を崇めている(アレヴィーは「アリーの徒」の意味)点ではシーア派と共通するが，ハジ・ベクタシュ(Haci Bektaş，13世紀

表 5-6 県別政党得票率から 3 つの投票様式(因子)を抽出(1987〜1999 年, $N=67$)

因子 1：世俗・宗教		因子 2：トルコ・クルド		因子 3：アレヴィー派	
政党・選挙年	因子付加量	政党・選挙年	因子付加量	政党・選挙年	因子付加量
DSP99	**0.87624**	**MHP99**	**0.84338**	**CHP99**	**0.86126**
DSP95	**0.81600**	**MHP95**	**0.60143**	**CHP95**	**0.80954**
DSP91	**0.71497**	**MÇP87**	**0.54605**	**SHP87**	**0.71218**
DYP95	**0.65199**	ANAP87	0.44614	**SHP91**	**0.57165**
DSP87	**0.53914**	DYP91	0.36909	MHP95	0.34751
SHP87	0.49967	DYP87	0.31533	MÇP87	0.33344
DYP91	0.41076	RP91	0.28198	MHP99	0.24270
ANAP99	0.33919	DYP95	0.26906	ANAP87	0.10970
CHP95	0.27486	DSP91	0.26772	RP91	0.01570
CHP99	0.19559	DSP99	0.23034	DSP99	−0.00067
DYP87	0.16233	DSP95	0.22432	RP95	−0.03689
DYP99	0.08434	CHP95	0.19928	DSP95	−0.04389
SHP91	0.05025	ANAP95	0.18374	DSP91	−0.05117
ANAP91	0.00554	FP99	0.17846	DSP87	−0.05909
ANAP95	−0.00188	RP95	0.16180	HADEP95	−0.07834
HADEP95	−0.20220	CHP99	0.07719	FP99	−0.11210
ANAP87	−0.21755	ANAP91	0.05306	HADEP99	−0.13218
HADEP99	−0.23597	DYP99	−0.01286	DYP95	−0.28033
MHP99	−0.25131	ANAP99	−0.03598	ANAP91	−0.29897
MHP95	−0.28891	DSP87	−0.27118	RP87	−0.31379
MÇP87	**−0.55610**	SHP87	−0.33160	DYP99	−0.36701
RP87	**−0.73020**	RP87	−0.39845	ANAP95	−0.43178
FP99	**−0.83050**	**SHP91**	**−0.68310**	ANAP99	−0.49432
RP95	**−0.89650**	**HADEP95**	**−0.86470**	**DYP91**	**−0.50850**
RP91	**−0.90760**	**HADEP99**	**−0.86860**	**DYP87**	**−0.59760**
説明された分散					
28.27		19.08		16.76	

注） 2002 年総選挙は，与党票の激減により県別投票行動が従来と異なる様相を示したため，除外した．数値は 1987，1991，1995，1999 年総選挙での各政党県別得票率の因子分析(ヴァリマックス回転)結果．因子負荷量のうち 0.50 以上または −0.50 以下のものは太字．因子負荷量のプラスが強いほど，因子 1 では世俗性，因子 2 ではトルコ性，因子 3 ではアレヴィー派性が，マイナスが強いほど，因子 1 では宗教性，因子 2 ではクルド性が，それぞれ強い(因子 3 は一極因子で，マイナスは比較的弱い)．政党略称の横は総選挙実施年．政党の特徴は以下の通り．

ANAP：中道右派．
CHP：中道左派，アレヴィー派が支持，社会民主人民党を継承．
DSP：中道左派．
DYP：中道右派．
FP：親イスラーム，福祉党の後継．
HADEP：親クルド．
MÇP：右派，民族主義行動党が継承．
MHP：右派，民族主義労働党を継承．
RP：親イスラーム．
SHP：中道左派，アレヴィー派が支持，共和人民党が継承，1991 年総選挙で人民労働党と選挙連合．

出所） SIS[1998a]，[1998b]，[2000]より筆者作成．

に中央アナトリアに神秘教団を開いた)をも敬っていること，コーランの教えに固執しないとともに，他の宗教に対して寛容性を示すことは，シーア派と異なる(詳しくはBilici[1999]およびBozarslan[2003]参照)．アレヴィー派が世俗主義政党，とくに共和人民党(Cumhuriyet Halk Partisi，略称CHP)を支持することも確認されている(Erder[1996])．

2. 社会的亀裂の操作化

3つの社会的亀裂が政党支持に影響を与えているとの上記の主張を検証するため，社会的亀裂を以下の方法で操作化し，投票様式因子(前掲表5-6)との間で回帰分析を行った．第1に，スンナ派宗教性はイマーム・ハティップ校(imam-hatip lisesi，略称İHL)[8]中等部生徒の全県中学生に占める比率で測った．確かにイマーム・ハティップ校やコーラン課程(kuran kursu)[9]の生徒数，また宗教的社団の数はトルコにおける公式宗教性しか反映していない(Yücekök[1971]; Mardin[1989])．ただし，イスラーム教団(tarikat)への所属のような非公式な宗教性は，クルド民族性と大きく重なる(Şeker[1998])．試しに，イスラーム教団所属者数(地域別)とクルド人口

8) イマーム・ハティップ校は，中等教育機関である職業校の1つ．もともと1924年にその前身が設立されたときの目的は，宗務官であるイマーム(imam，導師)，ハティップ(hatip，説教師)の養成だったが，学校・生徒数は1960年代半ば以降増加し，女子の入学も許可されるなど，大衆宗教学校の様相を呈し始めた．1975年には，卒業者に普通リセ(lise)の卒業資格が認められ，大学神学部への進学の道が開かれた．さらに1983年，(İHLを含む)すべての職業リセ卒業者に専門領域外の大学学部へも進学が認められた．これ以降，リセ卒業者中のİHLの比率は急増し，1990年代半ばに約1割に達した．卒業者の9割は宗教と無関係の分野に進学または就職した．軍部をはじめとする世俗勢力は，İHLが社会のイスラーム化を促していると批判してきた．1997年の義務教育8年化で，前期課程が廃止され，大学神学部以外の受験資格も事実上認められなくなった．しかし公正発展党政権(2002年11月発足)は，大学神学部以外への受験資格を与えるための法改正を準備している(大塚他編[2002 : 169]参照)．

9) コーラン課程は，初等教育修了を条件に(実際には守られていない)，子供にコーランの朗読と暗唱を教えることを目的にしている．ほとんどが民間の寄付でまかなわれている．オスマン帝国時代の制度を受け継ぎ，1924年に宗務庁に付設された．当初は政府の強い監視下に置かれていたが，複数政党制移行(1946年)後はとくに右派政権の奨励により数が増え，非公認コーラン学校も現れた．1965年の宗務庁設置法でコーラン学校を宗務庁が(関連機関と共同で)運営することが定められ，1990年の付則では監督機関が国民教育省から宗務庁に代えられるなど，コーラン課程での教育は，統一教育法(1924年)が定める国民教育省の管轄からはずされた．さらに同付則は，朗読課程(8カ月)と暗唱課程(2～3年)以外に非合法ながら存在していた夜間課程(20週間)と夏期課程(1～3カ月)を公認した．1990年代半ばで，学校数は約6500，生徒数は約18万人に達した(大塚他編[2002 : 479]参照)．

比率(県別)を独立変数，ブロック間流動性(4つのうちどれか)を従属変数として(一方が地域別，他方が県別というように集約レベルが違うため)階層的線形モデルを実行すると，イスラーム教団所属者数は，どのブロック間流動性についても有意な説明力を持たなかった[10]．非公式宗教性がクルド民族性と強く相関している上にクルド民族性の説明力が前者のそれを上回るためである．このため，公式宗教性を1つの独立変数として扱い，非公式宗教性は，この次に扱うクルド民族性に含める方が理にかなうであろう．

第2に，クルド民族性は，1965年および1990年の全県人口に占めるクルド人口の比率で測った．Mutlu[1996]は国家統計局の1965年国勢調査でクルド語を母語と答えた人をクルド人と定義し，1990年時点のクルド人口を推定している．本章もMutlu[1996]の定義に従った．1965年データは1980年以前の時期，1990年データは1980年以後の時期，1965年と1990年のデータの平均値を全時期の分析に用いた．人口データ分布で一般的に見られるように，クルド人口比率の分布も正の歪みがある(分布曲線の右肩が下がっている)．このため，対数変換により正規分布化させ，回帰分析のための条件を整えた．

第3に，アレヴィー派宗派性は，1960年代半ばから1970年代にかけてのアレヴィー派村落数を用いて測った．筆者はAndrews[1989]所収のさまざまな表からアレヴィー派村落数を数え上げた．これらの表の主な出所は，村落局が1965年に刊行した村落調査である．それには，個々の村落の主要な民族，宗教，宗派が記されている(トルコ，クルド，イスラーム教徒，ハネフィー派，アレヴィー派のような記載があるが，区分方法は全県で必ずしも統一されていない)．一般に村落は，民族，宗教，または宗派的共同体であるため，特定の民族，宗教，宗派が支配的となるからである．1965年以降は，同様の調査は行われていない．調査対象の全67県のうち，21県ではアレヴィー派村落の記録がない．これら21県の大半(ボル，ブルサ，ギレスン，ギュムシュハーネ，ハッカリ，カスタモヌ，コジャエリ，リゼ，サカリヤ，スィノップの各県)では，アレヴィー派村落はほとんどなかったと推察できる．

---

10)　アンカラ大学政治学部ムラット・シェケル(Murat Şeker)教授から，個票データを地域・県別に集計した数字をいただいた．記して感謝したい．

残り若干については，村落調査は(他の村落については用いられていた)宗派区分を用いず，すべての村落をムスリム村落と形容している．アレヴィー派が多いと言われるチャンクル県やムシュ県でアレヴィー派村落が特定されていないことは，当局が県内の微妙な宗派問題に鑑みて情報を出さなかった可能性を疑わせる．

本章は，アレヴィー派村落の報告がない場合，その県のアレヴィー派村落を0と数えた．というのは，村落の宗派を意図的に隠している例は比較的稀で，最大でも全体の1割の7県(中央または南東アナトリア地域――アレヴィー派が多いと言われる――にありながらアレヴィー派村落が報告されていないすべての県＝ビンギョル，ビトリス，チャンクル，ハッカリ，マルディン，ムシュ，スィールト)と考えられるからである．もしアレヴィー派村落の記録がない場合を排除すると，貴重な情報が失われるのに加え，アレヴィー派村落平均数を実際よりも多く見積もることになる．

上で説明した人口データ(表5-7)は，これらの社会集団がトルコにおける社会的亀裂の主要な決定要因であることを示している．表5-8は，スンナ派宗教性，クルド民族性，アレヴィー派宗派性が，1980年前と後の時期について，それぞれに対応する投票様式因子と相関していることを示している．また人口データによれば，県別の社会的亀裂分布は，年月がたっても基本的に変化していない．たとえば，クルド人口比率(対数変換済み)の県別分布は1965年から1990年まで非常に安定していた(ピアソン相関係数は0.86，その有意水準は0.0001)．このことからすると，アレヴィー派村落数のような1960年代半ばから1970年代のデータも，1990年代の投票流動性を県別に分析するには大きな支障はないであろう．実際，過去の研究も，社会的亀裂を長期的変数と捉え，その変化を10年(Franklin et al. [1992])あるいはそれ以上(Bartolini and Mair [1990])の単位で測っている．

3. 社会的亀裂と亀裂的流動性の平均的関係

第1節ですでに見たように，投票流動性のうち亀裂的流動性の部分は低下している．これは単に懲罰的流動性の高まりの残余としての傾向なのか，それとも社会的亀裂と政党制の間の構造的変化を表すのだろうか．ここで

表 5-7　県別社会的亀裂指標

県	スンナ派宗教性	クルド民族性	アレヴィー派宗派性	県	スンナ派宗教性	クルド民族性	アレヴィー派宗派性
1. アダナ	0.07	7.32	14	35. イズミル	0.03	3.98	43
2. アドゥヤマン	0.11	45.05	93	36. カルス	0.04	20.69	125
3. アフィヨン	0.10	0.03	4	37. カスタモヌ	0.19	0.25	0
4. アール	0.14	70.45	0	38. カイセリ	0.10	3.34	22
5. アマスィア	0.11	0.76	17	39. クルクラーレリ	0.01	0.24	25
6. アンカラ	0.03	5.29	6	40. クルシェヒル	0.05	6.61	1
7. アンタリア	0.08	1.63	26	41. コジャエリ	0.07	4.22	0
8. アルトヴィン	0.11	0.02	0	42. コンヤ	0.13	4.70	2
9. アイドゥン	0.05	2.17	18	43. キュタヒヤ	0.12	0.03	0
10. バルケスィル	0.07	1.28	49	44. マラティア	0.05	17.20	223
11. ビレジク	0.08	2.03	4	45. マニサ	0.09	1.77	31
12. ビンギョル	0.11	76.58	0	46. カハラマンマラシュ	0.08	15.37	97
13. ビトリス	0.03	64.03	0	47. マルディン	0.02	74.87	0
14. ボル	0.13	0.61	0	48. ムーラ	0.08	1.05	12
15. ブルドゥル	0.11	0.20	3	49. ムシュ	0.05	67.70	0
16. ブルサ	0.12	2.27	0	50. ネヴシェヒル	0.07	2.10	15
17. チャナッカレ	0.11	0.13	3	51. ニーデ	0.09	2.81	5
18. チャンクル	0.10	1.26	0	52. オルドゥ	0.15	0.04	46
19. チョルム	0.13	3.89	80	53. リゼ	0.13	0.07	0
20. デニズリ	0.08	1.57	10	54. サカリヤ	0.13	1.68	0
21. ディヤルバクル	0.02	72.78	8	55. サムスン	0.13	0.58	4
22. エディルネ	0.03	0.14	6	56. スィールト	0.04	78.78	0
23. エラズー	0.06	43.16	19	57. スィノップ	0.17	0.80	0
24. エルズィンジャン	0.07	19.74	218	58. スヴァス	0.09	11.73	215
25. エルズルム	0.08	16.00	127	59. テキルダー	0.03	1.75	8
26. エスキシェヒル	0.04	1.82	4	60. トカット	0.12	1.71	93
27. ガズィアンテプ	0.07	12.66	83	61. トラブゾン	0.12	0.04	3
28. ギレスン	0.16	0.26	0	62. トゥンジェリ	0.04	55.86	676
29. ギュムシュハーネ	0.14	2.07	0	63. シャンルウルファ	0.08	47.84	2
30. ハッカリ	0.11	89.47	0	64. ウシャク	0.08	0.22	1
31. ハタイ	0.06	3.80	84	65. ヴァン	0.03	70.70	0
32. イスパルタ	0.13	0.27	23	66. ヨズガット	0.12	2.26	55
33. イチェル	0.06	5.61	15	67. ゾングルダク	0.09	0.13	1
34. イスタンブル	0.03	5.47	0				

出所）　スンナ派宗教性：聖職者養成校在学生比率(対全県中学在学生，%)は SIS[1995]，クルド民族性：クルド語を母語とする人口の比率(%)は Mutlu[1996：517-541]，アレヴィー派宗派性：県内アレヴィー派村落数は Andrews[1989]より，筆者作成.

表 5-8　投票行動様式と社会的亀裂の関係(N=67)

従属変数		独立変数[b]			回帰結果		ホワイト検定[c]: p<chisq
		宗教性	民族性	宗派性	修正済 R^2	F 値	
1980年以前の因子	中央・地方	−0.065	**−0.820**†	0.178*	0.6257	37.777†	0.3627
	左派・右派	−0.283*	−0.252*	**0.354**†	0.2112	6.890†	0.1458
	反体制[a]	**0.365**†	0.110	0.345†	0.1499	4.878†	0.2079
1980年以後の因子	世俗・宗教	**−0.467**†	**−0.639**†	−0.006	0.3229	11.493†	0.7395
	トルコ・クルド	0.262*	**−0.475**†	0.286†	0.3809	14.537†	0.3589
	アレヴィー派[a]	−0.216*	0.052	**0.571**†	0.4277	17.440†	0.3559

注)　数値は標準化された重回帰係数．太字は，独立変数と従属変数の間の比較的強い関係を示す．
a. 一極．
b. 独立変数間の多重共線性は認められなかった．変動増幅因子(VIF)は10を超えると多重共線性が疑われるが，ここでの最大値は1.306だった．
c. ホワイト検定は，両方の回帰式について帰無仮説(＝不均質分散の存在)を棄却．
＊ 5% 水準で有意．
† 1% 水準で有意．

出所)　表5-6および表5-7のデータより，筆者作成．

はまず，社会的亀裂と亀裂的流動性のトルコにおける平均的関係を確認したうえで，それが選挙ごとにどのように変化してきたのかを分析する．

過去約40年間の平均的傾向からすれば，トルコにおいて社会的亀裂は政党制と安定的関係にあったとは言えない．1965〜2002年の時期について標準化かつ平均された亀裂的流動性(「左派・右派」流動性と「穏健・急進」流動性)と社会的亀裂の関係を重回帰分析した結果が表5-9である．それによれば，①スンナ派宗教性は「穏健・急進」流動性を高め，②クルド民族性は「左派・右派」流動性および「穏健・急進」流動性を高め，③アレヴィー派宗派性は「左派・右派」流動性を低める影響を持つ．これらの結果は，過去約40年間のトルコ政治の展開と整合している．

第1に，スンナ派宗教性の「穏健・急進」流動性への正の影響は，敬虔なスンナ派有権者が中道右派政党から極右派(親イスラーム，民族主義)政党へ(あるいはその逆に)支持を変えることを意味する．トルコにおいては，穏健・急進軸での票の移動は極右政党の台頭により引き起こされてきた．極右政党とは，1980年以前で言えば国民秩序党(Milli Nizam Partisi，略称MNP)／国民救済党(Milli Selamet Partisi，略称MSP)および共和主義農民国民党(Cumhuriyetçi Köylü Millet Partisi，略称CKMP)／民族主義行動

表 5-9　社会的亀裂の投票流動性への影響(1965～2002 年，N=67)

社会的亀裂[a](独立変数)	投票流動性[b](従属変数)		VIF[c]
	左派・右派	穏健・急進	
スンナ派宗教性	−0.242*	0.363†	1.275
クルド民族性	0.227*	0.444†	1.239
アレヴィー派宗派性	−0.429†	−0.030	1.064
修正済み R^2	0.226	0.152	
F 値	7.420†	4.943†	
ホワイト検定[d]：p<chisq	0.4757	0.8886	

注）2つの重回帰分析結果．数値は標準化された重回帰係数．
a. 社会的亀裂の片極．たとえばスンナ派宗教性は，「敬虔スンナ派対その他」の社会的亀裂次元の片極をなす．
b. 各年の平均を 0，分散を 1 に標準化したうえで，県別値を期間平均した．
* 10% 水準で有意．
† 1% 水準で有意．
c. 変動増幅因子(VIF)が 10 を超えると多重共線性が疑われる．
d. ホワイト検定は，両方の回帰式について帰無仮説(＝不均質分散の存在)を棄却．

出所）表 5-6 および表 5-7 のデータより，筆者作成．

党(Milliyetçi Hareket Partisi，略称 MHP)，1980 年以後では福祉党(Refah Partisi，略称 RP)／美徳党(Fazilet Partisi，略称 FP)／公正発展党(Adalet ve Kalkınma Partisi，略称 AKP)・至福党(Saadet Partisi，略称 SP)および民族主義行動党である(／は前者を後者が継承したことを意味する)．トルコ右派のもっとも顕著な分裂は 1970 年，公正党(Adalet Partisi，略称 AP)の宗教保守派が国民秩序党(後に国民救済党が後継)を結党したことで起きた．同党は中央アナトリアの中小資本家を代弁していた．彼らは公正党が産業大資本を擁護し始めたために疎外感を抱いていた(Ahmad[1977 : 245])．

スンナ派宗教性がもっぱら中道右派と極右派の間の票の移動を引き起こしていたとの上記の解釈を検証するため，新たに 2 つの流動性を定義する．極右流動性と極左流動性である．前者の極右流動性は，極右政党と他政党の間のブロック間流動性，後者の極左流動性は極左政党と他政党の間のブロック間流動性である．1965～2002 年の時期の極右流動性と極左流動性それぞれの平均をスンナ派宗教性と相関させてみた(ただし，クルド民族性とアレヴィー派宗派性を制御した偏相関分析を行った)．その結果，スンナ派宗教性は極右流動性との正の有意な関係が認められたが(r=0.284, p<0.05),

極左流動性とは有意な関係は認められなかった．つまり，スンナ派宗教性は，「穏健・急進」流動性でも特に宗教的または民族主義的政党に起因する票の移動を引き起こしていたことがわかった．

第2に，クルド民族性について言えば，1990年まではクルド民族への帰属意識に直接訴える政党は存在しなかった[11]．クルド民族が特定の政党と構造的に結びついていないことやクルド諸部族がブロック票を動員する力を持っていたことが，左派・右派軸および穏健・急進軸での票の大規模な移動をもたらしてきた．クルド諸部族は，自己の政治経済的利益の観点から選挙のたびに支持政党を変えると言われてきた．Bruinessen[1992]は総選挙でのハッカリ県およびシュルナク市長選挙の例を用いて，1つの部族連合が競合する2政党の1つに投票し，他の部族連合がもう1つの政党に投票することを示した[12]．1980年以前の時期には選挙法の無所属候補についての規定がそれ以後と比べて緩やかだったため，部族長が無所属候補として当選することも普通だった(Özbudun[1976])．

実際，1980年以前の時期の選挙結果を見ると，部族長が動員できるブロック票の大きさが目にとまる．ここで便宜上，クルド人口が県人口の4割以上を占める県をクルド県と名づけると，県での第1党の交代は，クルド県の方が非クルド県よりも頻繁に起きている(表5-10参照．第1党の敗北回数の差に関するウイルコクソン検定は，1% 水準で有意)．概して人口の少ないクルド県では議席数が少ない(大半が2議席)ため現職が優位であることは，上記の結果と矛盾しない．

むしろ，現職優位にもかかわらず第1党がめまぐるしく交代するのは，

11)　1990年に社会民主人民党のクルド系議員が離党して初の親クルド政党である人民労働党を結成した．親クルド政党がトルコ当局により黙認された理由は，イラクでのクルド人虐殺(1988年のハラブジャ〔Harabca〕事件)や湾岸危機・戦争で国際社会の関心がクルド民族に集まったことである．トルコ国家は国内のクルド人をそれまでのように山岳トルコ人と呼んでクルド人の存在を否定することがもはや不可能になった．同党は1991年総選挙には，社会民主人民党との統一候補者名簿で臨み，議席を獲得した．しかしその後，憲法裁判所判決で解党措置を受け，その後に後継政党を設立という過程を繰り返した．1995年と1999年は，人民民主党(人民労働党解党後の後継政党)，2002年は，民主人民党(人民民主党の解党に備えて結党された)として総選挙に参加したが，全国得票率が10% 未満だったため，議席を獲得できなかった．

12)　1つの部族が特定政党を支持することもあり得るが，Bruinessen[1992]の例では二大政党が競合していたため，それぞれの政党を支持する部族の連合が結果として生まれたと思われる．

表 5-10　クルド人口比率と第 1 党敗北の関係(1965～1977 年，N=67)

クルド人口比率(%)	N	第 1 党敗北回数					
		0	1	2	3	4	中央値
>40	13	0	4	4	2	3	2
≦40	54	14	18	18	4	0	1
合　計	67	14	22	22	6	3	1

注)　2 つの中央値の差異についてのウイルコクソン検定は 1% 水準で有意(Z=2.8192 ; p<0.0048).

出所)　表 5-6 のデータおよび Mutlu[1996]より，筆者作成.

表 5-11　クルド人口比率と第 1 党敗北の関係(1991～2002 年，N=67)

クルド人口比率(%)	N	第 1 党敗北回数					
		0	1	2	3	4	中央値
>40	13	1	3	4	4	1	2
≦40	54	0	5	6	30	13	3
合　計	67	1	8	10	34	14	3

注)　2 つの中央値の差異についてのウイルコクソン検定は 1% 水準で有意(Z=−2.7344 ; p<0.0063).

出所)　表 5-6 のデータおよび Mutlu[1996]より，筆者作成.

現職，あるいは現職を支援する地元有力者が，支持する政党を変えてきたからである．クルド県における第 1 党は，右派政党，左派政党，大政党，小政党と，イデオロギー的にも多様である．とくに，クルド県における第 1 党は，全国での第 1 党とあまり一致しなかった．これに比べて他の県では，第 1 党の特性はより一貫していた．そこでの第 1 党は，地域に根づいた特定の政党であるか，特定の選挙で全国的な人気を博した政党であるかのどちらかであった．

ところが 1980 年以後の時期になると，クルド県でのブロック票は消えたように見える．県での第 1 党の敗北回数はクルド県の方が他の県よりも少ない(表 5-11 参照．ウイルコクソン検定は，1% 水準で有意)．1980 年以前の傾向がこのように逆転したのは，親クルド政党である人民民主党(Halkın Demokrasi Partisi，略称 HADEP)およびそれを継承した民主人民党(Demokratik Halk Partisi，略称 DEHAP)が 1995 年以降一貫して民衆の支持を獲得してきたからである(第 2 節 4. 参照).

第3に，アレヴィー派宗派性の「左派・右派」流動性への負の影響は，左派と分類される世俗派政党をアレヴィー派が一貫して支持していることを示している．アレヴィー派は多数派であるスンナ派の抑圧から身を守るために従来から世俗主義政党を支持してきた．これら世俗主義政党は，1980年以前の共和人民党(中道左派)，トルコ労働党(Türkiye İşçi Partisi，略称TİP，極左派)，トルコ統一党(Türkiye Birlik Partisi，略称TBP，極左派・親アレヴィー派)，1980年以後の社会民主人民党(Sosyal Demokratik Halkçı Parti，略称SHP)／共和人民党(中道左派)だった(Rustow[1991]; Schüler[1999 : 159-171]; Bruinessen[1996]; Ayata[1997 : 65-69])．なお，アレヴィー派宗派性は「穏健・急進」流動性には大きな影響を与えなかった．上記世俗主義政党が穏健政党と急進政党の両方を含んでいたからである．

4. 社会的亀裂と亀裂的流動性の関係の時間的変化

前項では，トルコの過去40年間の平均的傾向からすると，スンナ派宗教性やクルド民族性が強い県では，有権者の政党選択が選挙のたびに変化しやすいことがわかった．ところでこの傾向は，過去約40年間一貫していたのだろうか．ここでは平均でなく時間上の変化を見てみたい．個々の選挙について，社会的亀裂と「左派・右派」流動性および「穏健・急進」流動性の関係を重回帰分析した結果が図5-4と図5-5である．両図から，社会的亀裂と亀裂的流動性の関係における時間的変化の規則性と現在の趨勢を解釈することができる．

まず，1980年前と後の時期に共通する規則性が見られる．それぞれの軍事クーデタ後2度目と3度目の完全自由総選挙(1965年と1969年および1991年と1995年)では，社会的亀裂は亀裂的流動性におおむね正の影響を及ぼした．しかしその後の総選挙では，社会的亀裂の影響は弱い正，非有意な正，さらには負に転じている．つまり，総選挙が繰り返されるにつれ，政党制は社会的亀裂をより正確に取り込み，反映するように変質してきた．その顕著な例は最近の2つ(1999年と2002年)の総選挙である．

これら2つの総選挙はそれ以前よりも顕著に，トルコ政党政治の定着過程を映し出している．両選挙において，第1に，「左派・右派」流動性は，

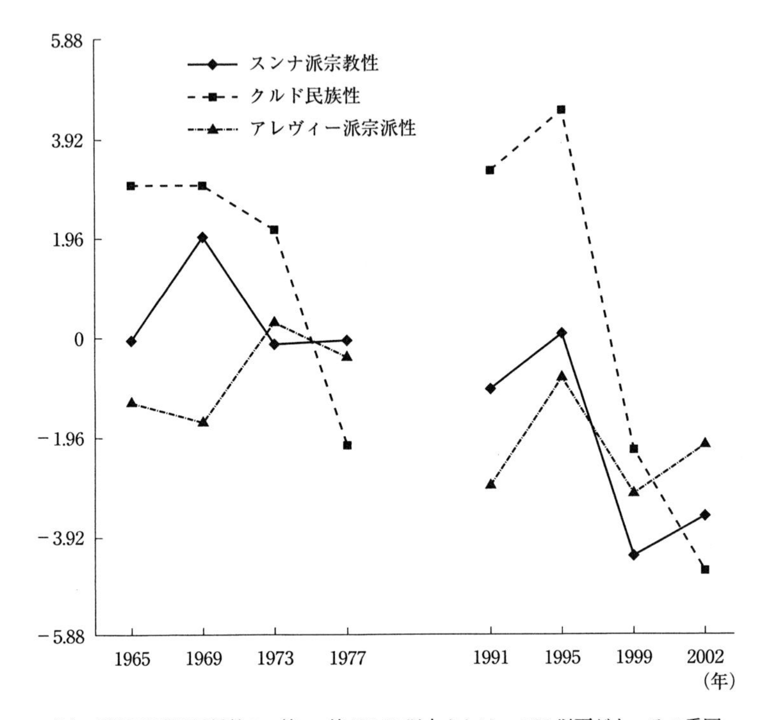

注) 数値は重回帰係数の t 値. t 値が 1.96 以上または －1.96 以下だと, その重回帰係数は 5% 水準で有意.

出所) SIS［1998a］,［1998b］,［2000］,［2003］, および表 5-7 より筆者作成.

図 5-4 左派・右派流動性と社会的亀裂の関係(1965〜2002 年, N＝67)

スンナ派宗教性とクルド民族性により(強められるのではなく)弱められた. 第 2 に,「穏健・急進」流動性はスンナ派宗教性やクルド民族性により強められることはなかった(影響を受けなかったか, むしろ弱まった). 第 3 に, アレヴィー派宗派性は, それまでの「左派・右派」流動性に加え,「穏健・急進」流動性をも弱める影響を及ぼした. このように, 1999 年に顕在化した社会的亀裂と亀裂的流動性の関係変化は, トルコの政党制が国内の主要な社会構造を以前に比べてより深く内包するようになったことを示している.

これを現象的に表したのが表 5-12 である. 1990 年代初期に親イスラーム政党(福祉党／美徳党)と親クルド政党(人民労働党〔Halkın Emek Partisi, 略

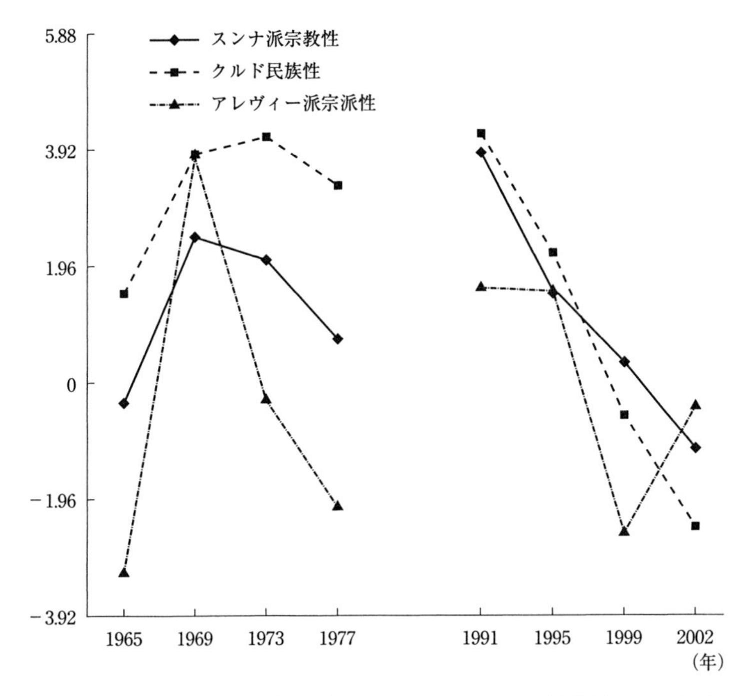

注） 数値は重回帰係数の t 値．t 値が 1.96 以上または －1.96 以下だと，その重回帰係数は 5% 水準で有意．

出所） SIS［1998a］，［1998b］，［2000］，［2003］，および表 5-7 より筆者作成．

図 5-5 穏健・急進流動性と社会的亀裂の関係（1965〜2002 年，N＝67）

称 HEP〕／人民民主党）が台頭している．1990 年代末以降，スンナ派宗教性と親イスラーム政党得票率，およびクルド民族性と親クルド政党得票率の間の正の相関関係は強まった．他方，中道左派政党のなかでも社会民主人民党／共和人民党は，アレヴィー派を依然として安定的な支持基盤としている．

第 3 節　社会的亀裂分析から懲罰的投票分析へ

これまで議論したように，トルコの政党制は長期的には社会的亀裂に根づくように変質してきたが，必ずしも安定化の方向に向かっていない．そ

表 5-12　社会的亀裂と政党得票率の相関関係(1987〜2002年，N=67)

社会的亀裂	政党得票率	1987	1991	1995	1999	2002
スンナ派宗教性	親イスラーム政党＋トルコ民族主義政党[a]	0.032	0.269†	0.234*	0.390‡	0.507‡
クルド民族性	親クルド政党[b]	——	0.468‡	0.577‡	0.615‡	0.701‡
アレヴィー派宗派性	世俗主義擁護政党[c]	0.503‡	0.295†d	0.616‡	0.669‡	0.378‡

注)　数値はピアソン相関係数.
* 10% 水準で有意.
† 5% 水準で有意.
‡ 1% 水準で有意.
a. ①親イスラーム政党である福祉党／美徳党／公正発展党＋至福党と，②トルコ民族主義政党である民族主義労働党／民族主義行動党の合計得票率．これらの政党(とくに前者)は，宗教的有権者から支持されている.
b. 1991年には社会民主人民党が人民労働党との統一候補者名簿で臨んだ．1995年と1999年は，人民民主党(人民労働党解党後の後継政党)．2002年は，民主人民党(人民民主党の解党に備えて結党された).
c. 世俗主義を単に認めるのではなく，党綱領および政策の前面に掲げる政党の意味．1987年と1991年は，社会民主人民党．1995年，1999年と2002年は，共和人民党．トルコにおけるアレヴィー派居住地域の一部(主に中央アナトリア地域のそれ)は民族主義労働党／民族主義行動党の地盤と重なる．しかし，アレヴィー派宗派性と社会民主人民党／共和人民党の得票率との相関関係を計測したところ，それは民族主義労働党／民族主義行動党との相関関係よりはるかに強かった．後者の相関関係は，社会民主人民党／共和人民党の得票率をコントロールしたところ，統計的有意水準に達しなかった．また，民主左派党のどの選挙における得票率も，アレヴィー派宗派性と有意に相関していなかった.
d. 相関関係のこの一時的な低下は，社会民主人民党とクルド系の人民労働党との選挙連合による．社会民主人民党以外のもう1つの中道左派政党である民主左派党が，上述の相関関係の低下を引き起こしたとは考えにくい．民主左派党の得票率は，1991年から1999年まで上昇しつづけたのに対し，相関関係の低下は1991年にしか起きていないからである.

出所)　表5-6および表5-7のデータより，筆者作成.

れは，投票流動性を増加させる別の要因が，1980年以後の時期にむしろ強くなったからである．その要因とは懲罰的流動性である．つまり，トルコの有権者は近年，社会的亀裂に沿って投票するようになる一方で，選挙で野党，なかでも与党未経験野党に投票する傾向を強めた(前掲図5-2参照)．懲罰的投票については別途本格的な研究を必要とする[13]．ここでは予備的分析により，今後の研究方向を示したい.

---

13)　懲罰的投票に関する代表的研究としては，Fiorina[1981], Norpoth, Lewis-Beck and Lafay[1991], Powell and Whitten[1993], Anderson[1995], Dorussen and Tayor[2002], トルコについては，Çarkoğlu[1997]などがある.

表 5-13　トルコについての汚職認知指標(1980～2003 年)

年	1980～1985	1988～1992	1996	1997	1998	1999	2000	2001	2002	2003
指 標	4.06	4.05	3.54	3.21	3.4	3.6	3.8	3.6	3.2	3.1

注)　汚職認知指標は，各国の公務員と政治家に汚職がどの程度存在すると実業家や専門家が感じているかについての 17 の調査結果をもとにした複合指標である．指標が低いほど汚職認知度が高い．

出所)　Internet Center for Corruption Research のホームページ(wwwuser.gwdg.de/~uwvw/corruption.index.html)より筆者作成．

懲罰的流動性は懲罰的投票のかなりの部分を反映するものの，懲罰的投票行動をより厳密に検証するためには従属変数に与党得票率変化を設定する必要がある．懲罰的流動性が絶対値であるのに対し，与党得票率変化は正・負を示すからである．一般的に懲罰的投票は，マクロまたはミクロ経済指標が悪化するほど，有権者は与党への投票を見送りがちになるというものである．本章でもこの枠組みを採用する．

懲罰的投票では確かにこれ以外の変数，たとえば政治腐敗も大きな影響を持っているかもしれない．政治腐敗は 1990 年代に悪化したと言われる[14]．厳密な議論はできないが，政治的腐敗の悪化(表 5-13)は，総選挙での棄権票率を押し上げ，無効票率[15]を引き上げる(図 5-6)という点で投票行動に影響を与えているようにも見える．ただし懲罰的投票行動と政治腐敗との関係を厳密に議論するためには政治腐敗の年別長期データが必要であるが，現実には入手困難である．他の国における分析でも，腐敗のような政治的変数を年別データとして取り込む例は見当たらない．このような限界に鑑み，ここでの予備的分析では懲罰的投票の原因として，一般に分析される短期経済的変数のみを取り上げる．

---

14)　歴代与党に関する大きな汚職事件としては，社会民主人民党市政下(1989～1994 年)のイスタンブル市水道局局長による収賄事件，タンス・チルレル(Tansu Çiller)首相(1993～1995 年，正道党党首)による不正蓄財および首相秘密資金横領，ネジュメッティン・エルバカン(Necmettin Erbakan)首相(1996～1997 年，福祉党党首)らによるボスニア・ヘルツェゴビナ義援金横領，警察・マフィア・与党国会議員の癒着が発覚したススルルック事件(Susurluk Olayı, 1996 年)，民間銀行(トルコ銀行〔Türkbank〕)買収入札でのメスット・ユルマズ(Mesut Yılmaz)首相(1997～1999 年)らの介入が挙げられる．

15)　無意識よりも意識的と考えられる．とくに，1983 年以降は投票が義務化されているので，批判票を無効票として投じることも充分あり得る．Erder[1996]，[1999]の行った調査でも，「次の選挙で抗議票(無効票または棄権)を投じる」と答えた有権者は 1996 年に 19.4%，1998 年には 30.2% だった(標本数はそれぞれ 2396 と 1800)．

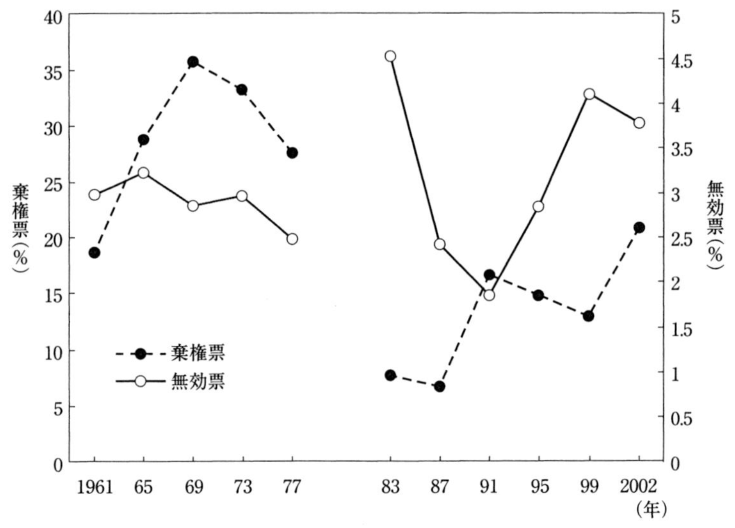

出所） SIS[1998a], [1998b], [2000], [2003]より，筆者作成.

図 5-6 棄権票および無効票(1961〜2002 年)

懲罰的投票分析での独立変数には，経済指標に加えて選挙間の年数と与党数を制御変数(control variables，分析の主要な関心ではないが，従属変数に影響を与えている所与の条件)として含める．第 1 に，選挙と選挙の間が長いほど次選挙で与党票は低下する．与党に対する期待が時の経過とともに失われていくからである．第 2 に，与党数が多いほど次選挙で与党票は低下する．(比例代表制と小選挙区制で差はあれ)一般に，過半数議席をとるために必要な得票率は，選挙で上位の政党ほど少なくてすむからである．単独過半数であれば必要得票率はもっとも少ない．

与党得票率の変化から上記 2 つの制御変数の影響(つまり与党の責任以外による得票率変化分)を除去し，与党の責任により生じた得票率変化分のみを示したのが図 5-7 である．これを見ると，与党の責任による与党票変化は，1980 年以前の平均 3.14% に対し，1980 年以後の平均は −1.71% とそれ以前の時期を 4.85 ポイント下回っている[16]．与党が政策的に問われる

16） 両平均の差に関する片側 t 検定の有意水準は 14% であるが，差がないと判断するよりもあると判断する方が妥当であろう．

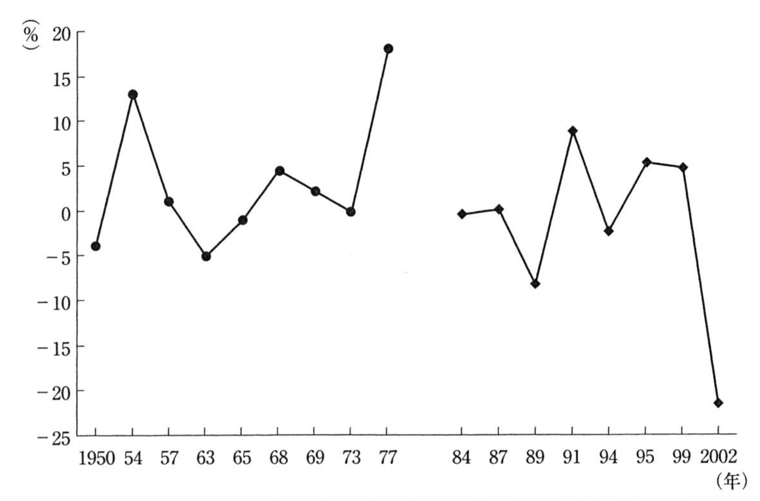

注） ＊ 選挙間年数と与党数の影響を除去済み．選挙は総選挙と統一地方選挙．
出所） SIS[各年]より，筆者作成．

図 5-7 与党票変化*(1950〜2002 年)

理由は，1980 年前と後でどのように変わったのだろうか．それを経済的理由に着目して分析してみたい．

経済指標としては 1 人当たり実質 GNP 変化率を選んだ．通常，失業率やインフレ率も選ばれるのだが，トルコにおいてこれらのデータを使うことはできなかった．理由は以下の通りである．第 1 に，失業率は 1989 年以降については半年ごとの調査に基づく信頼できるデータが存在するが，それ以前については推定に基づいていたり，定義が変動したりしている．第 2 に，インフレ率について長期データは存在する．しかし，トルコのような(高率ながら)慣性的なインフレ[17)]下では，インフレ率(およびインフレ率変化分)は，(インフレの影響を強く受けると考えられる)実質賃金とはあまり強く連動していなかった[18)]．過去のインフレに対する補償率が政治経済的状況により大きく変動してきたからである[19)]．このため，インフレ率(およ

17) 当期のインフレ率が前期のインフレ率に強く依存するインフレのこと．Sakallıoğlu and Yeldan[1999]，および Erlat[2001]を参照．
18) 実質賃金変化率を従属変数とし，インフレ率変化分を独立変数に含む自己回帰線形式(1954〜2002 年)では，修正済み回帰決定係数は 0.417 だった．

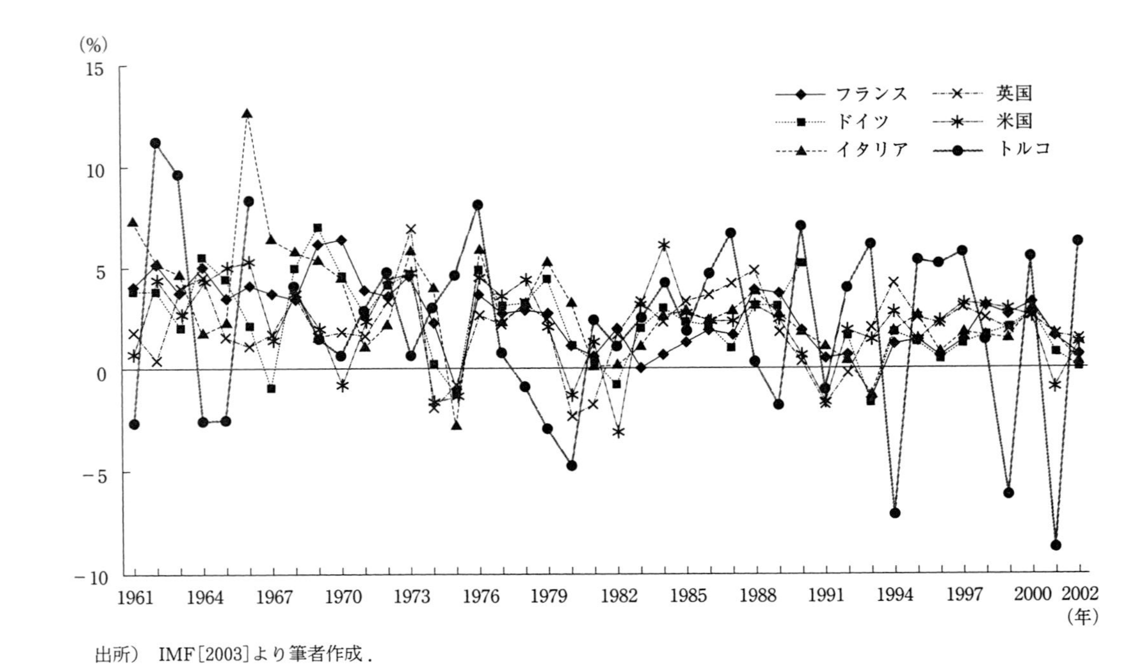

出所） IMF[2003]より筆者作成．

図 5-8 1人当たり実質 GDP 変化率(1961〜2002年)

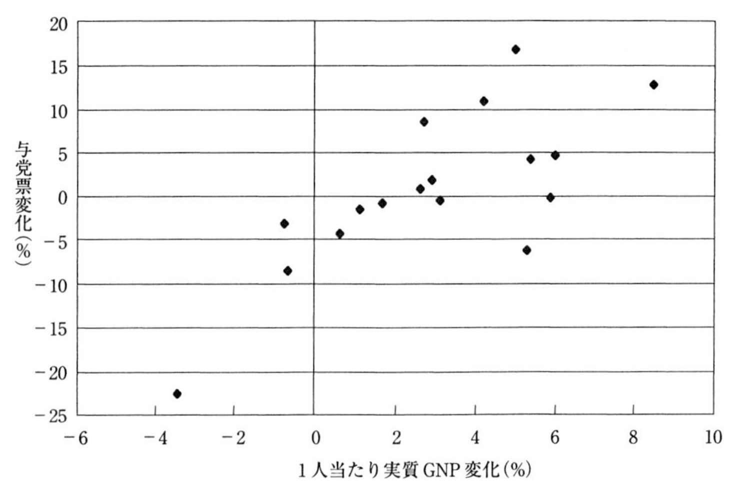

注) ＊ 選挙間年数と与党数の影響を除去済み．選挙は総選挙と統一地方選挙．

出所) 図5-8に示したデータに加え，SIS[1991]およびCentral Bank of the Republic of Turkeyホームページ(www.tcmb.gov.tr)のオンラインデータより筆者作成．

図5-9 1人当たり実質GNP年平均変化率と与党得票率変化*(1950〜2002年)

びインフレ率変化分)と与党得票率変化の間には有意な関係は見られなかった．

1人当たり実質GNP変化率にも実は1つ問題がある．トルコにおいては経済成長率の変動が著しい(図5-8)．選挙直前の経済成長率が高くても前年の経済成長率が低かった場合，有権者は当然前年の状況をも考慮して投票するだろう．民主主義国(競争的で公正な普通選挙が定期的に行われる国)の懲罰的投票分析で一般に用いられている経済指標は選挙直前の1年間のものが多い．ただし，これら諸国では一般的にはある年の経済指標はその前年の値を部分的に反映している[20]．経済指標の変動が緩やかであるため

19) とくに(インフレ率が高まった)1980年代末以降，政治ないし政策的要因で実質賃金水準が大きく影響を受けるようになった．紙面の都合でデータを示せないが，1980年以降制限されていた労働組合活動の再開(1980年代末)後，実質賃金が(インフレ率から予想されるよりも)上がり，IMF融資条件としての緊縮政策下(1994年以降)で実質賃金が(インフレ率から予想されるよりも)下がっている．

20) たとえばフランス，ドイツ，イタリア，英国の1人当たり実質GDP成長率の前年値との自己相関係数はそれぞれ0.592，0.246，0.285，0.267だった(前者2つは1% 水準，後

表 5-14　懲罰的投票の回帰分析結果(1950～2002 年，$N=17$)

独　立　変　数	回帰係数	標準誤差	t 値	有意水準
1 人当たり実質 GNP 変化	2.269764	0.476590	4.762511	0.0003
選挙間の年数	−3.384736	0.979677	−3.454950	0.0039
与　党　数	−4.257252	1.459699	−2.916528	0.0113
R^2	0.700274			
修正済み R^2	0.657455			
ダービン・ワトソン統計量	2.445389			

注)　従属変数は，与党得票率の変化．切片は統計的に有意でないため($p=$ 0.987)含めなかった．

出所)　以下のデータより，筆者作成．
選挙結果：SIS[各年]．1 人当たり実質 GNP：SIS[1991]，Central Bank of the Republic of Turkey ホームページ(www.tcmb.gov.tr)のオンラインデータ．

である．そのため，過去 1 年とは言いながら実はそれ以前の年についての有権者の判断をも反映した懲罰的投票を分析していることになる．しかしトルコの場合は当年の値が前年の値を反映していないため[21]，当年の値としては当年と前年の平均値(選挙が 7 月より前に行われた場合には，選挙前年と選挙前々年の平均値)を用いた．

1 人当たり実質 GNP 変化率(選挙年とその前年の平均)が与党得票率変化に与える影響を示したのが図 5-9 である(与党責任以外による与党得票率変化はあらかじめ除去してある)．1 人当たり実質 GNP 増加率が低いほど与党得票は小さくなることがわかる．制御変数を含めた回帰分析の結果は表 5-14 で示した．

ところで上記の関係が確認できたとすると，懲罰的投票の傾向が 1980 年後の時期に強まったことも，経済成長率との関係で説明がつくのだろうか．実際(選挙時とその前年の)1 人当たり実質 GNP 変化率の平均値(図 5-10)は 1980 年前で 3.82%，1980 年後の時期で 1.94% と，確かに 1980 年後の時期で小さくなっている[22]．

者 2 つは 10% 水準で有意．IMF[2003]より，1961～2002 年について筆者計算．データの入手都合上，GNP ではなく GDP を用いた)．

21)　注 20 と同様に計算したトルコについての自己相関係数は，統計的に有意でなかった．

22)　両平均の差に関する片側 t 検定の有意水準は 11% であるが，差がないと判断するよりもあると判断する方が妥当であろう．

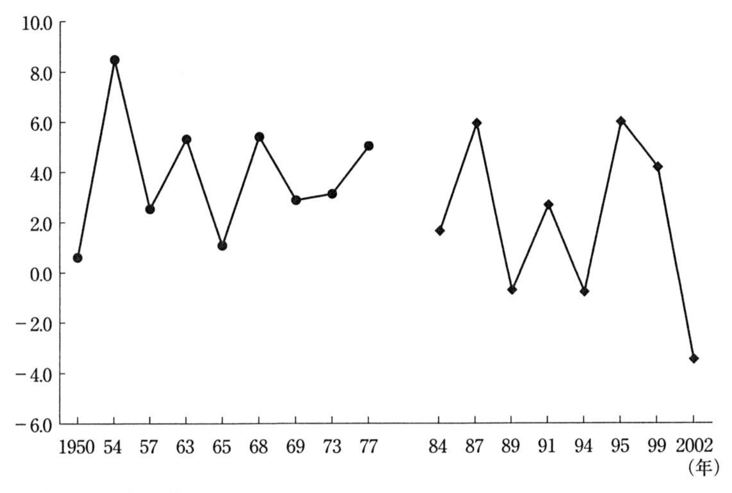

出所） SIS[1991]および Central Bank of the Republic of Turkey ホームページ(www.tcmb.gov.tr)のオンラインデータより筆者作成.

図 5-10 選挙直前の 1 人当たり実質 GNP 成長率*(1950～2002 年)

つまり，懲罰的流動性の根幹をなす懲罰的投票は，所得増加の少なさを理由にしていることが 1950～2002 年の期間について確認された．また与党懲罰の度合いが 1980 年以降の時期により強かった理由は，以前の時期に比べて所得増加がより少なく，国民の不満がそれだけ強かったためと思われる．

おわりに

本章の目的は，2 度のクーデタに見舞われたトルコの政党制が，どの程度定着，制度化したのかを，投票流動性を軸に検討することだった．トルコの投票流動性の特徴は，それが一貫して高いままであることだった．ただし第 1 節で投票流動性を 2 つに分解して分析すると，投票流動性のうち社会的亀裂に起因する部分が(相対的のみならず絶対的にも)低下していることがわかった．さらに第 2 節で，社会的亀裂と政党制の間の構造的変化を分析し，社会的亀裂がかつては投票流動性を高める効果を持っていたのに

付録　総選挙結果(1961～2002年)

年	有権者数	投票者 投票率	有効 投票数	政党：1961～1980年												
				AP	CHP	CGP	CKMP	DP	MP	MHP	MSP	TBP	TİP	YTP		無所属
1961	12925395	10522716	10138035	3527435	3724752	――	1415390	――	――	――	――	――	――	1391934		81732
		81.4		34.8	36.7	――	14.0	――	――	――	――	――	――	13.7		0.8
1965	13679753	9748678	9307563	4921235	2675785	――	208696	――	582704	――	――	――	276101	346514		296528
		71.3		52.9	28.7	――	2.2	――	6.3	――	――	――	3.0	3.7		3.2
1969	14788552	9516035	9086296	4229712	2487006	597818	――	――	292961	275091	――	254695	243631	197929		511023
		64.3		46.5	27.4	6.6	――	――	3.2	3.0	――	2.8	2.7	2.2		5.6
1973	16798164	11223843	10723658	3197897	3570583	564343	――	1275502	62377	362208	1265771	121759	――	――		303218
		66.8		29.8	33.3	5.3	――	11.9	0.6	3.4	11.8	1.1	――	――		2.8
1977	21207303	15358210	14827172	5468202	6136171	277713	――	274484	――	951544	1269918	58540	20565	――		370035
		72.4		36.9	41.4	1.9	――	1.9	――	6.4	8.6	0.4	0.1	――		2.5

年	有権者数	投票者 投票率	有効 投票数	政党：1983～2002年												
				RP/FP/ AKP	DYP	ANAP	DSP	SHP/ CHP	HADEP/ DEHAP	MÇP/ MHP	HP	IDP	MDP	GP	他の 政党	無所属
1983	19767366	18238362	17351510	――	――	7833148	――	――	――	――	5285804	――	4036970	――	――	195588
		92.3		――	――	45.1	――	――	――	――	30.5	――	23.3	――	――	1.1
1987	26376926	24603541	23971629	1717425	4587062	8704335	2044576	5931000	――	701538	――	196272	――	――	――	89421
		93.3		7.2	19.1	36.3	8.5	24.8	――	2.9	――	0.8	――	――	――	0.4
1991	29979123	25157089	24416666	4121355	6600726	5862623	2624301	5066571	――	――	――	――	――	――	108369	32721
		83.9		16.9	27	24	10.8	20.8	――	――	――	――	――	――	0.4	0.1
1995	34155981	29101469	28126993	6012450	5396009	5527288	4118025	3011076	1171623	2301343	――	――	――	――	455284	133895
		85.2		21.4	19.2	19.6	14.6	10.7	4.2	8.2	――	――	――	――	1.6	0.5
1999	37495217	32656070	31184496	4805381	3745417	4122929	6919670	2716094	1482196	5606583	――	――	――	――	1515961	270265
		87.1		15.4	12.0	13.2	22.2	8.7	4.7	18.0	――	――	――	――	4.9	0.9
2002	41407027	32768161	31528783	10808229	3008942	1618465	384009	6113352	1960660	2635787	――	――	――	2285598	2399490	314251
		79.1		34.3	9.5	5.1	1.2	19.4	6.2	8.4	――	――	――	7.2	7.6	1.0

出所）SIS[各年]より，筆者作成.

対し，近年は投票流動性を下げる効果を及ぼすようになってきたことを明らかにした．このように，トルコの政党制と多様な社会集団の間の対応関係は定着しつつある．他方第3節で，与党懲罰に起因する投票流動性について，経済的要因の影響が1980年代以降に強まっている可能性を指摘した．つまり，投票流動性の高さは政党制の不安定性を示すものの，必ずしも制度化の遅れを示すとは言えない．本章で見たトルコの政党制は，近年になって国家体制が多様な社会集団(特に少数派)の声をより安定的に反映するようになってきたことを示している．

〔参考文献〕

〔日本語文献〕

大塚和夫他編[2002],『岩波イスラーム辞典』岩波書店.

間寧[2000],「トルコにおける投票参加——1961〜99年」(『現代の中東』第30号, 1月), 28〜41ページ.

〔外国語文献〕

Ahmad, Feroz[1977], *The Turkish Experiment in Democracy, 1950-1975*, London : C. Hurst for the Royal Institute of International Affairs.

Anderson, Christopher[1995], *Blaming the Government : Citizens and the Economy in Five European Democracies*, Armonk, NY : M. E. Sharpe.

Andrews, Peter Alford ed.[1989], *Ethnic Groups in the Republic of Turkey*, Wiesbaden : Dr. Ludwig Reichert.

Ayata, Ayşe[1997], "The Emergence of Identity Politics in Turkey," *New Perspectives on Turkey*, Vol. 17, Fall, pp. 59-73.

Bartolini, Stefano and Peter Mair[1990], *Identity, Competition, and Electoral Availability : The Stabilisation of European Electorates 1885-1985*, Cambridge : Cambridge University Press.

Bilici, Faruk[1999], "Alevi-Bektaşi İlahiyatının Günümüz Türkiye'sindeki İşlevi," in Tord Olsson, Elizabeth Özdalga and Catharina Raudvere eds., Bilge Kurt Torun and Hayati Torun trs., *Alevi Kimliği*, İstanbul : Türkiye Ekonomik ve Toplumsal Tarih Vakfi.

Bozarslan, Hamit[2003], "Alevism and the Myths of Research," in Paul J. White and Joost Jongerden eds., *Turkey's Alevi Enigma : A Comprehensive Overview*, Leiden : Brill.

Bruinessen, Martin van[1992], *Agha, Shaikh, and State : The Social and Political Structures of Kurdistan*, London : Zed Books.

——[1996], "Kurds, Turks and the Alevi Revival in Turkey," *Middle East Report*, Vol. 26, No. 3, pp. 7-10.

Campbell, Angus et al.[1960], *Elections and the Political Order*, New York : Wiley.

Çarkoğlu, Ali[1997], "Macro Economic Determinants of Electoral Support for

Incumbents in Turkey, 1950-1995," *New Perspectives on Turkey*, No. 17, Fall, pp. 75-96.

Daalder, Hans and Peter Mair eds. [1983], *Western European Party Systems : Continuity and Change*, Beverly Hills : Sage.

Dalton, Russell J., Scott C. Flanagan and Paul Allen Beck eds.[1984], *Electoral Change in Advanced Industrial Democracies: Realignment or Dealignment?*, Princeton : Princeton University Press.

Dorussen, Han and Michaell Taylor eds. [2002], *Economic Voting*, London : Routledge.

Erder, Necat[1996], *Türkiye'de Siyasi Parti Seçmenlerinin Nitelikleri, Kimlikleri ve Eğilimleri*, İstanbul: Türkiye Sosyal Ekonomik Siyasal Araştırmalar Vakfı (TÜSES).

——[1999], *Türkiye'de Siyasi Parti Seçmenleri ve Toplum Düzeni*, Istanbul: Türkiye Sosyal Ekonomik Siyasal Araştırmalar Vakfı (TÜSES).

Ergüder, Üstün and Richard I. Hofferbert[1988], "The 1983 General Elections in Turkey : Continuity or Change in Voting Patterns," in Metin Heper and Ahmet Evin eds., *State, Democracy and the Military : Turkey in the 1980s*, Berlin : Walter de Gruyter.

Erlat, Haluk[2001], "Long Memory in Turkish Inflation Rates," paper presented at the 21st Annual Conference of the Middle East Economics Association, New Orleans, January 5-7.

Ersson, Svante and Jan-Erik Lane[1998], "Electoral Instability and Party System Change in Western Europe," in Paul Pennings and Jan-Erik Lane eds., *Comparing Party System Change*, London : Routledge.

Fiorina, M. P.[1981], *Retrospective Voting in American National Elections*, New Haven : Yale University Press.

Franklin, Mark N. et al.[1992], *Electoral Change : Responses to Evolving Social and Attitudinal Structures in Western Countries*, Cambridge : Cambridge University Press.

Gunther, Richard and José R. Montero[2001], "The Anchors of Partisanship : A Comparative Analysis of Voting Behavior in Four Southern European Democracies," in P. Nikiforos Diamandouros and Richard Gunter eds., *Parties, Politics, and Democracy in the New Southern Europe*, Baltimore : Johns Hopkins University Press.

Huntington, Samuel P. [1968], *Political Order in Changing Societies*, New Haven : Yale University Press.

——[1991], *The Third Wave : Democratization in the Late Twentieth Century*, Norman : University of Oklahoma Press.

Inglehart, Ronald [1984], "The Changing Structure of Political Cleavages in Western Society," in Russell J. Dalton, Scott C. Flanagan and Paul Allen Beck eds., *Electoral Change in Advanced Industrial Democracies : Realignment or Dealignment?*, Princeton : Princeton University Press.

International Monetary Fund (IMF) [2003], *International Financial Statistics*, CD-Rom, Washington, D.C. : International Monetary Fund, October.

Lane, Jan-Erik and Svante Ersson [1999], *Politics and Society in Western Europe*, 4th ed. London : Sage.

Lijphart, Arend [1979], "Religious vs. Linguistic vs. Class Voting : The 'Crucial Experiment' of Comparing Belgium, Canada, South Africa, and Switzerland," *American Political Science Review*, Vol. 73, pp. 442–458.

Lipset, S. M. and Stein Rokkan eds. [1967], *Party Systems and Voter Alignments*, New York : Free Press.

Mango, Andrew [1991], "The Social Democratic Populist Party, 1983–1989," in Metin Heper and Jacob M. Landau eds., *Political Parties and Democracy in Turkey*, London : I. B. Tauris.

Mardin, Şerif [1989], *Religion and Social Change in Modern Turkey : The Case of Bediuzzaman Said Nursi*, Albany : State University of New York Press.

Milliyet [2002], "Sohbet Odası," October 21.

Mutlu, Servet [1996], "Ethnic Kurds in Turkey : A Demographic Study," *International Journal of Middle East Studies*, Vol. 28, pp. 517–541.

Norpoth, Helmut, Michael S. Lewis-Beck and Jean-Dominique Lafay eds. [1991], *Economics and Politics : The Calculus of Support*, Ann Arbor : University of Michigan Press.

Norris, Pippa [1999], "Conclusions : The Growth of Critical Citizens and its Consequences," in Pippa Norris ed., *Critical Citizens : Global Support for Democratic Governance*, New York : Oxford University Press.

Nye, Joseph S., Philip D. Zelikow and David C. King [1997], *Why People Don't Trust Government*, Boston : Harvard University Press.

Özbudun, Ergun [1976], *Social Change and Political Participation in Turkey*,

Princeton : Princeton University Press.

——[1981], "The Turkish Party System : Institutionalization, Polarization and Fragmentation," *Middle Eastern Studies*, Vol. 17, pp. 228-240.

Pedersen, Mogens N. [1979], "Changing Patterns of Electoral Volatility in European Party Systems, 1948-1977," *European Journal of Political Research*, Vol 7, pp. 1-26.

Powell, G. Bingham, Jr. and Guy D. Whitten [1993], "A Cross-National Analysis of Economic Voting : Taking Account of the Political Context," *American Journal of Political Science*, Vol. 37, pp. 391-414.

Rae, Douglas W. and Michael Taylor [1970], *The Analysis of Political Cleavages*, New Haven : Yale University Press.

Rubin, Barry and Metin Heper eds. [2002], *Political Parties in Turkey*, London : Frank Cass.

Rustow, Dankwart A. [1991], "Political Parties in Turkey : An Overview," in Metin Heper and Jacob M. Landau eds., *Political Parties and Democracy in Turkey*, London : I. B. Tauris.

Sakallıoğlu, Ümit Cizre and A. Erinc Yeldan [1999], "Dynamics of Macroeconomic Disequilibrium and Inflation in Turkey : The State, Politics, and the Markets under a Globalized Developing Economy," Department of Economics, Bilkent University, Ankara.

Schüler, Harald [1999], *Türkiye'de Sosyal Demokrasi : Particilik Hemşehrilik Alevilik*, İstanbul : İletişim.

Şeker, Murat [1998], "Türkiye'de Tarikatlar," unpublished paper.

State Institute of Statistics (SIS) [1991], *Statistical Indicators, 1923-1990*, Ankara : State Institute of Statistics.

——[1995], *National Education Statistics : Formal Education, 1992-1993*, Ankara : State Institute of Statistics.

——[1998a], *Results of General Election of Representatives : 15. 10. 1961, 10. 10. 1965, 12. 10. 1969, 14. 10. 1973, 05. 06. 1977*, diskette, Ankara : State Institute of Statistics.

——[1998b], *Results of General Election of Representatives : 06. 11. 1983, 29. 11. 1987, 20. 10. 1991, 24. 12. 1995*, diskette, Ankara : State Institute of Statistics.

——[2000], *Results of General Election of Representatives : 18. 04. 1999*, diskette,

Ankara : State Institute of Statistics.

——[2003], *Results of General Election of Representatives : 2002*, diskette, Ankara : State Institute of Statistics.

——[各年], *Statistical Yearbook*, Ankara : State Institute of Statistics.

Tachau, Frank ed.[1994], *Political Parties of the Middle East and North Africa*, Westport : Greenwood Press.

Toprak, Binnaz and Ali Çarkoğlu[2000], *Türkiye'de Din, Toplum ve Siyaset*, İstanbul : Türkiye Ekonomik ve Sosyal Etüdler Vakfı (TESEV).

Yücekök, Ahmet N. [1971], *Türkiye'de Örgütlenmiş Dinin Sosyo-ekonomik Tabanı (1946-1968)* (Ankara Üniversitesi Siyasal Bilgiler Fakültesi Yayınları No. 323), Ankara : Ankara University.

第6章

オスロ合意，ロード・マップ，ジュネーブ提案
——イスラエル・パレスチナ和平プロセスの10年——

池田明史

はじめに——2つの原理と和平問題

イスラエルにおける国家と社会との相関は，いわゆる和平問題において尖鋭的なかたちで立ち現れる．人口から見れば，ユダヤ系500万人に対してアラブ系120万人という大きなマイノリティを抱えるという事実，さらに1967年以来占領下に置いてきたパレスチナ占領地(ヨルダン川西岸・ガザ地区)には250万人のアラブ系人口が存在するという事実が，国家と社会それぞれの構成原理の貫徹を著しく困難にしており，和平問題は常にそのような自家撞着的状況の清算との関連で政治化することになるからである．

「ユダヤ人国家」として出発したイスラエルは，同時にそうした国家の構成員に対して「民主的社会」であることを標榜してきた．国家の民族原理と社会の民主原理とは，国民がユダヤ人によってのみ構成されていれば特段の矛盾を生じない．国家の「ユダヤ性」を確保するために，イスラエルは帰還法(1950年制定)や国籍法(1952年制定)を定めて，在外ユダヤ人の取り込みを図ってきた．国家がユダヤ人の移民社会として成立するというこうした経緯からは，2つの問題が生じる．いったい，何をもってユダヤ人とみなすのかという問題と，移入してくるこれらユダヤ人をどうやって1つの社会に統合していくのかという問題である．前者は，ユダヤ人を「ユダヤ教徒」とみなす人々と「ユダヤ民族」と考える人々との対立，すなわち宗教勢力と世俗勢力との軋轢を生み出し，後者は人々を地域的な出自によって反目させる状態(たとえば欧米系とアジア・アフリカ系との対立)を紡ぎ出す．このような社会的な分断ないし断片化を政治的に架橋し，多岐にわたるユダヤ人社会の国民国家的統合を図る装置が，イスラエルの議会制民主主義にほかならない．したがってその具体的な制度は，国民構成が

本来的にきわめて多様であるということを前提に設計される．クネセト(Knesset，イスラエル国会)と呼ばれる一院制の議会が，全国一区の比例代表制で選出されるのは，断片化著しい社会の多様な要求を努めて正確に議会に反映させる必要があると考えられたからである．

このように民族民主国家として構想されたイスラエルは，しかし，「独立」戦争(第1次中東戦争，1948〜1949年)の結果その「領土」となった地域から非ユダヤ人すなわちパレスチナ人を離散させ，さらにその後数次にわたる戦争によって領土に隣接する地域を「占領」し，そこに住むパレスチナ人を力で支配する「征服国家」となった．ここに，国家の民族原理と社会の民主原理との軋轢が不可避となる．それは，第1にイスラエル独立以降もその領域に踏みとどまった非ユダヤ人の処遇をめぐり，第2には占領地において他の民族を力で支配する民族が民主主義的たり得るかという倫理性をめぐり，そして第3に離散して難民化したパレスチナ人のいわゆる「帰還権」の主張への対応をめぐって顕在化することになる．そしてそのすべてにおいて前提となるのは，予見し得る将来の人口動態にほかならない．すなわち，出生率その他の人口の伸び率を単純に比較すれば，長期的にはユダヤ人国家イスラエルにおいてユダヤ人がマイノリティに転落する可能性は否定できない．占領地を併合して，民主原理に基づいてその住民にイスラエル市民権を付与すれば，可能性は蓋然性に転化する．難民の帰還権を認めた場合，その時間はさらに縮まる．民主原理を貫徹すればユダヤ人国家という民族性を失い，民族原理を貫徹すればかつての南アフリカと同様に非ユダヤ人を二級市民として扱うアパルトヘイト社会となることを余儀なくされる．非ユダヤ人問題を抱える限り，イスラエルがユダヤ人国家であると同時に民主的社会であろうとするのは不可能なのである．

中東和平プロセス，とりわけパレスチナ和平問題とはイスラエルにとって，こうしたディレンマから脱出する方途にほかならない．端的に言えばそれは，占領地を切り離し，そこにイスラエルと同様の民族民主原理によって構成されるパレスチナ独立国家を樹立させることで，イスラエル自らの民族民主原理を最大限防衛しようとする試みと位置づけることができよう．その中東和平プロセスは，1991年秋のマドリード中東和平国際会議に始まり，1993年秋のオスロ合意(暫定自治に関する原則宣言)を経て本格化した．その後，パレスチナ暫定自治の立ち上げ(1994年5月)，イスラエル・ヨルダン和平協定の成立(同年8月)と順調に成果を積み上げたが，1996年夏のイスラエルの政権交代を契機として停滞した．その後イスラエルでは1999年夏および2001年初頭にそれぞれ政権交代が見られたが，2000年秋に勃発したパレスチナ自治地域の騒乱状況と翌2001年秋のいわゆる9.11事件の衝撃を受けて，オスロ合意は所期の目標を達することのないまま事実上破綻した．かかる事態を打開し，騒乱の鎮静化を図るため，2003年春のイラク戦争後にジョージ・W. ブッシュ(George W. Bush)米政権の肝煎りで新たな和平交渉の枠組み――いわゆる「ロード・マップ」(A Performance-Based Roadmap to a Permanent Two-State Solution to the Israel-Palestinian Conflict)――が立ち上げられたが，イスラエルとパレスチナ自治政府(al-Sulṭa al-Filasṭīnīya，英語名 Palestinian Authority，あるいは Palestinian National Authority，略称 PA)との相互不信に起因する暴力の連鎖を断ち切ることができず，2004年央現在に至るまでパレスチナ和平交渉は復調の兆しを見せていない．

状況停滞の根源には，双方の民族原理の突出による民主原理の圧迫という事態が介在しているように見える．見方によってそれは，ユダヤ教的「国粋主義」とかイスラーム「原理主義」といった宗教的尖鋭主義に仮託された民族原理を掲げる国家，あるいは国家的なるものに対して，いずれの側の社会においてもその民主原理がこれを有効に抑止し得ないでいるということなのかもしれない．しかしながら，こうしたなかで，政府間の公式チャンネルとは別に，当事者双方の在野勢力の間で和平に向けた提携を模索する動きが高まったことは注目に値する．とりわけ2003年秋に具体的な内容が明らかとなったいわゆるジュネーブ提案は，従来ともすれば学術的提言や政治的宣伝の枠内，あるいはその延長上に位置づけられてきた「私的」和平構想とは一線を画し，公式交渉をめぐる現在の閉塞状況に突破口を開く可能性を持つ試みとして国際的な認知を受けるに至った．これを国家に対する社会の対抗もしくは牽制として解釈するのは短絡に過ぎようが，それでもイスラエルについて見る限り，このような動きは，国家と社会との関係のありようが和平問題において顕現するという管見を例証するものと思えるのである．こうした視座を踏まえて，本章では，まずオスロ合意とロード・マップそれぞれの和平構想とその蹉跌の経緯を検討し，そのうえでジュネーブ提案の性格と含意について検討してみたい．

第1節　オスロ合意

1993年9月に成立したオスロ合意は，イスラエルが1967年の第3次中東戦争において奪取したいわゆるパレスチナ占領地のうち，ガザ地区およびヨルダン川西岸エリコ市においてパレスチナ人の暫定自治を先行的に立ち上げ，その後交渉を継続して自治対象地域を拡大し，且つそれら自治地域・占領地域の最終的な地位を確定しようとするものであった．そこでは，自治の施行をその発足から当面5年間と定め，この暫定的な自治期間が2年経過した段階で最終的地位の交渉を開始するという日程など，交渉に際しての諸原則が確認されていた．すなわち，暫定自治交渉と最終的地位交渉とを切り離す格好で和平プロセスの枠組みが構築されたのである．和平交渉相手であるパレスチナ人に対して，イスラエル政府はまず正当な交渉当事者としての適格が認められたことを当面の成果とし，現実的統治の実績を積むことを当面の目標とみなすよう仕向けた．その際，イスラエル側が最初からパレスチナ国家の樹立を阻止しようとして「ガザ・エリコ先行案」を持ち出したという観測もあったが，それは必ずしも正鵠を射ていない．むしろ，イツハク・ラビン(Yitzhak Rabin)首相やシモン・ペレス(Shimon Peres)外相など当時のイスラエル政府首脳は，最終的にはパレスチナ国家独立の容認による問題の決着が不可避だとの認識を共有しており，暫定自治はそのような方向へ国民世論を誘導するための説得材料と考えられていた．いったん「ガザ・エリコ先行案」で一部地域に暫定自治を認めた後，自治領域・機能の拡大をめざした合意を積み重ね，これによっていわば「平和共存の既成事実」を先行させて，衝突が予想されるエルサレム問題や難民問題といった最終的地位交渉に入る前に「外堀」を埋めておくというのが，当時のラビン内閣の基本的な発想であった．かくして築かれた「平和の配当」を，原則論に固執して一挙に失いかねない事態への危惧や躊躇が，双方の慎重な対応を生み出し，そこから主権問題を含めて次の段階の交渉への展望が紡ぎ出されると期待されたのである[1)].

しかしながらオスロ合意以降，カイロ合意(ガザ回廊とエリコ地区に関する合意，1994年5月)，オスロII合意(ヨルダン川西岸とガザ地区に関するイスラエル・パレスチナ暫定合意，1995年9月)を経て間もなく，ラビン首相暗殺(1995年11月)およびその余波のなかでの政権交代(1996年6月)によって，そのような期待は潰えた．オスロ合意の枠組みそれ自体に懐疑的なベンヤミン・ネタニヤフ(Benyamin Netaniyahu)内閣の成立は，国際公約としての暫定自治交渉の維持を掲げながら，実質的には常にその形骸化・空洞化を画策する勢力の台頭を意味したからである．このためその後のオスロ・プロセスは，形式的には維持されてヘブロン合意(ヘブロンからのイスラエル軍撤退合意，1997年1月)，ワイ河畔合意(イスラエル軍追加撤退合意，1998年11月)などが積み上げられたものの，自治地域のパレスチナ人住民は決して「平和の配当」を実感することはなかった．パレスチナ自治政府が統治下に収めた領域は，ガザ地区の他には都市部を中心とする西岸地域のいくつかの人口集中地区にとどまり，パレスチナ自治の実態はあたかもイスラエル占領地の「海」に浮かぶ「収容所列島」の観を呈した[2)]．別言すれば，西岸全体がイスラエルの占領下にあった時代と比べて，自治領の住民は相互の移動や連絡にむしろ難渋することになったのである．暫定合意の積み重ねは，必ずしも自治領域の合理的な拡大に相即せず，かえってイスラエル側の入植地拡大や「戦略道路」の開設などを促して利便性の格差を

---

1)　こうしたラビン内閣の思惑や期待については，主としてベイリン元法相やアヴィ・ギル(Avi Gil)元外務次官ら当時の関係者と筆者とのインタヴューに基づく．取材は1994年から1996年の筆者のエルサレムでの長期在外研究時に断続的に随時行われたほか，1999年3月の短期調査時および2003年5月のベイリン来日時にも補完的に実施した．

2)　具体的には，多少なりとも「面の一体性」を保持したのはガザ地域のみで，西岸についてはラーマッラー，エリコ，ベツレヘムなどの中央区域，ナブルス，ジェニン，トゥルカレム，カルキリヤといった北部区域，そしてヘブロンを中心とした南部区域という3つの孤立区域に分断されたうえ，さらにそれぞれの区域のなかでの都市・村落間の連絡も絶たれることとなった．加えて，東エルサレム地域はイスラエル側の認識では一貫して「イスラエル領」であって，西岸への編入を拒まれていたため，パレスチナ自治領は面としての中心も辺縁も持てない状態にとどめおかれ，総体として「相互に連続しない点の集合」というきわめて不自然な「領域」となることを余儀なくされた．

拡げるといった不合理な結果を招いた．最終的地位交渉に本格的な着手が見られないまま，これらの暫定合意を繰り返さざるを得ない状況に対してパレスチナ人住民は不満を蓄積していった[3]．

もとより，オスロ合意の枠組みがすべてそのような負の結果をのみ残したという見方は適当ではなかろう．この枠組みが積極的な変化につながった部分は，大きくはないにせよ，決して無視できるものではない．とりわけイスラエルでは，ラビン首相の暗殺やネタニヤフ内閣時代の後退など，紆余曲折を経たものの，この枠組みのなかでイスラエルに接するパレスチナ自治領との並存が既成事実となり，一定の限度においてではあったが国民意識に確実な変化がもたらされた[4]．「土地と平和の交換」というオスロ合意の原則に照らして言えば，パレスチナ和平交渉の本質は，イスラエル側が，パレスチナの与える「平和」すなわち両者間の「紛争終結宣言」と引き換えに，どこまで，どのような領土を返還するかが焦点となる．最終的地位交渉の課題とは，したがって，返還さるべき領土の範囲をめぐる争いと，これに「主権」，「エルサレム」，「入植地」および「難民」を付加するか否かをめぐる争いとの2つの次元で構成されていたと考えられよう．このうち，「主権」については，イスラエル側の姿勢は明らかに変化した．強硬派のアリエル・シャロン(Ariel Sharon)現首相自身が，オスロ合意当初の「パレスチナ独立国家を絶対に容認しない」という原則的拒否から，オスロ合意破綻後には「交渉を通じての独立であればこれに異を唱えない」というところまで「軟化」し，さらにロード・マップの受容によってパレスチナ独立国家の原則的容認の立場を闡明したのである[5]．

---

3)　このような不満は，いわゆる「自爆テロ」等の事件によってイスラエル側が自治領を「封鎖」する際にとりわけ高まることとなった．点の集合としての自治領は，封鎖によって点と点とを結ぶ線が寸断され，各都市・村落はその孤立と閉塞とを否応なく自覚させられたからである．

4)　イスラエル側の国民意識の変遷は，有力紙『ハアレツ』による累次の世論調査結果やペレス平和センター(Peres Center for Peace)等のシンクタンクの調査結果などによって裏づけられる．パレスチナ側の住民意識の変遷については，1993年以降はパレスチナ政治調査センター(Markaz al-Buḥūth wa al-Dirāsāt al-Filasṭīnīya，ハリール・シカーキー〔Khalīl Shiqāqī〕所長)がほぼ定期的に世論調査を実施しており，その際サンプリングされるイスラエル側の世論動向も『ハアレツ』紙などの調査結果と概ね重なっている．

5)　もとより，後に見るようにシャロンの場合は容認されるべきパレスチナ国家の内容が問題となる．しかしながら，たとえレトリックに過ぎないとしても，パレスチナ人に「独立このような意識の変遷にもかかわらず，オスロ合意が結果として暗礁に乗り上げた主因は，詰まるところ交渉の到達点(「エンドゲーム」)が当初から明らかでなかったという点に求められる．極端に単純化すれば，オスロ合意の本質は「交渉を継続させる」ことにあったと言えるからである．最終的な到達点がどこで，そこにたどり着くのはおおよそいつごろになるのかという問題よりも，ともかくも交渉が続けられ，「平和の配当」が積み重ねられていくことが重要視された．もちろん，そうした交渉によって一定の内容が見えてきた側面もある．オスロ合意の貫徹をめざす最後の交渉となった2001年初頭のタバ交渉においてイスラエルのエフド・バラク(Ehud Barak)首相(当時)は，西岸地域の9割以上とガザ地区からなるパレスチナ独立国家の樹立を容認する姿勢を示した．撤去が困難と見られる境界沿いの主要入植地についてはイスラエル領に併合しつつ，この領域分をガザ—西岸の連絡回廊で代替するという領土交換案も示されている．しかし，こうした交渉継続の成果によって，より象徴性の強い，したがって当事者双方の「原則論」が真っ向から衝突する基本的問題を回避ないし棚上げにできるとした当初の期待は楽観的に過ぎたのである．

たとえばエルサレム問題である．「統一されたエルサレムはイスラエルの未来永劫の首都である」ことがイスラエルの原則的立場であったが，それが必ずしも市域全体にわたる具体的な統治権の独占を意味せず，エルサレムのパレスチナ人口の大多数に関して実質的にパレスチナ側の統治に組み込ませるというところまでイスラエルは譲歩した．それでも，エルサレムの統合性とその政治的主権の帰趨については，この問題を象徴的に集約すると見られた旧市街の「聖域」の形式的帰属を譲ることはできなかった．パレスチナ側にしてもまさにその象徴性こそが問題であった．先に述べた事情で自治政府およびその首長たるヤースィル・アラファート(Yāsir ‘Arafāt)パレスチナ解放機構(Munaẓẓamāt al-Taḥrīr al-Filasṭīnīya，英語名

国家」を認めるという言明を行うこと自体が，イスラエル内政の文脈においては大きな意味と影響とを持つ．シャロンのこうした「変貌」は，一方においてことさらに「中道」を取り繕って潜在的な左派票を取り込むという意図に立つものであることは言を俟たないが，同時にこれを「変節」として指弾する極右派勢力の抵抗がかつての勢いを喪失したとの政治判断に基づいてもいる．その限りにおいてシャロンの変化は，そのままイスラエル社会の意識の変遷を投影したものと考えられるのである．

Palestine Liberation Organization，略称 PLO）議長の政治的求心力が急落しつつあったなかで，暫定自治交渉と最終的地位交渉との切り離しは，パレスチナ側にとってはむしろ原則論への拘泥の度合いを強める方向に作用した．すなわち，暫定自治でいかに譲歩を余儀なくされても，それは最終的地位で要求を貫徹するためのコストにほかならないとの強硬論に道を開く結果となったのである．アラファートにとって，「エルサレムを首都とするパレスチナ独立国家の樹立」は，絶対に譲れない一線となった．

象徴性という意味では，パレスチナ難民問題もまた双方が真っ向から対立せざるを得ない要素をはらんでいた．「難民帰還」を本質的に解決困難にしているのは，それによってイスラエルにおけるユダヤ人とパレスチナ人との間の人口比が変動するといったような現象面での障害だけではない．難民問題は，イスラエル国家の建国に伴う中東戦争のなかから析出された．その際，「ユダヤ民族主義（シオニズム）の正当な民族自決権の行使として合法的に建国されたイスラエルにアラブ諸国が不当な戦争を仕掛けてきて，結果としてパレスチナの難民が発生した」との立場をとるか，「欧米による帝国主義的侵略の一変種として不法に建設されたイスラエルに排斥されたパレスチナ難民を，アラブ諸国がその本来の土地に帰還させようとして中東戦争が勃発した」との立場をとるかで，難民発生の主たる責任の所在が全く変わってくる．のみならずそれは，イスラエル国家建設の合法性や，中東戦争の開始責任といった国際法的な論争に必然的につながってくる．難民問題の取り扱いは，したがって，戦争責任の所在など，すぐれて概念的，理念闘争的な側面を持ち，当事者双方がそれぞれの原則論に固執せざるを得ない構造を持っているのである．

いずれにしても，エンドゲームを示さないまま「継続することに意味がある」という発想から出発したオスロ合意は，継続されるにしたがって双方が構想する最終的な到達地点の間のズレが拡大し，結果的に双方に対して「到達不能」という認識を創り出していったことになる．その意味では，2000年秋以降のいわゆるアル＝アクサー・インティファーダ（intifāḍa al-aqṣā'）は，それ自体がオスロ合意を破綻させたというよりは，「引き金」の役割を果たした，すなわちこのインティファーダによって双方にすでに蓄積されていた「到達不能」の認識が一挙に解放されたと考えるべきであろう[6].

第2節　ロード・マップ

以上のように，オスロ合意の枠組みは2000年秋以降のアル＝アクサー・インティファーダによって危殆に瀕した．しかしこれを回復不能なまでに粉砕したのは2001年の9.11事件とその余波にほかならない．9.11事件とこれに続く米国の「対テロ戦争」の発動は，オスロ合意への疑念を隠していなかった第1次シャロン内閣に，パレスチナ側に対する強硬姿勢を正当化する格好の根拠を提供した．イスラエル政府は，米国のアフガニスタン攻撃の論理をそのまま援用してパレスチナ自治領への懲罰的侵攻を繰り返し，部分的には事実上の再占領を断行した．さらに2001年末に至ってシャロン内閣は，パレスチナ暫定自治政府を「テロ支援体制」と決めつけ，さらにその首長であるアラファートPLO議長との関係を断絶する宣言を発した．交渉当事者の一方が他の一方を切り捨てたことによって，オスロ合意の枠組みはここに破綻した．以降，イスラエルとパレスチナは出口の見えない暴力の連鎖に嵌まり込み，「自爆テロ」[7]と過剰報復との応酬による大量の流血を余儀なくされていく[8].

こうした状況に転機をもたらしたのは2003年春のイラク戦争であった．この戦争を通じて米国は，挑発されない相手に対して予防先制的な武力行使の前例を作った．それは何よりも，サッダーム・フサイン(Ṣaddām Ḥusayn，以下フセイン)政権の転覆による体制転換(regime change)を目的とした戦争であり，その動機は基本的には9.11事件によって米本土への安全保障上の脅威が現実のものとなった状況に即して，いわゆる「ならず者国家」(rogue states)と「国際テロ組織」(international terrorist organizations)との連携可能性を切断するところにあった．しかしそれは同時に，

6)　イスラエル側においてこうした「到達不能」の認識が顕在化したのは，2000年7月のいわゆるキャンプ・デービッドII交渉の決裂によってであった．
7)　パレスチナ側呼称は「殉教作戦」(‘amalīya istishhādīya, ‘amalīya fidā’īya).
8)　9.11事件とパレスチナ情勢との連動の経緯については，池田[2002]を見よ．

米国にとって望ましい秩序や安定の構築のためには敢えて現状の改変をも辞さないとのブッシュ政権の姿勢が明確に示された戦争でもあった[9].

イラク戦争そのものは，数週間の一方的な戦闘局面の末に早々とイラク側の組織的抵抗が崩壊し，その後は旧体制の残存分子掃討戦に移行したが，そうした米国の軍事的覇権を背景として，いわゆる「ロード・マップ」，すなわちパレスチナ和平をめざした新たな枠組みが始動した．ロード・マップの内容それ自体は，暴力の停止と入植の凍結から暫定的国境等の交渉へと進み，最後に2005年を目処としてパレスチナ独立国家の樹立に至るという，ごく単純な道筋を示すものに過ぎない．ただ，前述したオスロ合意の蹉跌の反省に立って，当初からパレスチナ国家の独立というエンドゲームを掲げ，しかもそのような独立国家の「民主的」な内実を担保するため，パレスチナ側に一定の政治改革を義務づけたところに新旧の枠組みの質的な差異を認めることができる．この和平構想の大枠はすでに2002年6月のブッシュ米大統領演説で示されており，その意味ではブッシュ政権はイラク戦争に先立って中東の域内秩序を米国主導で「改変」して行く意志をすでに示していたと見ることもできよう．いずれにせよロード・マップは，ブッシュ演説を叩き台として米国，ロシア，欧州連合(EU)および国連によって構成される国際調停団(いわゆる「カルテット」)が内容の具体化を図り，2003年4月に当事者であるイスラエル政府とパレスチナ暫定自治政府とに公式に提示された[10].

2004年6月初旬までに当事者双方はこの調停案の受け入れを公式に表明した．パレスチナ側では，イスラエルおよび米国から「和平交渉とは無関係」との烙印を押されたアラファート議長が，和平交渉にかかわる権限を他の指導者に委譲するよう迫られていた．その結果，アラファートは新たに首相職を設置し，ロード・マップ受け入れを表明して新首相を背後から操作することで自身の国際的復権を果たそうと試みた．しかし初代首相に任じられたマフムード・アッバース(Maḥmūd ʻAbbās)は，アラファート

9)　パレスチナ問題を含む中東情勢へのイラク戦争の影響については，池田[2003a]で一応の検討を行ったので参照されたい．
10)　ロード・マップをめぐる当事者双方の事情については，池田[2003b]を見よ．

から一定の自立性を確保しようとし，両者間に権力的契機をはらむ軋轢が蓄積されることとなった．結局，両者間の緊張関係は解消されず，アッバースは9月早々に辞任，パレスチナ国民議会(al-Majlis al-Waṭanī al-Filasṭīnī，英語名 Palestinian National Council，略称 PNC)議長であったアフマド・クライウ(Aḥmad Quray')がその後を襲った．

他方イスラエルにおいては，既述のように表向きはパレスチナ国家容認に傾いたシャロン首相が，これに激しく反発する極右派の抑え込みに成功し，ロード・マップ受容を可能とした．しかしながら，シャロン内閣がそのような決断に至った最大の理由はアメリカとの関係維持にあり，国際社会が構想するパレスチナ独立国家をそのまま認めるものではなかった．シャロンにとってパレスチナ独立国家とは，イスラエルが「安全保障上の必要」から一方的に境界線を画定した残滓を領域とする括弧つきの「国家」に過ぎない．そのようなイスラエルの戦略が具体的な現実として立ち現れたのが，西岸に構築されつつあるいわゆる「隔離壁」[11]にほかならなかった．

かくして，パレスチナ側にせよイスラエル側にせよ，国際社会が提示したロード・マップに対して，いずれもいわば政治的戦略的「方便」としてその受け入れに踏み切ったのであって，エンドゲームとして掲げられたパレスチナ独立国家の樹立はそれぞれの当事者にとって二義的な位置づけしか与えられていなかったのである．とりわけイスラエル側に対しては，「隔離壁」問題に明らかなように，パレスチナ国家樹立を容認する「意図」にそもそも疑義が持たれている．「隔離壁」の既成事実化は，パレスチナ側からすれば交渉継続のメリットを剝奪するものにほかならない．独立国家の樹立を到達目標とする和平交渉が試みられる一方で，そこで交渉されるべき対象となる新国家の領域が，「壁」という物理的手段で一方的に限定されていくのであれば，ロード・マップはその価値を完全に喪失するからである．

一方そのパレスチナ側に対しては，当初からロード・マップに盛り込まれた履行義務を消化していく「能力」に疑問符がついていた．アラファー

---

11)　イスラエル側の呼称は「防御柵」である．

トと首相職との間の権力闘争に加えて，この両者を含む旧世代と実権簒奪をねらいつつある若年世代との世代間抗争や，自治政府内での執行部と立法評議会(al-Majlis al-Tashrīʻī al-Filasṭīnī)との制度的対立，あるいはアラファートを首魁とする政治集団ファタハ(Fatḥ，正式名称パレスチナ国民解放運動，Ḥaraka al-Taḥrīr al-Waṭanī al-Filasṭīnī)内に複数存在する民兵組織の統制上の混乱など，パレスチナ暫定自治政府の内部における基本的な意思決定のプロセスがさまざまなレベルで攪乱されており，そこに見られるのはほとんど政府と呼ぶに値しない混沌状態であったからである．かろうじて何らかの意思決定がなされて一定の交渉姿勢が採択されるとしても，交渉から帰結する課題を内部的に強制し，その執行を担保する権力装置が一元的に統制されていないため，責任ある交渉は期待できなかった[12)]．加えて，当初より自治政府の統制外にあるハマース(Ḥamāṣ，正式名称イスラーム抵抗運動，Ḥaraka al-Muqāwama al-Islāmīya)やイスラーム聖戦(al-Jihād al-Islāmī)などのイスラーム武装闘争勢力の問題がある．現実に，2003年9月以降のロード・マップの蹉跌は，これら武闘派の「休戦」合意破綻につけ込んだイスラエルとの間の暴力の再燃に直接の原因があった．

さらに，ロード・マップを提示した米国もまた，ある意味ではこれを戦略的「方便」として位置づけていた．現在の中東においては「反米」という観点からは三極的な問題状況が存在し，それらは連動構造を構成する．すなわちイラクやイラン，アフガニスタンといった問題国家への対応は，そのまま「対テロ戦争」およびパレスチナ問題という他の二極に連動し，相乗効果を伴って危機を創出し，あるいはそのような危機を複雑化させかねないという構造が見られるのである．イラク戦争は反米「ならず者国

---

12)　アッバース初代首相の辞任も，具体的には治安装置の統帥をめぐるアラファートとの軋轢を主因の1つとしていた．アラファートは，「分断して統治する」という政治手法から自治政府の治安装置を組織的に統合せず，多元的な構造を維持したままそれぞれの治安組織の忠誠の対象をアラファート個人とすることに固執した．それによって各組織を相互に対抗・牽制させ，併せて自らの権力基盤の維持を図ったのである．これに対してアッバースは，治安装置の構造的な一元化をめざし，その忠誠の対象を自治政府の首長すなわち大統領としてのアラファートに向けさせようと試みた．アラファートは治安装置の統合によって自身の権力操作の幅が狭められることを懸念し，また自分への個人的忠誠を大統領職への制度的忠誠に置き換えようとする動きに対して警戒を強めて，結果的にアッバースを辞任に追いやったのである．

家」の1つを打倒し，域内諸国に一罰百戒的な警告を与えたという意味で一定の成果を挙げているというのが，米国の自己評価であろう．しかしながらイラク戦争とその戦後復興の問題は，先に述べたような連動構造のなかで他の二極に波及せざるを得ず，そこで求められるのはそうした連動の切断のための予防先制措置にほかならない．

イラク戦争の衝撃を受けて域内の各国政府が「テロ」対策の強化等で国内社会の締めつけを図ろうとすれば，当然ながら一般民衆レベルでは反発や不満が蓄積されることとなり，それは一方においてアル＝カーイダ(al-Qā'ida)等の「国際テロ組織」への潜在的支持の拡大に結果する．他方では，人々の体制に対する反発をかわすために，米国に対して何らかの見返りを求める各国政府の圧力が増大することになる．米国はしたがって，イラク戦争の結果，イラク国家の政治的経済的「復興」を担い，同時に「国際テロ組織」の「掃討」を推進し，さらにそうした「テロ」掃討への域内諸国の協力を確保するために，ロード・マップを掲げてパレスチナ問題への「仲介」を本格化させる必要に迫られたのである．そこでの主要な目標はあくまでも「復興」や「掃討」の推進に伴う抵抗の排除ないし減殺にあって，パレスチナ和平への「仲介」はそのための「方便」と位置づけられていた．

実際に米国は2003年10月以降事実上の大統領選挙戦に突入し，ブッシュ政権も対外的な活動の自由を内政要因によって大きく制約されていた．長期化しているイラクの復興問題に加えて，パレスチナでさらなる混乱に巻き込まれれば選挙戦上の致命傷を蒙ることになる．選挙戦が終わるまで米国にはロード・マップの実現に向けて本格的な介入に踏み切るだけの余力はなかった．にもかかわらずこれを喧伝するブッシュ政権の思惑は，何よりも停戦状態の維持にあり，米国はロード・マップを掲げることで紛争の最終的な解決ではなく当面の管理をめざしていたと考えねばならない．

かくして，ロード・マップはオスロ合意の反省に立ってエンドゲームを明示して出発したものの，当事者双方にとっても仲介者にとってもこれに求めたものは基本的に「方便」ないし「つなぎ」の役割でしかなく，本格的な和平交渉を復調させるにはイスラエル側の意図，パレスチナ側の能力，さらに米国にはその両方が欠けていたのである．

第3節　ジュネーブ提案

2003年9月にロード・マップが暗礁に乗り上げた時点で，和平交渉の当事者双方が相互に突きつけていた課題は，入植地・隔離壁・暴力停止・占領地撤退と治安権限委譲・政治犯釈放など多岐にわたっており，しかもそれぞれの主張は決定的に対立していた．たとえば，入植地の「凍結」と暴力の「停止」との具体的内容をめぐって，パレスチナ側は入植地の「撤去」を求めており，イスラエル側は「テロ基盤」の「解体」を要求していて，それぞれが単なる凍結や停止では不十分だと考えていた．この認識のズレが根本に存在するため，その他のあらゆる問題についても双方の隔たりは埋まらないまま，堂々めぐりが繰り返されたのであった[13)]．

ロード・マップの行き詰まりが誰の目にも明らかとなった閉塞状況のなかで，2003年10月に双方の在野の和平勢力が過去2年半にわたって秘密裏にパレスチナ問題の最終的な決着をめざして交渉を重ねていた事実が公表された[14)]．交渉の成果は「合意」として文書にまとめられ，この非公式な「和平合意」(以下，ジュネーブ提案)が同年12月1日にスイスのジュネーブにおいて双方の交渉「代表」によって「調印」されるに至った．従来からイスラエル側とパレスチナ側の有識者が語らって問題決着をめざした私案を公表することはあったが，このジュネーブ提案については単なる私案ではなく，政権交代があればそのまま公式提案となり得る試案として大きな注目を集めた．具体的で詳細にわたる「合意」内容はもとより，「交渉」

---

13)　イスラエルは新規入植地建設の凍結には応じたものの，既存入植地についてはいくつかの「見張り所」(outpost)の撤収を行っただけで，入植地本体の縮小や解体に踏み込む構えを見せなかった．パレスチナ側は自治政府が武闘派諸勢力を説得して期限つきの「休戦」(hudna)に漕ぎつけたが，これら諸勢力の武装解除については論外との姿勢を崩さなかった．

14)　もっとも，双方の和平派陣営間で2001年1月のタバ交渉の成果を踏まえた非公式折衝が続いているとの情報は，半ば公然と流布されてはいた．たとえば，2003年5月に東京で行われたイスラエル=パレスチナ信頼醸成会議(日本外務省主催)では，双方の代表はジュネーブ提案の交渉代表と重なっており，会議の席上で交渉の内容や合意案の大枠などが一定の範囲で開示されている．

に当たった双方の「代表団」がいずれもかつて実際に政権中枢を担って和平交渉にあたり，あるいは現在もなお権力核に近くその意向を十分に汲んでいると見られる人々によって構成されていたからである．とりわけイスラエル側の首席代表ヨッシ・ベイリン(Yossi Beilin)はラビン内閣，ペレス内閣やバラク内閣で法相，和平問題担当相を務めて事実上労働党(Mifleget ha-Avodah ha-Yisraelit/Maarach)の和平交渉の実務責任を引き受けていた存在であり，またパレスチナ側の交渉代表ヤースィル・アブドゥラッブフ(Yāsir ʻAbd Rabb-hu)はPLO情報局長やアッバース内閣の官房長官など，アラファート議長の側近として一貫して政策決定にかかわってきた人物であった[15]．

彼らがシャロン政権の成立直後からそれぞれ「交渉団」を率いて秘密裏に折衝を重ね，ともかくも交渉を続けて一定の合意に達したという事実は，袋小路に陥った現実に別の選択肢があり得るという可能性を示すものとなった．提案内容に対しては双方の社会で賛否両論が渦巻き，またイスラエルでは政府の激しい非難と攻撃を浴びせられ，パレスチナでは自治政府から事実上黙殺されるなど，ジュネーブ提案がそのまま現実の政治を動かすことはなかった．しかし少なくともこの試みが，報復と復讐の連鎖で行き詰まった閉塞状態に風穴を開ける可能性を持つものとして国際社会からきわめて好意的に受け止められ，そのことによって当事者双方の社会に「変化」を予感させたことは確実と考えられる．

そうした影響力を持ち得たからこそ，ジュネーブ提案が公表された際のイスラエル政府の反発には激烈なものがあった．シャロン首相は激怒し交渉の経緯一切を非難，リクード(Likud)党など右派主体の政府要人も次々と提案内容の批判を繰り広げ，その一部は交渉にかかわった人々を「売国奴」と罵倒してクネセトでの喚問・懲罰を求めるまでに激昂したのである．彼らの反発の表向きの理由は，民主的に選挙で選ばれた政府をバイパスして事実上の外交交渉を行い，その成果への国際的な認知を求めて第三国で「調印」式まで行うという行為が，明らかに民主主義に反し，しかも政府

15)　ベイリンとアブドゥラッブフは前述タバ交渉に際して双方の交渉団の指導的立場にあった．

の交渉力を根底から掘り崩す結果をもたらすというものであった．しかし実際にはそれは政府のパレスチナ問題への対応の本質的な矛盾を曝け出されたことへの狼狽と憤怒であったと見ることができよう．シャロン首相はこれまで，「アラファートを相手にせず」としてパレスチナ側に新しい交渉窓口を要求しつつ，その実現まで交渉は再開できないと主張して一方的に入植地の拡大や隔離壁の建設を推進し，これを「現状維持」路線と称してきた．ジュネーブ提案交渉の経緯は，そうしたシャロンの路線が実は「交渉の相手がいない」のではなく，「交渉の相手を認めない」だけだったのだという事実を浮き彫りにした．アブドゥラッブフやその他の閣僚級を含むパレスチナ側「代表団」は，イスラエル政府にその気がありさえすれば，そのまま公式の和平交渉の相手となり得る構成だったからである．これまでシャロンが唱えてきた「現状維持」の欺瞞性が白日のもとに曝されることとなり，だからこそシャロンの政府はベイリンらに対して極端に攻撃的な反応を示したと考えられる．

ジュネーブ提案は，二国家共存に向けての具体的条件を細部にわたって規定したものである．その根幹部分は，要するにイスラエル国家へのパレスチナ難民の「帰還権」を原則的に放棄する代償として，エルサレム旧市街の聖域[16]の主権を原則としてパレスチナ国家に認めるとするものである．細かく条項を見ていくと，これまでのキャンプ・デービッドII交渉(2000年夏)やタバ交渉(2001年初頭)に際してイスラエル側が受け容れていた条件と比較すれば，たとえば占領地の返還範囲がタバでは全体の92%ないし96%であったのに対してジュネーブ提案ではほぼ100%となっているなど，全般的にイスラエル側がパレスチナ側に譲っているとの印象が強い．有力紙『ハアレツ』(*Haaretz*)の世論調査では，この提案内容に対して，調査対象となったイスラエル市民の31%が支持，38%が反対，20%が「わからない」という回答を寄せている[17]．右派のリクード支持者の間でも，13%が支持に回っているのは注目される．もしもパレスチナ側と最終的

---

16)　いわゆるエルサレム旧市街の東端部．パレスチナ側呼称「ハラム・シャリーフ」(al-ḥaram al-sharīf)，イスラエル側呼称「神殿の丘」．

17)　Verter[2003]．世論調査の数値は以下同じ．

に和平構築に成功するとすれば，それはこのジュネーブ提案の内容に沿う格好で実現されると考えるものは25%，いや決してこのようなかたちにはならないと考えるものが22%であった．こうした数値を見る限り，イスラエルの社会がジュネーブ提案の骨子それ自体に対して大きな違和感を抱いているとの印象は薄い．反対論の多くは，提案の内容よりもむしろ，次の2点で反発しているのではないかと思われる．すなわち，譲歩を行う場合の原則的姿勢の問題と，パレスチナ側の提案履行に際する信頼可能性の問題である．

原則論的な反発とは，2000年秋以来の内乱状況を経て，それ以前にイスラエルが提示していた和平条件よりも踏み込んだかたちでパレスチナ側に譲歩する姿勢を示すことになれば，結果的にパレスチナ側に対して「暴力に報いる」成果を与えることになるとの主張である．「テロ」や暴力を長引かせることによって，イスラエル側から際限なく譲歩を勝ち取れるとの誤ったシグナルをパレスチナ側に送ることになりはしないかという懸念がそうした主張に含意されている．

他方，パレスチナ側に対する信頼可能性の問題は，とりわけ難民問題において顕著に現れる．既述のように，パレスチナ難民の帰還権は，エルサレム問題と並んで和平交渉の最大の難問とみなされてきた．ベイリンらイスラエル側交渉団の立場は「帰還権の放棄がパレスチナ国家樹立の前提」というものである．しかしジュネーブ提案の交渉の経緯は，その全体が1948年12月に採択された国連決議194号を下敷きにしたものとみなされており，双方の交渉団もそうした見方を否定していない．同決議にはイスラエルと「平和裏に共存を望む」パレスチナ難民に対して「現実に可能なもっとも早い機会に帰還が認められるべきである」と明記されている(第11条)．この点がイスラエル国民の不安と猜疑を煽っている．パレスチナ側は当初帰還権の制約に応じても，いずれこの国連決議を持ち出して，なし崩し的に帰還権の要求を復活させようとするのではないかという懸念である．国連決議に従えば，理論的にはパレスチナ難民とその子孫が陸続としてイスラエル領内に帰還してくる「権利」を許す結果になり，それはユダヤ人国家イスラエルの終焉を意味する．

こうしたイスラエル社会からの疑義の基底には，当然ながらジュネーブ提案がキャンプ・デービッドやタバで交渉された内容からさらに踏み込んでパレスチナ側の要求を受け入れたものとなっていることへの心理的抵抗があろう．また，イスラエルがこれまで努めて避けてきた国際的な平和創設・維持部隊のパレスチナ・イスラエルへの展開を排除していないこと，治安関連の詳細規定を欠き，観念的な「非軍事化」構想を提示しているだけで，イスラエルにとって「防衛可能な国境」を担保する具体的根拠がないことなど，個々に見ていくと，この提案のなかにはイスラエル国民の不安や不満を煽りそうな種があちこちに散見される．しかし詰まるところ，反対論の主要部分は「テロがペイする」ことへの反発と「相手が本当に信じられるのか」という猜疑にあると考えられる．そうだとすると，支持31%，反対38% の数字は，意外に支持者が多く，反対者が思ったより少ないという印象を与えるもののように思われる．

こうしたイスラエル側の反応に対して，パレスチナ側の応答はより複雑であった．ハマースやイスラーム聖戦といった武装闘争勢力は真っ向からジュネーブ提案に反発し，あちこちでデモを組織して抗議の意思を示した．これらの勢力はそもそもイスラエルとの和平それ自体に反対しているのであり，政府の公式交渉であれ私人間の合意提案であれ，イスラエル国家の存在を正当化するような試みはすべて「売国行為」にほかならない．

パレスチナ自治政府にしても，ジュネーブ提案がパレスチナ人の帰還権放棄という，これまでのパレスチナ解放闘争の大義にかかわる問題を真正面から取り上げている以上，その対応には慎重を期さざるを得ない．交渉団はほぼ確実にアラファートの意向を受けて折衝にあたっていたにもかかわらず，アラファートがジュネーブ提案への支持を表明したのは，イスラエル政府が非難声明を発出した後であり，しかもその際，彼は提案への支持と国連決議194号とを絡めることを忘れなかった．すなわち，ジュネーブ提案は必ずしも難民の帰還権を放棄したものではないという彼の解釈をつけ加えるかたちでこれを認めたのである．もちろんそのような解釈は，帰還権の事実上の放棄と引き換えにエルサレム旧市街「聖域」の主権を移譲するというジュネーブ提案の根幹を揺るがすものであって，イスラエル側の交渉当事者には容認できるはずがない．これを認めてしまえば，いったんイスラエルが譲って合意が成立し，暫定的な静謐が訪れたとしても，それはやがてパレスチナ側のさらなる要求を呼び覚まし，その実現のための「テロ」と暴力とを再発させずにはおかないというイスラエル社会の懸念を徒に刺激する結果になるからである．

アラファートやパレスチナ自治政府の公式的な立場は，かくして，ジュネーブ提案はどこまでも私人として「交渉」に臨んだ有識者たちの私的「合意」であり，政府はこれに拘束されないが，如何なるかたちであれ和平の復調につながる試みであればこれを歓迎する，というきわめて曖昧なものとなっている[18]．

おわりに

以上に見てきたように，パレスチナ和平交渉のこれまでの歩みは，エンドゲームを欠いていたオスロ合意と，エンドゲームの輪郭は明示されたものの当事者や仲介者にその実現のための意志や能力を欠いていたロード・マップとがいずれも暗礁に乗り上げた後，ジュネーブ提案というかたちでエンドゲームの具体的内容とその実現に向けての当事者双方の意志が一応は確認されたところまでたどり着いた．しかしジュネーブ提案はロード・マップの潜在的な代替案として注目を集めているものの，当面は政府と切り離された私的提案の域を出ず，その実現のためには当事者双方の社会がこれに正当性を付与するプロセスが不可欠となる．当事者の一方のイスラエル政府がこれに激しく反発し，他方のパレスチナ自治政府は事実上黙殺

18)　こうした行動は，デマゴーグ(扇動政治家)としてのアラファートを知るものにとっては驚くにあたらない．1つの決定を行うに際して大衆の気分や感情のベクトルがわからないとき，あるいはある決断が政治的に大きなリスクを伴うと考えられるとき，アラファートは常にそうした決定や決断に対して肯定的な評価と否定的な評価とを織り交ぜた曖昧な発言を繰り返し，いわばアドバルーンを揚げるようなかたちで大衆の「風」の吹き方を測ろうとしてきた．とりわけジュネーブ提案は，パレスチナ人の帰還権放棄という，これまでのパレスチナ解放闘争の「錦の御旗」にかかわる問題を真正面から取り上げており，アラファートとしては否応なく慎重を期して対応せざるを得ない．応答の如何によっては，アラファート子飼いのファタハの活動家たちをも巻き込んで，あちこちで反アラファートの暴動さえ惹起しかねない問題なのである．アラファートの行動については，Sayigh [2001]が示唆に富む分析を試みている．

しようとしている状況では，そうしたプロセスが現実に進展する展望は乏しいと考えざるを得ない．ここでは，ジュネーブ提案を紡ぎ出した双方の和平勢力の「決意」と「能力」とが従来以上に問われることになる．

とりわけイスラエル側においては，ジュネーブ提案が胚胎する懸念材料を如何にして払拭するかが焦点となる．たとえばこの提案では，パレスチナ国家はその領域内のパレスチナ人だけでなく世界中に離散したパレスチナ人民を「唯一正当に」代表すると規定され，難民の帰還権を原則放棄したはずのパレスチナ国家が，その独立後，帰還をめぐる交渉の当事者となる適格性を暗黙裡に認めているように解釈できる．そのような権能が与えられることになるパレスチナ国家であるにもかかわらず，この提案がパレスチナ側の政治改革の必要に言及していない点も非難を浴びる原因となっている．ロード・マップでは，パレスチナ側の民主化を条件として主権付与(国家樹立)を認めているのに対して，ジュネーブ提案はそうした制約を課していない．このため，来るべきパレスチナ国家は必ずや独裁国家になり，独裁者は腐敗や圧政に対するパレスチナ人の不満を対外的に転嫁する必要に迫られ，その結果イスラエルに対する対決姿勢を先鋭化させ，それによって政治的求心力を維持しようとするに違いないという論理で，ジュネーブ提案が批判されるのである．それは要するに，パレスチナ国家が政治的に民主性や透明性を担保されるようなかたちで建設されない限り，アラファートやこれに類した独裁政権によって難民問題が常に「火種」として政治的に利用されることになるという懸念にほかならない[19]．

エルサレム問題についても，同様の危険が指摘される．ジュネーブ提案では，エルサレム旧市街の「神殿の丘」地域について，いわゆる「嘆きの壁」を除いてほぼ全域がパレスチナ側の管理下に置かれる．その他旧市街内外のかなりの部分は，パレスチナ側の主権を認めたうえでイスラエルが管理するという形態の変則的な統治の対象となり，このこと自体大きな摩擦の原因になりかねない．パレスチナ側が政治的に利用しようとすれば，

---

19)　たとえば『ハアレツ』紙2003年11月30日掲載のギリアド・シェール(Gilead Sher)の論説や，同12月4日掲載のアリ・シャヴィット(Ari Shavit)の論説などにこの種の懸念は顕著に出ている(Sher[2003]; Shavit[2003])．

これも格好の「火種」となる．このような懸念を払拭するためには，ともかくも双方の間の休戦状態を創り出し，正規の交渉を再開して，そのうえでこの提案の内容が「テロの成果」や「暴力停止の見返り」としての譲歩ではなく，「平和の配当」としての双方の歩み寄りの帰結であるということを明確に宣言する必要があろう．

このように，ジュネーブ提案はなお払拭されるべき懸念や整理されるべき論点を多々抱えている．にもかかわらず，それは民族原理と民主原理の衝突というイスラエルのディレンマから，交渉に基づく「二国家並存」の実現によって脱しようとする最新の試みとして内外に強い衝撃を与えるものとなった．見方によってそれは，頑なに民族原理を優先させようとする国家に対して，イスラエル社会においてどこまでも民主原理を民族原理に整合させようとする「和平派」勢力の意志を強烈に示したとも言えよう．社会からのこのような突き上げに対して，国家の側もまたそれなりの応答を余儀なくされた．とりわけ2004年2月以降に顕在化したいわゆる「シャロン構想」(Sharon Plan)は，ジュネーブ提案を通じて社会が提起した問題に対する国家の側の回答であったと考えることができる．

ジュネーブ提案がパレスチナ側との交渉可能性を実証する結果となったのに対して，シャロン政権は「責任ある交渉の相手が存在しない」との姿勢に固執した．交渉相手が不在である以上，イスラエル国家はそのユダヤ的アイデンティティを保持しつつ社会の民主的性格をも貫徹しうるような方途を独力で模索せざるを得ない．交渉による二国家並存というこれまでの和平プロセスの課題に替わって，そこでは一方的な境界線の画定による占領地の分離と併合という新たな目標が設定されることとなった．かくして浮上したシャロン構想は，ガザ回廊全体を放棄して約130万人のパレスチナ人口を切り離しながら，西岸の主要入植地を囲い込んで約40万人のユダヤ人入植者を回収し，パレスチナ人の排除とユダヤ人の統合という両面から国家の民族原理と社会の民主原理との間の軋轢を減殺しようとする試みにほかならない．2002年6月以降着手された西岸における「隔離壁」などの分離施設の構築と，2004年6月に閣議決定を見たガザからの段階的撤退政策とは，占領地の併合と占領地からの撤退という全く逆のベクトルを示しているにもかかわらず，畢竟表裏の関係にあると考えなければならないのである．

いずれにせよ，ジュネーブ提案に触発され，いわばこれへの反撃としてシャロン構想が紡ぎ出されてきた経緯には，イスラエルにおいては人口動態と時間的要因とが絡んで民族原理と民主原理との衝突の蓋然性が高まり，その回避あるいは清算を唱道する諸勢力が社会的な圧力を強めて国家と対峙する状況と，そのような圧力への応答を余儀なくされる国家の姿とが映し出されている．面白いことに，交渉による占領地の分離か，それとも一方的な分離線の画定かという決定的な対立や，どこまでを分離するかという深刻な相違はあるものの，いずれも分離それ自体は不可避と考える点でシャロン構想はジュネーブ提案と同じ地平に立つことになった．他方，そのシャロン構想が国策として採択されていく過程で，占領地分離を否認し，「民族浄化」をさえ呼号する勢力の政権離脱が見られるなど，国家と社会との関係は再々にわたってねじれと組み換えを繰り返す方向にある．社会の諸勢力が国家をめぐってせめぎ合い，あるいは国家との間に対抗と癒着の発展関係を織り成していくなかで，そうしたダイナミズムのありようは和平問題において端的に顕現されているのである．

追　記

本章脱稿後の2004年央以降，「ガザ撤退案」のクネセト(イスラエル国会)通過(10月)，米大統領選でのブッシュ再選(11月初)，アラファートのパリ移送・逝去およびアッバースのPLO議長就任(11月央)，シャロン内閣の連立崩壊(12月)と事態はめまぐるしく展開し，2005年早々にはパレスチナ暫定政府首長選挙にアッバースが当選，ほぼ同時にイスラエルでもリクードと労働党との新連立内閣が発足して，パレスチナ和平プロセスは新たな局面を迎えたように見える．しかしながら，本章で指摘した基本的な構造と論点は何ら変化していない．むしろ，シャロン首相率いる新連立内閣がペレス副首相ら労働党勢力を取り込んだことは，ともかくもパレスチナ占領地の部分的「分離」のみを当面の結節点とした新たな国家意思の形成を意味しており，本章での議論の方向が裏付けられつつあることを示すものと考える．アラファートの退場によって，和平プロセスにかかわる主要な変数の1つは整理された．それでも，新政権と「分離」それ自体を否認する勢力とのせめぎ合いや，「分離」の範囲や方法をめぐる政権内での対立など，今後予想されるイスラエル政局の軋轢は，やはり本章で提示した国家と社会との2つの構成原理の緊張関係を具体的に投影するものにほかならないのである．

〔参考文献〕

〔日本語文献〕

池田明史[2000],「中東和平プロセス――過去・現在・未来」(『国際問題』第487号,10月), 16〜29ページ.

――[2001],「パレスチナ和平プロセスの蹉跌――構造的要因とその背景」(『現代中東研究』第5巻第1号, 4月), 41〜54ページ.

――[2002],「9.11テロとその後の中東〜パレスチナ情勢と米国の対応をめぐって〜」(『国際安全保障』第30巻第1-2合併号, 9月), 151〜168ページ.

――[2003a],「イラク戦争と中東の〈戦後〉」(『国際安全保障』第31巻第1-2合併号,9月), 75〜91ページ.

――[2003b],「イスラエル・パレスチナ/『危篤』状態のロード・マップ」(『アジ研ワールド・トレンド』第98号, 11月), 6〜9ページ.

〔外国語文献〕

Bishara, Marwan[2002], *Palestine/Israel : Peace or Apartheid*, updated ed., London : Zed Books.

Gelner, D.[1994], *One Land, Two Peoples : The Conflict over Palestine*, Boulder : Westview.

Hanieh, Akram[2001], "The Camp David Papers," *Journal of Palestine Studies*, Vol. 30, No. 2, Winter, pp. 75-97.

Hmmani, Rema and Salim Tamari[2001], "The Second Uprising : End of New Beginning ?," *Journal of Palestine Studies*, Vol. 30, No. 2, Winter, pp. 5-25.

Karmi, Ghada[1999], "A Binational State in Palestine," *Middle East International*, May 7.

Khatib, Ghassan[2000], "Is Arafat in Control?," *Palestine Report*, November 22.

Palestinian Environmental NGO's Network[2003], *The Wall in Palestine : Facts, Testimonies, Analysis and Call to Action*, Jerusalem : PENGON.

Pappe, Ilan[2002], "The Fence at the Heart of Palestine," *Al-Ahram Weekly*, No. 594, July 11-17.

Peters, Joel[1997], "Israel under Netaniyahu : The Current Situation in Israeli Politics," *MERIA Journal*, Vol. 1, No. 1, January (meria.idc.ac.il/journal/

1997/issue1/jv1n1a2.html).

Robinson, Glenn[1997], "The Growing Authoritarianism of the Arafat Regime," *Survival*, No. 39, Summer, pp. 42-56.

Sayigh, Yezid[2001], "Arafat and the Anatomy of a Revolt," *Survival*, No. 43, Fall, pp. 47-60.

Schulze, Kristen[1999], *The Arab-Israeli Conflict*, London : Longman.

Seitz, Charmaine[2002], "Building 'Bantustans' in the West Bank," *Third World Traveller*, August.

Sela, Avraham[1998], *The End of the Arab-Israeli Conflict : Middle East Politics and the Quest for Regional Order*, Albany : State University of New York Press.

Shavit, Ari[2003], "The Dangers of the Geneva Accord," *Haaretz*, December 4.

Sher, Gilead[2003], "Geneva's Not So Good for Israel," *Haaretz*, November 30.

Shikaki, Khalil[1998], "Palestinian Public Opinion, the Peace Process, and Political Violence," *MERIA Journal*, Vol. 2, No. 1, March.

Tessler, M.[1994], *A History of the Arab-Israeli Conflict*, Bloomington and Indianapolis : Indiana University Press.

Verter, Yossi[2003], "Narrow Gap Seen between Geneva Deal's Supporters and Detractors," *Haaretz*, December 1.

Weinberger, Naomi[1998], "Role Reversal over Partition: 1948 and 1998," *MERIA Journal*, Vol. 2, No. 2, May(meria.idc.ac.il/journal/1998/issue2/jv2n2a4.html).

Zunes, Stephan[2001], "The United States and the Breakdown of the Palestinian-Israeli Peace Process," *Middle East Policy*, Vol. 8, No. 4, December, pp. 66-85.

第7章

イラクにおけるシーア派イスラーム運動の展開

酒井啓子

はじめに

2003年5月に『イラクにおけるシーア派運動』を出版した在英イラク人社会学者のファーリフ・アブドゥル・ジャッバール(Faleh Abdul Jabar)は，中東におけるシーア派イスラームの政治的役割に関する学術的論考が少ないことを指摘し(Jabar[2003:31])，なかでもイラクの12イマーム派シーア派信徒共同体におけるシーア派主義，シーア派の武闘主義についての研究がない，と述べている．

とりわけイラクにおいては，「シーア派社会」とひとくくりにして呼ばれる「社会」における政治社会運動は[1)]，社会運動推進要因としてはそれほど強く着目されてこなかった．それは，ハンナー・バタートゥー(Hanna Batatu)が指摘したように，イラクにおけるシーア派社会が比較的世俗化が進んでいたこと(Batatu[1981:582-584])，あるいはイツハク・ナカシュ(Yitzhak Nakash)が指摘したようにそこでの部族慣習法の強い時期が長かったことなど(Nakash[1994:46-47])，に起因したものと考えられよう．

しかしイラク戦争(2003年3月20日勃発)後にイラク内外の観察者の耳目をそばだたせたのは，戦後イラク社会において爆発的に噴出したシーア派社会におけるさまざまな政治社会活動と，そこで展開された圧倒的な大衆動員であった．ここでは，イスラームはシーア派社会内の統合要因として，

1) ここで言う「シーア派社会」とは，出自的に「12イマーム派シーア派」のイスラーム教徒として生を受けた住民が居住する地域，社会を指し，イラクにおいてそれは主としてバグダード以南の南部諸県や，バグダードの低所得住民居住区(サドル・シティやシュアラ地区)や聖地カーズィミーヤに集中している．ここでは，出自としての「シーア派」という帰属意識が自覚的に認識されているかどうかは問わず，ただ機械的に「シーア派」という出自を持つ者の集合体として捉える．「シーア派」としての帰属意識が社会的亀裂として機能するのか，他の社会的概念のなかに埋没して集合意識として意味を失うのかは社会的政治的環境によって左右されるのだ，という点こそが，本論が主題とする点である．

あるいは亀裂要因として，またイデオロギーを付与する役割と同時に社会的紐帯を取り結ぶネットワーク形成の人的資源を提供するものとなっている．従来イラクのシーア派社会において，ナジャフを中心としたシーア派ウラマー界，すなわちハウザ(ḥawza)は民衆との社会的接点がむしろ薄いと言われていたが，イラク戦争後において，それまでの大衆からの遊離，政治への忌避姿勢を一転させて，絶大な大衆動員力を発揮し，将来のイラクの政治的方向性についても積極的な関与が見られる．

こうしたハウザの社会的役割の転換は，なぜイラク戦争後急に見られたのだろうか．サッダーム・フサイン(Ṣaddām Ḥusayn，以下フセイン)政権というイスラーム政治運動に徹底して否定的であった世俗政権のもとで，イスラーム運動全体が抑圧されていたがゆえに，抑圧から解放されてただ「本来の」姿が出現したまでだ，とみなすことも可能かもしれない2)．しかしもともと政治的社会的に積極的な活動志向を有していた勢力のみならず，これまで一切の政治勢力との接触を持たなかった勢力ですら，政治に関与せざるを得ない環境がイラク戦争後生じている．いわばイラク戦争後はシーア派社会において社会が「イスラーム化」すると同時に，イスラームのウラマー界が大衆化，政治化しているのである．

本章では，こうしたイラク戦争後のイラクのシーア派社会における「イスラーム化」がいかに進行していったかに着目する．そしてその背景にある社会環境の変化をどう捉えるか，とりわけシーア派ウラマーと平信徒社会との関係がいかに変化しその再構築がどのように行われたか，という点を問題意識として掲げ，現在のイラクにおけるシーア派社会運動の動態を概観する．そこでは，社会運動の発展過程に運動組織の制度的背景の有無や参加要員の動員方法に焦点を当てた機能分析方法をとるシドニー・

---

2)　ここで言うイスラーム運動とは，1970年代後半以降イラク人によって書かれたイラク現代社会史の著作のなかで1つの潮流として注目されている「al-ḥaraka al-islāmīya」(al-Ruhaymī[1985])あるいは「taḥarruk islāmī」(Shubbar[1990])の直訳である．そこでは「イスラーム運動」は，いわゆるイスラームに基づく政治思想を基盤とした政治活動や，イスラームのウラマーを核とした社会的ネットワークに基づく社会運動，あるいはイスラーム的儀礼にかかわる社会文化活動一般を総合したものとして位置づけられているが，本章でも「イスラーム運動」という用語を，「その政治性の有無にかかわらず，シーア派信徒社会において「イスラーム」のイデオロギーや理念，儀礼，関係性などを何らかのかたちで利用ないし機能している運動」という意味で使用する．

タロー(Sidney Tarrow)やドゥグ・マクアダム(Doug McAdam)らの社会運動論を用いて，運動構成要因を分析する(McAdam et al.[1996]; Tarrow[1998]).

第1節　イラクのシーア派社会に関する先行研究

1. 平信徒／ウラマー層という二主体認識か，ウラマー層の二義性か

冒頭に挙げたジャッバールは，イラクのシーア派社会を捉えるうえで先行研究が主として2方向のアプローチをもって分析してきた，と指摘している(Jabar[2003 : 33-34])．第1のアプローチは，「国家＝政治的社会的主流派のスンナ派」，「社会＝シーア派」とみなしてイラク一国内における宗派間関係を一種の国家・社会間関係の延長として捉えたものである．他方第2のアプローチは，イラク国家枠内での関係性よりもシーア派という宗派としての性格に注目し，イランやその他のシーア派社会に共通するイスラーム復興の流れのなかに位置づけるものである[3]．ジャッバール自身は，「シーア派のイスラーム主義はイスラーム運動の全体的な高揚の一部として捉えるのでも，ただの「一地域からの反応」としてのみ論じられるべきでもないとし，その両方が合わさったより複雑な現象」とし(Jabar[2003 : 35])，イスラーム運動の担い手として宗教的なウラマー，ナジャフの商人階層，および都市中間層たる近代知識人の3つの主体を想定している．

彼のこの認識は，イラクのシーア派社会におけるイスラーム運動が，主として平信徒の活動家の間で展開された「サブ・ナショナル」(sub-national)な存在としてのシーア派の運動という要素と，ウラマーが展開する「ナショナルなものを超えた」(supra-national)理念を追究する運動という要素の2つによって成立してきた，という分析に基づいている．そしてその「サブ・ナショナル」な指向性と「超ナショナル」な指向性とは必ずしも常に

---

3)　第1の例としてジャッバールが挙げているのは，アマツィア・バラム(Amatzia Baram)，オフラ・ベンジオ(Ofra Bengio)，ナカシュなどであり，第2の例としてはバーナード・ルイス(Bernard Lewis)ら伝統的なオリエンタリスト学者があげられる(Jabar[2003])．

調和的に追究されたのではなく，むしろしばしば対立し矛盾を生じてきた，とみなす.

2. 部族社会／ウラマー層関係の歴史的経緯

この「平信徒／ウラマー」というシーア派社会の主体の分類枠組みは，ジャッバールによって導入されたのが初めてではない．すでにアリー・ワルディー(‘Alī al-Wardī)が，その大著『イラクにおける社会的側面』のなかで「ムシャーハダ(mushāhada)／ムッラーイーヤ(mullā'īya)」という用語で主体の分類を行っている(al-Wardī[1978 : 232-233]，[1974 : 407-408])．ワルディーが分析対象としたのは，シーア派聖地のナジャフを中心とした，イラク建国(1921年)期前夜におけるシーア派社会の状況であるが，ここで彼はオスマン帝国末期のシーア派聖地周辺の社会はムシャーハダ，あるいはムサッラフーン(musallaḥūn，武装した者)と呼ばれる部族集団と[4)]，ムッラーイーヤと呼ばれるウラマー層，とりわけ自らのイジュティハード(ijtihād，法見解)を提示する資格を持つ法学者であるムジュタヒド(mujtahid)の集団に分かれていた，と指摘している[5)]．なかでもナジャフにおけるムサッラフーンは2派に分かれ，それぞれズグルト(Zghurt)とシュムルト(Shmurt)として対立しつつナジャフの街区を制圧していた.

こうした聖地ナジャフにおける二重権力構造，つまり宗教的権力中心としてのムッラーイーヤと地域の実質的な権力者たるムサッラフーンの併存状況に関して，それが英軍のイラク地域占領という外国軍支配に対して統合的な運動を展開するのには，1920年の反英暴動を待たなければならなかった，とワルディーは指摘する．ナジャフのムッラーイーヤ層は，基本的にムサッラフーン，つまり部族集団の封建性，暴力性を蔑視してこれと疎遠であったため[6)]，最初に英軍がオスマン帝国に侵攻した際に抵抗運動

4)　ここで言う「部族」は，イラクにおいて「アシーラ」(‘ashīra)ないし「カビーラ」(qabīla)と呼ばれる，同じ祖先を共有するとの認識によって取り結ばれた社会集団を指す．この「部族」概念については，酒井[1993 : 13-19]を参照のこと．

5)　当時のナジャフの人口を具体的に分類すれば，全体4万人のうちムサッラフーンが6000人，ムッラーイーヤが1万2000人だった(al-Wardī[1974 : 408])．

6)　部族社会の20世紀初頭における性質として，ワルディーは「部族的紐帯を持ち，同害報復慣行を持つこと，襲撃や略奪に携わること，男気や独立心を有すること」などを挙げている(al-Wardī[1974 : 401])．

として組織されたジハード(jihād)運動(1914年)はムッラーイーヤの間でのみ展開され，ムサッラフーンへの動員力を持たなかったがために失敗した．一方で，その4年後の1918年に発生したナジャフでの反英暴動は，基本的に略奪によって財をなした部族長たるシャイフ(shaykh)が，英軍侵攻によって生じたナジャフでの部族勢力間バランスの変化に不満を抱いて反抗，それを契機に軍事支配を強めた英軍に対して，ムサッラフーンを核としたナジャフ住民が暴動を起こしたものであった．しかしこのナジャフ暴動ではムッラーイーヤの参加はほとんどなく，彼らはこの暴動を「拒絶し，犯罪行為とすらみなすものもいた」(al-Wardī[1978 : 232])．それに対して1920年に勃発した反英暴動では，ムッラーイーヤが主導して部族集団がそれに呼応するかたちで統合的な運動が展開された結果，イギリスは当時のイラク直接統治案を諦め，アラブ人による政府の樹立を認める間接支配に切り替えたのである(酒井[1993 : 96-131])．この1920年暴動の成功は，ナジャフを中心とするシーア派社会の異なる二主体が協働した際に初めて広域拡大性を持つ運動が成功する，という一種の歴史的モデルを作り上げることにもなっており，イラク社会統合の象徴的史実として繰り返し語り継がれている7)．

だがそうした部族集団とウラマー層の蜜月期間は短かった．イギリスの統治が深化するにつれ，「地位，支援，資源を伴う国家の強烈な魅力が，部族のシャイフたちにその威力を発揮しはじめ」，「シーア派のシャイフとムジュタヒドの立場の当然の一致はもはや望め」ず，そして「ムジュタヒドたちは，かつてイラク南部で強力な影響力を行使した強力な社会的支持を奪われ，そのイデオロギー的・公共的批判とともに取り残されはじめた」(トリップ[2004 : 88])のである．

だがその一方で，ウラマー的側面と部族的側面がそれほど拮抗的に分離しているわけではなく，むしろ不可分であることを証明しているのがピーター・ハイネ(Peter Heine)の論文(Heine[2002 : 36-44])である．ハイネは後

7)　フセイン政権もまたイラク戦争にあたって南部に侵攻した米英軍への徹底攻撃を呼びかけて，1920年暴動の記憶を喚起して部族勢力を「祖国防衛の主」とする演説を行っている．フセイン大統領の演説は *Iraqi Satellite Channel*, March 25, 2003 などを参照．

述のズグルトとシュムルトというナジャフにおけるムサッラフーンの代表とも言うべき存在が，実際にはウラマー層の自衛のために形成された武装集団であると指摘している．ズグルトは，1806年に当時ナジャフのマルジャア・アッ＝タクリード(marja‘ al-taqlīd)の地位にあったジャアファル・カーシフルギター(Ja‘far Kāshif al-Ghiṭā’, 1812/3年没)が[8]，アラビア半島からのワッハーブ派の侵攻に備えて地元の若者を組織した一種の市警護員(murābiṭūn)組織として成立した．それがオスマン帝国下で市行政を任される立場となり，ウラマーの宗教権威に並行ないし対立するものに発展したのである(Heine[2002 : 39])．

換言すれば，ウラマー自身の持つ地域社会における政治勢力としての性質が突出した場合に，シーア派社会が部族性，武力依存性を強化するという側面があるということである．そのことが，ナジャフあるいはシーア派社会全体の非政治的・学問的存在としてのウラマーと，政治勢力としてのウラマーというハウザの二面性をもたらしたとも言える．

第2節　シーア派社会におけるイスラーム運動の諸相
――1950年代からフセイン政権崩壊まで

先行研究が明らかにしてきたことは，シーア派社会におけるイスラームの，共同体構成要員を統合し動員するという社会的機能と，共同体構成員に対して倫理，秩序概念を提供する法学・学問的機能との2つの側面が，シーア派社会を異なる2つの主体に分裂させることにもつながる一方で，その2つの機能が効果的に組み合わされば社会運動の展開に大きな推進力となる，ということであった．

マクアダムらの論に従えば，社会運動を推進する主要要因として政治機会(political opportunities)，動員構造(mobilizing structures)，枠組形成過程(framing processes)の3つがしばしば挙げられるが(McAdam et al.[1996 : 2-6])，シーア派社会におけるイスラームはそのウラマー・ネットワーク

8)　マルジャア・アッ＝タクリードとは，「模倣すべき源泉」の意味．Litvak[1998 : 5]によれば，「イジュティハードの資格の主要3要素である知識，公正，信仰の深さにおいて卓越している人物」で，12イマーム派におけるイマームの代理(niyāba ‘āmma)概念のなかで発展してきた位階である．

という動員構造と，シーア派法学上の秩序概念提供という枠組形成過程をともに兼ね備えていることとなる．しかし枠組形成過程はシーア派法学の確立とともに早い段階から存在した一方で，運動組織としては，とくに1930年代から1950年代におけるナジャフのイスラーム学問世界の中心としての位置づけの低下，ハウザの衰退などの結果[9]，その機能はきわめて限定的な状況に置かれていたと考えられるであろう．

歴史的にシーア派社会における社会運動の多くは，宗教界の持つ社会的機能と学問的機能という二側面をいかに統合し，1つの政治的社会的目的に向かって方向づけていくかをさまざまに試みてきた．本節では，そうした試みをいくつかの事例において見てみたい．それは，大別して政党のかたちで行われるケースと，既存の地域社会ネットワークを活用するケースとに分かれる．

ここで注目すべき点は，以下で第1に挙げるイスラーム・ダアワ党(Ḥizb al-Daʻwa al-Islāmīya，以下ダアワ党)の例が政党組織化というかたちで動員構造を確立する，むしろ平信徒から発信された近代的政治運動としての試みであり，第2に挙げるマルジャア・アッ＝タクリード主導の試みが伝統的ハウザの構造を活かしたものだということである．アリー・ムウミン(ʻAlī Muʼmin)によれば，1950年代のイラクには「ハサン・バンナー(Ḥasan al-Bannā)の派閥」，2つ目は「カーシフルギターの派閥」という2つのイスラーム運動の潮流があり，前者は組織的で学派の枠組みに新規性，現代性を持つが，後者は個人主義(fardīya)的・伝統的(taqlīdīya)方法をとる点で前者と異なっている(Muʼmin[1993 : 29])．ここで指摘される「ハサン・バンナー(すなわちムスリム同胞団〔Jamāʻa al-Ikhwān al-Muslimīn〕)の派閥」が，ダアワ党に連なる平信徒中心の政治組織を意味していることは明らかであろう．この2つの型は，それぞれ異なる動員構造の確立を目指したが，その組織化，制度化の基盤に既存の伝統的ネットワークを置くか，新たな組織形態を導入するかによって，運動形態は大きく相違した．だが

9)　ナカシュは1930年代以降，ナジャフの商人階層とウラマーの関係は断絶し悪化しており，5分の1税やザカート(zakāt)の徴収すらできなかったと指摘する．とくに1958年のイラク共和制革命以降，「シーア派のイスラーム反体制派が商人層を動員することができなかったのは明らかだ」と述べている(Nakash[1994 : 234])．

それらが段階を経て融合し，1990年代以降にはハウザ自体の大衆化を推し進めていく結果となった．

1. ダアワ党――平信徒主導に発する政党組織化

1950年代末に設立され，その後イラクにおけるシーア派イスラーム政治運動の源泉となったダアワ党の存在は，近年その設立過程や内部構造，思想的変遷について，サラーフ・フルサーン(Ṣalāḥ al-Khursān)などがさまざまな研究書を発表しているが(al-Khursān[1999]など)，そこで明らかにされているのは，ダアワ党の前身としてイスラーム解放党(Ḥizb al-Taḥrīr)やムスリム同胞団のような平信徒中心の超宗派的イスラーム組織の存在である．従来ムハンマド・バーキル・サドル(Muḥammad Bāqir al-Ṣadr)の思想に基づいて設立されたという，ウラマー主導の性格を強く指摘されてきたダアワ党だが(小杉[1992 : 4-6])，近年の研究ではダアワ党は，スンナ派系組織を含め，当時イラク・シーア派社会で成立した諸政党といったさまざまな組織背景のもとに成立した，とされている(酒井[2001 : 284-287])．

初期のダアワ党においては，むしろ平信徒党員の方が積極的に党活動の主導権をとっていた．ジャッバールは，この時期ウラマーが党活動の障害になっていたとの点を指摘しており(Jabar[2003 : 84-90])，活動の中心となっていた平信徒がウラマーやハウザと対立することもしばしばだった，としている[10)]．al-Khursān[1999]も，初期ダアワ党の幹部であるムハンマド・ハーディー・スバイティー(Muḥammad Hādī al-Subaytī)が，ハウザを中心とした活動よりも超宗派的共同活動を優先させたことを強調している[11)]．

ここで重要なのは，平信徒活動家のなかでも商人出身者の存在である．ジャッバールの分析によれば，設立期(1958〜1959年)のダアワ党幹部(10

10)　そもそもハウザの間では，政治に関与することは望ましいことではないとの「伝統」が根強く存在する．たとえばカーシフルギターが，生前「程度の低いウラマー」であるとして他のウラマーから軽視されたのは，政治に対して積極的に介入したためであった(Shubbar[1990])．こうした傾向はダアワ党成立時においても強く，マルジャイーヤの露骨な政治関与を批判的に見る者は多かった．

11)　例えば，スバイティーはイスラーム解放党，ムスリム同胞団と合同で海外派遣団を組織した．

人)の非ウラマー4人のうち，商人は2人であった．そのうちの1人であるアブドゥッサーヒブ・ドゥハイル(ʻAbd al-Ṣāḥib Dukhayl)はとくに青年層に対する動員において指導力を発揮したが[12]，彼の動員能力を支えていたものとして，ジャッバールはそのナジャフの商人としての役割に注目している．ドゥハイルはシャンマル(Shammar)部族出身の穀物商人であったが，ナジャフのイスラーム税徴税人でもあった．ナジャフをはじめとしてシーア派諸都市においては商人が5分の1税(khums)の徴税を兼ねることが多く，そうした社会的役割を背景としてアーシューラー(ʻāshūrā)など宗教儀礼の執行人の役割も果たしていた(Jabar[2003：100-101, 105-107])．つまり聖地における商人層は，その財力のみならず，儀礼執行や徴税行為を通じてシーア派社会の共同体運営に直接関与する，地方名望家的存在になっていたのである[13]．ジャッバールは「こうした商人層はただ宗教の退潮や旧社会構造の衰退……によって(イスラーム運動への参加を)動機づけられたのではなく，こうした衰退を認識しその社会変化が意味するところを明確に自覚していた」(Jabar[2003：108])と指摘しているが，それがまさしく初期ダアワ党が単に宗教的衰退を嘆く反共ウラマー協会と一線を画し，社会変革を目指していたことの背景にあると言える．

しかしこうしたイラク国内での平信徒中心の政党活動は，バアス党政権による度重なる弾圧とイラン・イスラーム革命の成功に影響された党活動の武闘化などによって，1970年代末から変質していく．イラン・イスラーム革命によってウィラーヤ・アル＝ファキーフ(wilāya al-faqīh，法学者による統治)が実現した，という事実を前にして，ウラマーの政治的役割を強調する派が党から分派するといった流れもあり[14]，また思想的中核であ

---

12)　ドゥハイルはサーリフ・アディーブ(Ṣāliḥ Adīb)らとともに学生動員に力を入れたが，その際動員の場として宗教的儀礼や空間を情報交換や党活動の調整に利用した．その点に，この時期のダアワ党の地域共同体ベースの運動展開の特質を見ることができる(Jabar[2003：138-141])．

13)　商人層のイスラーム運動における役割については，近年の現象と限定されるわけではない．1920年暴動においては，ウラマーと部族集団が機能的に共闘関係を築くことに成功したことがその暴動の広範囲拡大の原因であったが，その際ジャアファル・アブー・ティンマン(Jaʻfar Abū al-Timman)などの商人層が都市政治家として運動の主導的役割を果たしたことを，看過すべきではない(酒井[1993])．

14)　当時ダアワ党が党の指導者をウラマーである必要はない，としていたのに対して，ウラマーであるべしと考えたバスラの党員がダアワ党から分離し，イスラーム・ダアワ党ウィ

るM. B. サドルがバアス党政権に殺害(1980年)されたことも，ダアワ党指導部に大きな動揺と混乱を与えた．さらに湾岸戦争(1991年1～2月)以降，ダアワ党はイランからも距離を置き，1990年代後半には再びウラマーと平信徒の指導性をめぐって党内での対立を起こした．その象徴的な事件として，1998年，党スポークスマンであり主要なイデオローグであったムハンマド・マフディー・アースィフィー(Muḥammad Mahdī al-'Āṣifī)と党政治指導部との間に発生した対立がある(酒井[1999 : 90])．ここでダアワ党は，アースィフィーの個人としての思想やバイア(bay'a，忠誠)の対象がどうであれ，党は政治局が選挙や合議を通じての判断を優先させるべし，という党の原則を明確に確認し，ウラマー／宗教的イデオローグと政治的指導部の間を明確に分離するという党の思想が現れている．

2. マルジャア・アッ＝タクリードの主導による統合の試み

さて，先に挙げたカーシフルギターによる部族的自警集団設置の例からもわかるように，マルジャア・アッ＝タクリードの個人的志向によって，ウラマー層と平信徒社会の関係はその粗密が大きく左右される．1910年代，英軍のイラク侵攻直後に発生した部族社会主導の暴動には冷淡だったウラマー層が，1920年暴動で積極的に部族社会と共闘して反英抵抗運動を展開したのには，当時のマルジャア・アッ＝タクリードであったムハンマド・タキー・シーラーズィー(Muḥammad Taqī al-Shīrāzī)が，前任のカーズィム・ヤズディー(Kāẓim al-Yazdī)に比較して政治的関与に積極的であった，という要素が強い．

なかでも一部のウラマーには，こうした個人的志向に発した社会への関与，改革路線を何らかのかたちで制度化しようという動きが存在した．ウラマー層の社会からの遊離と隔絶を問題視した一部のマルジャア・アッ＝タクリードが，個人としてハウザの制度的改革を行うことで学問的機能と社会的機能の統合を試みた代表的な例として，1960年代におけるワキール(wakīl，代理人)制の拡充と1990年代のムハンマド・ムハンマド・サー

ラーヤ・アル＝ファキーフ派を設立したのがその例である．

ディク・サドル(Muḥammad Muḥammad Ṣādiq al-Ṣadr，以下M. Ṣ. サドルと略)の改革が挙げられる．

(1) 大衆とウラマーを繋ぐ動員窓口としての「ワキール」制

1950年代から1960年代にナジャフのマルジャア・アッ＝タクリードであったムフスィン・ハキーム(Muḥsin al-Ḥakīm)は，当時の共産主義や社会主義など世俗思想のイラク社会への浸透に危惧を覚えて，さまざまなハウザ改革を進めた．なかでもその後のハウザの社会的浸透に大きな影響を残したのが，ワキール制度の拡充である．ワキールは基本的には5分の1税などのイスラーム税の徴税を行うために存在してきたが，イラクではナジャフのハウザがワキールを通じて集中管理で徴収するよりも，地元のサイイド(sayyid，預言者ムハンマド〔Muḥammad〕の子孫)などに税が集まることが多かった(Jabar[2003：150-151])．

ムフスィン・ハキームは近代化，世俗化過程のなかでウラマー層の相対的地位低下を深刻視し，イラク国内各地に自身の代理人を派遣して，ハウザの影響力の大衆社会への浸透の徹底を図った(Ibn Najaf[n.d.：18-19])．この時派遣された主要なウラマーには，イスマーイール・サドル(Ismā'īl al-Ṣadr，カーズィミーヤ〔Kāẓimīya〕へ派遣)，マフディー・ハキーム(Mahdī al-Ḥakīm)，ムルタダー・アスカリー(Murtaḍā al-'Askarī)，アーリフ・バスリー('Ārif al-Baṣrī，いずれもバグダード)，ムハンマド・バーキル・ハキーム(Muḥammad Bāqir al-Ḥakīm，バスラ)など，その後のイスラーム政治活動を担う中心人物が多い．ある意味では，ハウザの再生のために活用されたワキール制度は，ウラマーの政治化を促し，運動の幅を広げる契機となったと言えよう．さらにジャッバールによれば，1979年5月に発生したラジャブ・インティファーダ(intifāḍa rajab)と呼ばれる反政府暴動では，ダアワ党の党組織を利用した運動の拡がりと同時に，M. B. サドルのワキールが12にわたる諸都市で活発に政治的活動を行った．ムフスィン・ハキームがあくまでもウラマーの政治介入に否定的であったのに対して，1970年代末のM. B. サドルの時代にはすでに，マルジャア・アッ＝タクリードがそのワキールをダアワ党による政治活動の地方支部に準じたかたちで利用するパターンが成立していたのである．

(2) M. Ṣ. サドルの金曜礼拝再開，対部族接点

ハウザの大衆遊離を問題視して，ウラマー界と大衆の接点拡大にもっとも熱心だったマルジャア・アッ＝タクリードは，1992年から1999年の間マルジャア・アッ＝タクリードであったM. Ṣ. サドルである．彼は政治的には政府との直接対立を招くような事態を極力回避しながら，大衆的ネットワークの構築に力点をおいた活動を行った．とくに部族集団との関係を緊密化したことと，金曜礼拝を再開したことは[15]，以降のシーア派社会の「イスラーム化」の進展に大きな影響を与えたと言える．ダアワ党の公式ホームページはM. Ṣ. サドルの功績を，「民衆の間に土台を築くことを目的として部族や社会のなかに入っていこうとした」ことに置き，従来のマルジャイーヤの慣習から脱却して「書かれた説法」(khiṭāb al-faqīh al-maktūb)ではなく「耳で聞く説法」(khiṭāb al-faqīh al-masmū')，すなわち金曜礼拝を復活させて民衆とのコミュニケーションを回復しようとした，と評価している[16]．

また，M. Ṣ. サドルが政府と対立関係を生まないように一種の共存関係を維持したことは，部族社会に受け入れられやすい環境を作った．フセイン政権下で政府への服従を強要されていた部族社会にとっては，これまでハウザに依存すること自体が反政府的行動とみなされがちな環境にあったため，M. Ṣ. サドルの初期の容政府姿勢は部族社会にとってハウザへの接近を行いやすくするものであった(Ra'ūf[1999: 112-118])．このM. Ṣ. サドルの対政府共存姿勢は，彼がマルジャア・アッ＝タクリードとなった際にはむしろ親政府系ウラマーとみなされることにもつながった．

とはいえ，1990年代後半その影響力が大衆に浸透するにつれて彼の活動は政治性を強め，政府に対して明確な批判路線をとるようになった．同時にアブー・カースィム・ホーイ(Abū al-Qāsim al-Khūy，1992年没)やア

15) イラクのシーア派社会においては，非ムスリムの統治下では金曜礼拝を行わないことを伝統として，バアス党政権下では金曜礼拝を実行してこなかった．

16) www.islamicdawaparty.org/drasat1/20-5/1.htm.

リー・スィースターニー（'Alī al-Sīstānī）らの政治不介入派のマルジャア・アッ＝タクリードに対する批判も行うようになったため，A. Q. ホーイやスィースターニーらを「沈黙のマルジャイーヤ」（marja'īya ṣāmita）と呼ぶのと対照的に，M. Ṣ. サドルは「発声するマルジャイーヤ」（marja'īya nāṭiqa）と呼ばれた（Cole[2003 : 551-552]）．また一方で，その民衆への浸透を重視する方向性によって，M. Ṣ. サドルは「現場のマルジャイーヤ」（marja'īya al-maydān）とも呼ばれた（Ra'ūf[1999]）．

3. 政治機会の変化と上からのイスラームの利用

上で見てきた過程を要約すると，以下のようになろう．1950年代と1960年代にナジャフのマルジャイーヤを中心に，まず既存のウラマー・ネットワークを前提としたワキール制を導入することによって動員構造の確立が模索され，一方で1960年代にはそれとは別に平信徒を中心とするイスラーム運動の政治組織化が進んだ．しかし1980年代に政党としての政治活動がイラク国内で政府に激しく弾圧されると，再び動員構造の拡充は既存のウラマー・ネットワークの再利用にしか可能性を見出せなくなる．

ところで，政党組織とマルジャイーヤ組織との間を揺れ動くかたちで動員構造のありようが変化するなかで，1990年代以降看過できないのは，湾岸戦争後にすでにイスラーム運動をめぐる一定の政治機会の変化が訪れていた，という側面である．

湾岸戦争において国際的に孤立したイラクが，反米を掲げて唯一同盟関係を呼びかけることができた周辺国は，イランであった．そのため湾岸危機（1990年8月）発生時からフセイン政権は，対イラン接近を目的として，急速にイスラームを前面に押し出したレトリックを駆使するようになった．また湾岸戦争後にはフセイン政権は，国内におけるイスラーム推進政策を強化した．すなわち，社会秩序の乱れ，地方社会における教育や人心慰撫の必要に対して，政府が十分なサービスや安寧感を供給できないことを補うために，イスラームの信仰理念から派生する道徳観や秩序維持意識の育成を促したのである．1993年以来フセイン政権は「国民信仰キャンペーン」（ḥamla waṭanīya īmānīya）を開始し，学校教育においてのみならずバアス党，政府幹部に対してもコーラン朗読学習を推奨したり，コーラン学習センターや宗教学校を各地に設立したりした．その目的は「青年が過激主義，破壊主義的な宗教運動に走らないように」という点に置かれ(Bengio [1993: 391-393])，あくまでもダアワ党やイラク・イスラーム最高革命評議会(al-Majlis al-A'lā li-l-Thawra al-Islāmīya fī al-'Irāq，英語名 Supreme Council for the Islamic Revolution in Iraq，略称 SCIRI)など，既存の反体制イスラーム政治勢力の国内活動基盤を削ぐために行われたキャンペーンであった．しかしこのキャンペーンは，結果としてイラク社会におけるイスラームの社会的・心理的意義を強めることとなり，社会的なステータスとして宗教関係職に従事する者の位置づけが高まることともなった．たとえば 1996 年のイラク国民議会(al-Majlis al-Waṭanī，国会)選挙で，宗教教育を受けた者やモスクのイマームや説教師(khaṭīb)など，宗教的背景を持つ者の立候補が増えたことは(酒井[2003: 178])，その象徴的な例である．

こうした政治機会の変化によって，湾岸戦争以降のイラクでは宗派を問わずイスラームが倫理形成，社会秩序維持に大きな役割を占めるようになった．それまでバアス党政権下で世俗的社会構成論理が主流を占めていたのに対して，イスラームという宗教が社会動員の核となり得る環境が，フセイン政権末期には準備されていたのである．

第3節　イラク戦争後のシーア派イスラーム運動の台頭状況

イラクのシーア派社会における社会運動をめぐる環境は，以下のように要約できる．すなわち，第1に政党としての組織化と既存のウラマー・ネットワークの双方の側面で動員構造の拡大が模索され，第2に政権の正統性を支えるかたちでイスラームが社会の枠組形成要素として重視された．このようなかたちで，社会運動発展の基盤となる3大要素のうち動員構造と枠組形成という2要因が着々と用意されていたのである．こうしたなかで，イラク戦争とフセイン政権の崩壊という最大の政治機会の変化が発生した結果，シーア派社会におけるイスラーム運動は，社会的にも政治的にも爆発的な運動の拡大を見せたのである．

だが繰り返し述べてきたように，それまでに模索されてきた動員構造の拡充は，単一の方向性で行われてきたわけではなく，平信徒中心の組織化とウラマー・ネットワークという異なる動員構造が準備されていた．よって，イラク戦争後噴出したイスラーム運動のあり方も，それぞれの動員構造のあり方によって形態が異なっている．その異なる社会運動のそれぞれが，高揚初期においては対立的な様相を呈しつつ，時間の経過とともに相互に影響し合い，一種全体的な社会の「イスラーム化」とも言うべき現象に至っている．本節では，イラク戦争後に発生したさまざまな形態のイスラーム運動を，個別に分析しつつ，それが全体的なイスラーム運動の高揚をもたらした背景と過程を分析していく．

1. 地域限定的動員構造の活性化

(1) 政治組織を通じた動員構造の国内未定着

上で挙げた動員構造のうち，ダアワ党などの平信徒中心のイデオロギー的政治組織は，基本的にイラク国外に拠点をおいてその動員構造を維持確立してきたわけであるが，イラク戦争後彼らが国外から帰還した際，そうした動員組織を国内社会にスムーズに移植することは困難であった．むしろ初期段階で国内で一定の支持基盤を確保したのは，同じく政治組織であっても動員構造の基礎をむしろウラマー・ネットワークに持つSCIRIであった．ウラマー・ネットワークがシーア派最大の行事の1つで，フセイン政権崩壊後100万人規模の参加者を擁することとなったアルバイーン(arbaʿīn，2003年4月23日)において果たした役割は，大きかったと言われており，とくにSCIRIは，カルバラーでの支持層拡大のために積極的にアルバイーンの行進行事を後援し，その実施運営に貢献した[17]．

一方で，同じイデオロギー性，政党色の強い政治組織のなかでも，ダアワ党主流派(ロンドン亡命組)ではなくその分派が，限定された一定の地方社会において影響力を発揮している点が注目される．ダアワ党は1980年前後にイラク国内での活動展開のあり方，イスラーム国家建設の方向性な

---

17) *BBC Monitoring Middle East*, April 19, 2003.

どをめぐって複数の分派が党から離脱していったが[18]，そうした分派のいくつかは湿地帯地域での反政府ゲリラ活動など，イラク国内で狭い範囲での活動を続けていた．ダアワ党をはじめとして既存の政治組織出身の活動家のうち，イラク戦争後南部の地域社会で台頭を見せた指導者として，南部主要都市の1つであるナースィリーヤで指導的地位を確立したムハンマド・バーキル・ナースィリー(Muḥammad Bāqir al-Nāṣirī)や[19]，湿地帯ゲリラ指導者でイラク統治評議会(Majlis al-Ḥukm)にも登用されたアブドゥルカリーム・ムハンマダーウィー(ʻAbd al-Karīm al-Muḥammadāwī)らがいる[20]．

換言すれば，平信徒を中心として発展したダアワ党などイデオロギー性の強い政治組織は，国内基盤と疎遠となった期間が長かったこともあって，イラク戦争後のイラク社会のなかで動員組織としては有効な機能を果たすことができなかったが，そうした政治組織のなかでも，ウラマー・ネットワークへの依存度の高い政治組織や，既存の政治組織と分派して国内の地域共同体と密接な関係を維持し続けた中小政治組織は，一定の動員機能を発揮したと言えよう．このことは，以下に述べるようなウラマー・ネットワークのイラク戦争後の爆発的な活性化と密接な関係を持つと言える．

(2) ウラマーの影響力に基づく地域限定的なイスラーム運動

政治組織を基盤とする運動が限界を有していたのに対して，イラク戦争後圧倒的な動員能力を持っていたのは，マルジャイーヤ主導によるウラマー・ネットワークであった．とくに顕著であったのが，前述した故M. Ṣ. サドルの息子であるムクタダー・サドル(Muqtaḍā al-Ṣadr)が率いる急進派勢力の台頭である．M. サドルは父の築いた支持ネットワークに支

18)　主な組織に1980年に党軍事派が分離して成立したムジャーヒディーン運動(Ḥaraka al-Mujāhidīn)，1970年前後に分離したイマーム戦士運動，1980年に選挙の是非をめぐり分離したバスラ出身のダアワ・イスラーミーヤ(al-Daʻwa al-Islāmīya)などがある．

19)　元ダアワ党出身で，テヘラン亡命中は1982年に選出された「イラク・戦うウラマー協会」(Jamāʻa ʻUlamāʼ Mujāhidīn fī al-ʻIrāq)の指導委員会委員長を務めた(Jabar[2003 : 262])．戦後はムジュタヒド・ウラマー連盟(Mujtahid Ulema League)会長との肩書を持つ(*BBC Monitoring Middle East*, December 4, 2003)とされている．

20)　Cole[2003 : 548]によれば，ムハンマダーウィーは自らの組織をイラク・ヒズブッラー(Ḥizb Allāh)として統率している．

えられつつ，父M. Ṣ. サドルが後継に選んだコム在住のウラマー，カーズィム・ハーイリー（Kāẓim al-Hā'irī）が，M. サドルをイラクにおける彼のワキールに指名したことで，イラク国内の宗教界での一定の地位を得た．その活動は，アブドゥルマジード・ホーイ（'Abd al-Majīd al-Khūy）殺害事件（2003年4月10日）への関与を疑われて逮捕状が出されるなど，暴力的な事件で刮目されたが[21]，その一方で旧サッダーム・シティ（Madīna Ṣaddām, 現サドル・シティ〔Madīna al-Ṣadr〕）に代表される貧困地域において，戦後真っ先に信徒間ネットワークを確立したことにその強みを持つ[22]．

このM. サドル派が急速にシーア派社会内部を掌握することができた背景の1つに，前述したワキール制の有効利用がある．M. サドル派の勢力拡張過程を見ると，それがワキールを核とした運動を展開していることがわかる．M. サドル自身がハーイリーのワキールとして権威を与えられたということ自体，M. サドル派の運動がワキール制にのっとって展開していることを意味しているが，M. サドルはさらに自派の有力者を各地に派遣して，支持ネットワークを広げている．とくにM. サドル派のワキールの起用が他と異なり特徴的なのは，それがワキールにM. サドル以外のマルジャア・アッ＝タクリードの代理を行うことを禁じていることであり，このことは，従来ワキールが複数のウラマーの代理として機能してきたナジャフの従来の方式から逸脱したものであった（Cole[2003 : 533]）．

2. シーア派地域共同体の個別化と統合の試み

(1) 枠組設定欠如という問題

だがイラク戦争後，各地で活性化したシーア派社会におけるイスラーム運動は，政治組織中心の動員構造も，ウラマー・ネットワークの動員構造

21) 2004年4月に米軍は，A. M. ホーイ殺害事件の容疑者としてM. サドルに逮捕状が出されていることを明らかにし，ナジャフを拠点とするM. サドル派の武装集団（マフディー軍）に対する掃討作戦を開始した．

22) M. サドルの支持者たちは，フセイン政権時代にもっとも抑圧されていたこの首都東北部の低所得者居住地域において，フセイン像倒壊（2003年4月9日）と同時に地区内のイラク警察やバアス党員を追放し，同地区での政治的社会的主導権を確立した．その結果，首都陥落から1週間たたぬ間に，それまでサッダーム・シティと名づけられていた同地区はM. サドル派によってサドル・シティと改名された．

も，戦後しばらくの間は地域限定的な動員能力しか持たないまま，その活動を活発化させた．このことは，言い換えれば各地域の動員構造をつなぎ合わせて広範囲に展開できる枠組形成が，戦争直後には欠けていたことを意味している．

こうした活動展開に限界を持つ地域ベースの運動を，いかにシーア派社会全体，あるいはイラク全体に拡大するかという課題に対して，政治組織の側もウラマー・ネットワークの側もそれぞれ異なる克服方法を模索した．まず第1に政治組織が模索した方向性は，イラクの地域社会と戦後の政治権力との調整，すなわち地域共同体にそれぞれ影響力を確立した地方のイスラーム勢力とイラク戦争後の米国支配をつなぐことで，政権獲得を目的とする現実的な方向を追求するというものであった．ダアワ党やSCIRIが，連合国暫定当局(Coalition Provisional Authority，略称CPA)によって任命されたイラク統治評議会に参加して，早くから米主導のイラク統治に協力的な姿勢を示したのは，シーア派社会全般に広範な広がりを持たないダアワ党やSCIRIが，国政レベルの政治的影響力を獲得するために政治中枢への参画を重視した，とみなすことができる．

(2) スィースターニーを中心とするハウザの役割

一方，政治組織以上に，地域共同体における個別活動の活発化をより強く懸念したのは，ナジャフのハウザそのものであった．ウラマー主導のネットワーク形成が地域的に限定されたものにとどまり，M.サドル派やSCIRIなどそれぞれが対立的に運動を展開していったことは，逆にハウザの分裂という危機を，政治化された者であれ非政治的姿勢を貫く者であれ，ウラマー層全体に認識させることとなった．とりわけハウザにおいて，一貫した政治不介入を主張しもっとも多くの平信徒を抱えるスィースターニーは，イラク戦争中から台頭するM.サドル派の攻撃対象となってきた．その危険性をスィースターニーらが深刻視し始めたのは2003年7月末頃からで，M.サドル派の独自の軍事組織，マフディー軍(jaysh mahdī)の結成や武力衝突の頻繁化は，スィースターニーに自衛のためのハウザ統合強化の必要性を認識させた[23]．

従来，師たる故 A. Q. ホーイの政治不介入路線を踏襲してきたスィースターニー派だが，自派ネットワークの維持確保のためには各地の平信徒共同体の要請に一定程度応える必要性が，イラク戦争後高まっていた．イラク戦争後の無政府状態における秩序維持機能として，宗教界への期待が民衆の間でとくに高揚している状況では，そうした大衆的要望に応えていくために一定の政治的発言を行うことも余儀なくされていった，と考えることができる．すでに 2003 年 4 月 18 日の段階でスィースターニー事務所は，ナジャフのマルジャイーヤがイラク戦争後の秩序崩壊状況に対して，ワキールを中心に秩序回復と治安維持のための住民からの武器回収を行うよう呼びかける，との指示を発表した[24]．また同時に外国による支配を拒否する旨を真っ先に明言し，また旧体制の国民抑圧機関に属していた人々が新政権に復帰しないように留意を促した．

イラク戦争後の政治状況におけるこうしたスィースターニーの関与姿勢は，統治評議会設置と憲法制定過程をめぐって一層強まっていった．2003 年 6 月 26 日，スィースターニーは占領下での憲法制定の合法性について平信徒からの質問に答え，「(外国占領軍には)制憲議会を任命する合法性がない……まず総選挙があって選挙資格を持つ国民が制憲議会を選出し，その後憲法草案をレファレンダムにかけるべきである」とのファトワー(fatwā)を発出したが[25]，これは占領軍たる CPA に任命された統治評議会の，憲法制定委員会設置権限の正統性に大きな疑義を投げかけるものであった[26]．

---

23)　とくに 2003 年 8 月に M. B. ハキームが爆殺されて以降，8 月 30 日，10 月 18 日，10 月 24 日と同主張を繰り返すファトワーを発出した(www.najaf.org，2003 年 10 月 1 日および 2004 年 2 月 27 日ダウンロード)．

24)　2003 年 4 月 18 日付の在ロンドン・スィースターニー事務所(the Liaison Office of Grand Ayatullah Seestani-London)の発表．イマーム・アリー研究所(Imam Ali Institute)が管理するスィースターニーの公式ウェブサイト www.najaf.org/Arabic/Others/Statements/fatwa1.htm より 2003 年 10 月 1 日ダウンロード．

25)　2003 年 6 月 21 日付の信徒からの質問に対する 26 日付のスィースターニーの回答．在ロンドン・スィースターニー事務所発表(www.najaf.org/Arabic/Others/Statements/fatwa1.htm，2003 年 10 月 1 日ダウンロード)．

26)　ただし 2003 年 10 月 24 日付のファトワー(米『ワシントン・ポスト』〔*Washington Post*〕紙の質問に対するスィースターニーの回答)では，スィースターニーは統治評議会自体に対しては何も言っておらず，暫定期間に治安の回復と行政サービスの充実を求める旨発言しているのみである(www.najaf.org/English/home/index.htm，2004 年 2 月 27 日こうしたイラク国民による憲法制定の必要性という発想は，その後統治評議会とCPAの間で2004年以降の主権委譲と暫定政権樹立のスケジュールが合意(2003年11月15日)されて以降，一層政治的な大きな意味を持つようになる．合意発表後初めて発表されたファトワーでは，スィースターニーは同合意に留保をつけ，その留保理由を「統治評議会と占領軍によるイラク憲法の準備作業は合法性を持たない…….（憲法は)イラク国民に承認を求めることをしなければ，正統性は得られない」，そして「11月15日の合意で定められた暫定制憲議会の選び方はイラク人を真に代表するものではない」から，と述べた(11月28日付ファトワー)[27]．

こうしたスィースターニーのCPA・統治評議会合意に対する疑義と選挙への要求を受けて，イラク国内では2004年1月以降頻繁に選挙要求デモが組織され始めた．重要なことは，こうしたデモがサマーワ(1月16日，20日)などの地方都市にも拡大したことであり，スィースターニーを頂点としてシーア派各勢力が選挙要求で一致した行動をとり始めたことである．こうしたスィースターニーの平信徒全体に対する影響力の大きさは，彼が国連調査団の調査中(2月)はデモを控えよ，と平信徒に呼びかけた(2004年1月23日)のに呼応して，それまで各地で毎日のように発生していたデモが一斉に停止した，という事実からも容易に推測される．

ところで，こうしたスィースターニーの発言力の高まりとそれに基づく大衆動員力の強化にもまた，ワキール制がきわめて大きな役割を果たしていることに注目できよう．2003年4月18日付のスィースターニー事務所声明は[28]，イラク戦争後の秩序維持にワキールが積極的な指導力を果たすべしと強調したが，この声明のなかでスィースターニーが「正しい，そして信頼できるワキールがイラク全土で金曜礼拝を行うべし」としていることは重要である．前節で触れたように，M. Ṣ. サドルが金曜礼拝を再開させたことが平信徒共同体におけるイスラーム意識の覚醒とウラマー・ネッ

ダウンロード)．

27)　イマーム・アリー研究所が管理するスィースターニーの公式ウェブサイト www.najaf.org/Arabic/Others/Statements/fatwa1.htm より2004年2月27日ダウンロード．

28)　在ロンドン・スィースターニー事務所によるプレス・リリース(www.najaf.org/English/home/index.htm，2003年10月1日ダウンロード)．

トワークの機能の活性化に大きな役割を果たしたが，スィースターニーもまた，イラク戦争後は金曜礼拝を通じた平信徒共同体の回復と維持に力点をおいたのである．なかでもカルバラーのアブドゥルマフディー・カルバラーイー（'Abd al-Mahdī al-Karbalā'ī）は，直接選挙要求や国連調査団の中立性要求などを積極的に行うなど，政治的にかなり踏み込んだ発言を頻繁に行っている．またスィースターニーとの連携を重視したシーア派政治組織がスィースターニーのワキールの位置づけで活動するという例も見られ，SCIRIでワクフ局副局長を務め統治評議会の憲法策定委員をも務めたジャラールッディーン・サギール（Jalāl al-Dīn al-Ṣaghīr）が，2003年12月にスィースターニーのワキールに任命されたことはその典型例であろう[29]．

こうしたワキールの活用は，しかし一方で各地方のワキールの独断専行を生む危険性を持つものであった．2003年8月20日付で平信徒からスィースターニーに寄せられた「ワキールやスポークスマンなどさまざまな肩書でスィースターニーの名を借りた発言があちこちで聞かれるが，どれを本来のスィースターニーの発言と考えれば良いのか」との質問は，そうした混乱が実際のものであったことを示唆している．この質問に対してスィースターニーは10月17日，「スィースターニーの署名と印があるもののみがスィースターニーの意見を表している」という回答を行い，また2004年1月17日にも在ロンドン・スィースターニー事務所が全く同じ回答をプレス・リリースとして発表した．このことは[30]，スィースターニーの名を利用して，政治的影響力拡大を図ろうとする勢力が存在することの深刻さを示している．

(3) スンナ派への影響とイスラーム運動全体の枠組設定の可能性

以上で見てきたシーア派宗教界におけるイラク戦争後の状況を要約すれば，以下のようになろう．そもそも戦後の秩序崩壊の過程で地域的限界性を持つそれぞれのウラマー・ネットワークが活性化され，そのことがスィ

29) *Daily Star*, December 10, 2003.
30) 以上すべての問いとファトワーは，スィースターニーの公式ウェブサイト（www.najaf.org/English/home/index.htm，2004年2月27日ダウンロード）より引用．

ースターニーという，むしろこれまで政治化してこなかったがゆえにきわめて脱地域主義的な立場にあったマルジャア・アッ＝タクリードをもまた，運動の動態要因として揺り動かした．この結果，それぞれのウラマー・ネットワークの持つ政治性の有無を超えて，シーア派社会全体がハウザのもとに一体として「イスラーム化」した．その際，前述のスィースターニーが掲げた6月26日のファトワーは，「暫定制憲議会議員の直接選挙」というスローガンとなって，2003年11月以降M.サドル派を含めた急進派から非政治的平信徒共同体まで，さまざまなレベルのシーア派社会を統合する機能を果たした．いわば暫定議会の選出方法をめぐる議論が，シーア派内部の対立に一旦終止符を打ち，シーア派社会全般に運動を広げる運動枠組みを提供する契機となったと言えよう[31]．

だが，2003年11月から2004年3月まで高揚した「直接選挙」要求は，シーア派社会内部での運動の広域性を確保することに成功したものの，それはシーア派社会にとどまり，イラク全体，とりわけスンナ派社会との間で共有できる運動枠組みではなかった，という限界性を持った．スンナ派イスラーム運動の多くはこの問題について，「占領下であれば直接選挙であっても不可」との判断を示しており[32]，シーア派イスラーム運動とは歩調を異にした．

そもそもイラクのスンナ派イスラームのウラマー界はシーア派社会で確立されたようなヒエラルキー的制度を持たず，とくにフセイン政権下で教育，説教の現場を任されるかたちで国家機構のなかに組み込まれてきたことから，国家から独立した運動組織や運動理念を形成する経験を持たずにきた．アフマド・S.ハーシミー(Ahmad S. Hashimi)は「シーア派は(歴史的に常に国家から疎外されてきたことから)，国家と並行して存在する独自の社会的政治的ネットワークに依存していた」が，国家に依存し国家のなかで生きていくことを常に選択してきたスンナ派は，寄り添うべき国家

31）スィースターニーがシーア派社会での政治的方向性に重要な役割を果たすケースは，選挙をめぐる一連の運動のほかにも，基本法の制定，暫定政権の成立承認，M.サドル派と米軍との武力衝突に対する停戦調停(2004年8月)などにおいて如実である．

32）クタイブ・アンマーシュ(Kutayb ʻAmmāsh)・シューラー委員会委員の金曜礼拝での発言．*BBC Monitoring Middle East*, January 23, 2004に転載されたアル＝ジャズィーラ(al-Jazīra)・テレビ放送．

が不在の状況では国家に「反乱しやすい」存在となる，と指摘している(Hashimi[2003]).

こうした独自組織の不在状況を克服するために，2003年4月14日にはスンナ派によるムスリム・ウラマー機構(Hay'a 'Ulamā' al-Muslimīn)が設立された．また12月後半にはスンナ派イスラーム諸組織を統合する試みとして，スンナと共同体のシューラー会議(Majlis Shūrā al-Sunna wa al-Jamā'a)が15人のスンナ派名望家によって設置された[33]．ここにはイラクで活動歴の長いムスリム同胞団をはじめとしてサラフィー(salafī)派やジャマーア・イスラーミーヤ(Jamā'a Islāmīya)，クルドやトルコマン系のイスラーム組織，スーフィー組織などが参加したと伝えられた[34]．

このように，スンナ派社会のイスラーム運動の間では，動員構造を堅固に持つシーア派に対抗して戦後急速に，運動動員組織の拡充を模索する動きが顕著となっていった．しかし動員構造の確立が宗派別の社会構造を定着させるような形で進行したのに対して，運動枠組みの設定に関してはスンナ派の間で独自の方向性は示されなかった．相違点が見られるとすれば，ハーシミーの指摘するようにスンナ派イスラーム運動の多くがより強い反米・反占領を打ち出しており，その点でシーア派ウラマー界の政治方向性に比較して政治性，ナショナリズム性が強い，という点であろう．

この「反米・反占領」というスタンスにおいては，シーア派イスラーム運動のなかでもM. サドル派の活動と共有可能な点が多い．その意味でスンナ派のイスラーム運動のなかには積極的にシーア派の，とくに反米姿勢の強い勢力との共闘と運動の拡大が企図される傾向も見られた．シーア派宗教界・政界の，先行した選挙／戦後体制への参画姿勢に危惧を抱きつつも[35]，ムスリム・ウラマー機構はしばしばM. サドル派の対米軍事行動を

---

33) www.nahrain.com/d/news/03/12/29/nhr1229a7.html, *BBC Monitoring Middle East*, December 25, 2003.

34) *Iraq Today*, December 29, 2003(Internet version), *New York Times*, December 26, 2003. なおこうしたスンナ派各派の情報については詳細が不明．ハーシミーは，2003年8月時点でイラクのスンナ派の主要3派はムスリム同胞団，イラク・イスラーム党(al-Ḥizb al-Islāmī al-'Irāqī)，サラフィー運動(Salafiya Movement)であるが，新サラフィー派と位置づけられる海外からのイスラーム活動家も流入しており，ゲリラ活動に経験のないイラク・スンナ派組織がこうした先達から学習している，と指摘している(Hashimi[2003])．

35) ムスリム・ウラマー機構のスポークスマンであるムハンマド・バッシャール・ファイ

支持し，これを正当化し共闘を呼びかける発言を行っている．だがシーア派社会のなかで，とくに2004年8月のナジャフでのM.サドルと政府との停戦以降，スィースターニーの社会的発言力の政治的意味をシーア派諸政治勢力が利用し奪い合うという傾向が強まり，地域限定的であったシーア派社会の諸政治活動が彼を頂点として統合性を強めていることは事実である[36]．他方スンナ派宗教界は，こうしたシーア派「社会」の出現に対して孤立感を強め，一方で米軍の掃討作戦の対象となるなか，社会的統合力を確立できずにいることはシーア派社会とは対照的であると言えよう．

おわりに

イラクにおけるシーア派のイスラーム運動を概観すれば，12イマーム派法学権威を中心とした学問的秩序体系をもとに，イスラーム社会，国家における普遍的な秩序形成の理念を構築するかたちで運動が展開される場合と，シーア派平信徒による地域的平信徒共同体の政治的社会的利害を代弁するかたちで運動が展開される場合との二側面が，ある時期には相互対立的に，ある時には不可分なかたちで表出してきた．このシーア派社会の学問的側面と地域共同体的側面がウラマーと部族社会という両極に分化する場合も，歴史的にはしばしば見られた．

1950年代以降は，その双方の側面でのイスラームの社会的役割の低下を危惧して，さまざまな側面での運動再編努力がなされた．その再編方向性を大別すれば，第1には政治組織のかたちで動員構造を組み立てようという近代的組織化の流れであり，第2にはウラマー・ネットワークの持つ

ディー(Muḥammad Bashshār al-Fayḍī)は2003年2月，「我々(スンナ派宗教界)はフセイン政権下で政治的台頭を許されなかったが，シーア派勢力はイランなどの庇護もあって政治活動の機会を持ち，すでに10以上の政党を抱えている．(よって選挙はシーア派に利益をもたらす)」「シーア派が選挙を要求する背景には個人的利益，代表性の確保への志向が強い」とシーア派の早期選挙要求を批判している(*al-Sharq al-Awsaṭ*, February 11, 2004)．

36)　統治評議会が成立した後，そこに属するシーア派政治家の間でしばしば意見調整が行われたことから，それを「シーア・ハウス」(Bayt al-Shī'a)と称して派閥として機能させる傾向が，2004年初頭から顕著になっていった．主権委譲によって統治評議会が解散されて以降は，一部が「シーア政治評議会」(al-Majlis al-Siyāsī al-Shī'ī)として体制内野党的な機能を果たしている(Blair[2004])．

既存の伝統的動員構造の再活性化の流れであった．

第1のケースの典型的な例は，1950年代末に設立されたイスラーム復興主義に基づく最初のイラクのシーア派の近代的政党，ダアワ党であった．ダアワ党はウラマーの指導性を党活動と分離し，とくに活動初期においては平信徒の党幹部を中心に，ウラマーの影響力とは別の行動をとった．平信徒のなかでもとりわけ商人層に基盤を持つ活動家は，ウラマーがその説教で伝える理念，精神的な動員力よりもむしろ，シーア派共同体における大衆参加機会を利用して，アーシューラーなどの儀礼の組織化を重視した．

一方で，伝統的ウラマー・ネットワークの間でも改革の気運は1950年代以降見られ，とくにワキールと呼ばれるマルジャア・アッ＝タクリードの代理人制度の拡充は，ウラマー個人の政治的社会的志向に応じて，地方ごとのワキールが広範な動員窓口の役割を果たすことにもつながった．こうして，フセイン政権崩壊前夜には，近代的政党組織化の面でも，伝統的ウラマー・ネットワークにおいても，それぞれに異なるかたちで動員構造の再編と拡充を模索した運動が準備されていたのである．

2003年4月にフセイン政権が崩壊した直後は，後者のウラマー・ネットワークによる運動の組織化が予想外に動員力を持った．それと対照的に，ダアワ党に代表される政治政党は過去20年間近く国外での活動を余儀なくされたことで，イラク国内社会での動員ネットワークを充分維持しきれなかった．しかしウラマー・ネットワークは戦後初期においてはシーア派社会全体に拡大したものとして機能したものではなく，むしろ主要ウラマーごとに地域別に細分されたネットワークの展開となった．そしてそのネットワークの伸縮に並行してウラマー間の派閥対立も激化した．

そうした域内限定性の強い動員構造の欠陥は，ある意味では枠組設定過程が欠如していることからくる問題であった．各地域の動員構造をつなぎ合わせて広範囲に展開できる枠組形成が欠けていたことが，マルジャア・アッ＝タクリード間の権力抗争が武力衝突にもつながったともみなすことができる．だからこそ，ハウザではそうした細分化に歯止めをかける必要性が生じ，それまで政治的介入を一切忌避してきたウラマーの間にすら，ハウザ全体での秩序形成の重要性が高まった．これによって，シーア派社会は平信徒共同体としてもウラマー層を礎とした秩序体系の維持においても，「シーア派」という範囲設定を前提とした運動の展開が実現した．

そのシーア派社会における動員構造と枠組設定の急速な発展を前にして，スンナ派イスラーム運動もまたそれらの再編の緊急性に迫られている．かくしてイラクにおけるイスラーム運動は，シーア派にせよスンナ派にせよ，ともに相乗効果的に動員ネットワークの拡充とイデオロギー的基盤の確立を進めていくこととなった．だがシーア派がハウザというある程度確立された学問体系のヒエラルキーに基づいて，シーア派社会のなかで枠組設定過程を進めているのに対して，スンナ派イスラーム運動の間では，その枠組設定が「反米・反占領」といったナショナリズム的枠組みに引き込まれがちであった．その枠組設定のずれは，戦後1年を経るなかで，徐々に政治的権力抗争の源となりつつある．

それぞれの宗派における動員構造の確立が，「シーア派の平信徒共同体の地位と権利の確保」といった「サブ・ナショナル」な枠組みで行われるのか，「イラク対外国占領」という「ナショナリズム」的な枠組みに置かれることになるのかというイスラーム運動の方向性をめぐる問題は，イラクという国家の統一性を左右する問題にも発展しているのである．

〔参考文献〕

〔日本語文献〕

小杉泰[1992],「イラクにおけるイスラーム革命運動――政治理念と運動の展開 1957～1991年」(『中東研究』第363号, 2月), 2～16ページ.

酒井啓子[1993],『国家・部族・アイデンティティー』アジア経済研究所.

――[1999],「遠隔地イスラミストと国際政治――イラク反体制派の事例を中心に」(日本国際政治学会編『国際政治』第121号, 5月), 72～94ページ.

――[2001],「イラクにおけるイスラーム政党――制度化と運動実践の連関と乖離」(『アジア・アフリカ地域研究』第1号, 3月), 284, 292ページ.

――[2003],『フセイン・イラク政権の支配構造』岩波書店.

――[2004],『イラク――戦争と占領』(岩波新書), 岩波書店.

トリップ, チャールズ(大野元裕監修, 岩永尚子他訳)[2004],『イラクの歴史』明石書店(Charles Tripp, *A History of Iraq*, Cambridge : Cambridge University Press, 2000).

〔外国語文献〕

Abbas, Hasan Ali Turki [1997], *Imam Kashif al-Ghita, the Reformist Marji' in the Shi'ah School of Najaf*, ph.D. dissertation, Department of Near Eastern Studies, The University of Arizona.

'Alī, Fā'iq Shaykh [2000], *Ightiyāl al-Sha'b, London : Markaz al-Buḥūth wa al-Dirāsāt al-Istrātījīya al-'Irāqīya*, n.p.: n.p.

Batatu, Hanna [1981], "Iraq's Underground Shi'a Movements : Characteristics, Causes and Prospects," *Middle East Journal*, Vol. 35, No. 2, Autumn, pp. 578-595.

Bengio, Ofra [1993], "Iraq," in Ami Ayalon ed., *Middle East Contemporary Survey*, Vol. 17, New York : Westview Press, pp. 391-393.

Blair, Edmund [2004], "Iraq's Chalabi, Spurned by US, Builds New Alliances," *Reuters News*, July 31.

Cole, Juan [2002], *Sacred Space and Holy War : The Politics, Culture and History of Shi'ite Islam*, London and New York : I. B. Tauris.

――[2003], "The United States and Shi'ite Religious Factions in Post-Ba'thist Iraq," *Middle East Journal*, Vol. 57, No. 4, Autumn, pp. 543-566.

Hashimi, Ahmad S.[2003], "The Sunni Insurgency in Iraq," *MEI Perspective*, August 15 (Internet version).

Heine, Peter[2002], "Zghurt and Shmurt : Aspects of the Traditional Shi'i Society," in Faleh Abdul-Jabar ed., *Ayatollahs, Sufis and Ideologues : State, Religion and Social Movements in Iraq*, London : Saqi Books.

Ibn Najaf[n.d.], *Tārīkh al-Ḥaraka al-Islāmīya al-Mu'āṣira fī al-'Irāq*, n.p.: n.p.

Jabar, Faleh Abdul- ed.[2002], *Ayatollahs, Sufis and Ideologues : State, Religion and Social Movements in Iraq*, London : Saqi Books.

Jabar, Faleh Abdul[2003], *The Shi'ite Movement in Iraq*, London : Saqi Books.

al-Khursān, Ṣalāḥ [1999], *Ḥizb al-Da'wa al-Islāmīya ; Ḥaqā'iq wa Wathā'iq, Damascus : al-Mu'assasa al-'Arabīya li-l-Dirāsāt wa-al-Buḥūth al-Istrātījīya*, n.p.: n.p.

Litvak, Meir[1998], *Shi'i Scholars of Nineteenth-century Iraq*, Cambridge : Cambridge University Press.

McAdam, Doug, John D. McCarthy and Mayer N. Zald[1996], "Introduction : Opportunities, Mobilizing Structures, and Framing Processes : Toward a Synthetic, Comparative Perspective in Social Movements," in *Comparative Perspectives on Social Movements : Political Opportunities, Mobilizing Structures, and Cultural Framings*, Cambridge : Cambridge University Press.

Mu'min, 'Alī[1993], *Sanawāt al-Jamr : Masīra al-Ḥaraka al-Islāmīya fī al-'Irāq 1957-1986*, London : Dār al-Masīra.

Nakash, Yitzhak[1994], *The Shi'is of Iraq*, New Jersey : Princeton University Press.

Ra'ūf, 'Ādil[1999], *Muḥammad Muḥammad Ṣādiq al-Ṣadr: Marja'īya al-Maydān : al-Mashrū' al-Taghiyīrī wa Waqā'i' al-Ightiyāl*, Damascus : n.p.

al-Ruhaymī, 'Abd al-Ḥalīm[1985], *Tārīkh al-Ḥaraka al-Islāmīya fī al-'Irāq : al-Judhūr al-Fikrīya wa al-Wāqi' al-Tārīkhī*, Beirut : al-Dār al-'Ālamīya.

Shubbar, Ḥasan[1990], *al-Taḥarruk al-Islāmī* (Tārīkh al-'Irāq al-Siyāsī al-Mu'āṣir, Vol. 2), Beirut : Dār al-Muntadā li-l-Nashr.

Tarrow, Sidney[1998], *Power in Movement : Social Movements and Contentious Politics*, Cambridge : Cambridge University Press.

al-Wardī, 'Alī[1974], *Lamaḥāt Ijtimā'īya min Tārīkh al-'Irāq al-Ḥadīth*, Vol. 4, Baghdad : n.p.

——[1978], *Lamaḥāt Ijtimā'īya min Tārīkh al-'Irāq al-Ḥadīth*, Vol. 5, Baghdad : n.p.

あとがき

本書はアジア経済研究所において実施された2つの研究会,「中東諸国における政権権力基盤と市民社会」(2002年度地域研究)と「中東・中央アジア諸国における政権権力基盤と市民社会」(2003年度基礎研究)の成果をとりまとめたものである(両研究会の詳細についてはアジア経済研究所ホームページの www.ide.go.jp/Japanese/Research/Project/2002/2002_306.html と www.ide.go.jp/Japanese/Research/Project/2003/408.html をそれぞれ参照のこと).

この2つの研究会が実施された2002年4月から2004年3月にかけて,あるいはより広く言うのであれば,9.11事件発生から今日にいたるまでの間に,中東は未曾有の変化を経験した.「9.11事件は,イエス・キリストの生誕や預言者ムハンマドの聖遷(ヒジュラ)に匹敵する時代の転換点であり,後世の歴史家は(2001年を)「新たな紀元」の元年と記すかもしれない」とは,ダマスカスで暮らす友人の言であるが,本書はまさにこうした「新たな紀元」の衝撃に触発されるかたちでまとめられていった.

本書が中東・中央アジア諸国における支配体制や権力構造を読み解く手がかりとなるだけの内容を持つかどうかは,読者の判断を待たねばならない.だが敢えて自負するならば,「強靭な国家によって翻弄される社会(そして社会を構成する個々人)は,いかにその従属状態を克服すべきか」という編者の問題性は,「新たな紀元」の到来によっても揺らぐことはなく,同地域の政治に関する研究にこれまで以上に寄与するものと確信する.

周知の通り,中東・中央アジア地域の権威主義・独裁政権は,シリアのような共和制国家であれ,サウジアラビアのような王政国家であれ,9.11事件以降の米国による軍事的・外交的「威嚇」や「民主化」の名のもとでの干渉にもかかわらず,それらを巧みにかわすことで生き残りを図ろうとしている.また体制転換という域内最大の変化を経験したイラクにおいても,「民主主義」と「自由」をめざす復興の試みが,スンナ派,シーア派,クルド人といった社会集団を「自立」させるだけの宗派主義体制構築に向けた動きにすり替えられ，社会を構成する個々人が疎外され続ける可能性が残されている(そしてまた，アラブ世界でもっとも「民主的」と言われるレバノンの宗派主義的「トロイカ体制」がシリアの実効支配なくして安定し得ないのと同様に，イラクの新体制も米国への従属を余儀なくされるかもしれない)．こうした現実が厳然として存在する限り，本書のアプローチはこれらの国々の政治がはらむ問題を的確に把握するためのカギを提供するはずである．

むろん課題が残されていない訳ではない．本書は中東・中央アジア地域を研究対象としてはいるが，同地域のすべての国を網羅できなかった．とりわけ，アフガニスタンにおける米国の「対テロ戦争」開始以降，にわかにその地政学的重要性が着目されるようになったアフガニスタンとその周辺の中央アジア諸国や，近年の米国による「民主化」攻勢の矢面に立たされているアラビア半島の国々については，機会を改めて体系的に論じる必要があろう．

本書出版までの日々を振り返るに，「新たな紀元」の到来は決して穏やかなものではなかった．9.11事件，米国によるアフガニスタンとイラクへの侵攻，中東和平問題のさらなる混迷などといった一連の出来事のなか，本書の編者・執筆者のほとんどが事態の把握に追われ，情勢に振り回される激務のなかで，一時は上記の研究会の運営と成果原稿の執筆さえ危ぶまれた．にもかかわらず，どうにか出版にこぎつけられたのは，多くの方々のご助力があったからに他ならない．とりわけ，岩波書店編集局の高橋弘氏とアジア経済研究所研究支援部の新田淳一氏には多大なお世話を頂いた．改めてここで深く御礼申し上げたい．

2005年3月

青山弘之

索　引

欧　文

あ　行

か　行

さ　行

た　行

な　行

は　行

ま　行

や　行

ら　行

わ　行

■岩波オンデマンドブックス■

アジア経済研究所叢書 1
中東・中央アジア諸国における権力構造
——したたかな国家・翻弄される社会

2005年 3月24日　第1刷発行
2005年10月 3日　第2刷発行
2016年11月10日　オンデマンド版発行

編　者　酒井啓子（さかいけいこ）　青山弘之（あおやまひろゆき）

発行者　岡本　厚

発行所　株式会社　岩波書店
〒101-8002　東京都千代田区一ツ橋 2-5-5
電話案内　03-5210-4000
http://www.iwanami.co.jp/

印刷／製本・法令印刷

ISBN 978-4-00-730531-3　Printed in Japan